U0000065

# 揭祕甲骨文

## 3 武乙、文武丁時代

許進雄 著
李珮瑜 編寫整理

從斷運勢到問戰爭，
文字學家解讀王的疑惑

第四期

# 武乙、文武丁時代

第四期

# 武乙、文武丁時代

前期武乙時代，刻字雄偉剛硬，多用骨；後期文武丁時代，筆勢圓滑軟弱，很少省略前辭形式，使用許多龜甲。且第四期的前辭（又名敘辭）形式多樣，主要作干支貞，也有干支卜、干支卜貞、干支卜某貞等形式。序數則最多至三，在左右牛肩胛骨上分別卜問三次，共六次。

# 401 問祭祀康丁牲品

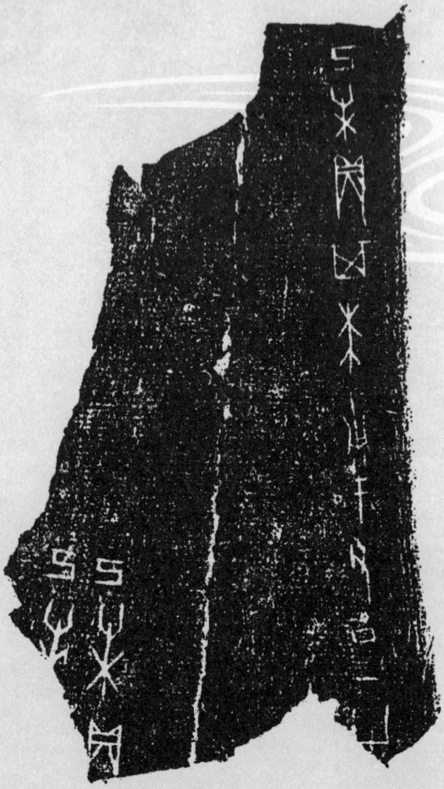

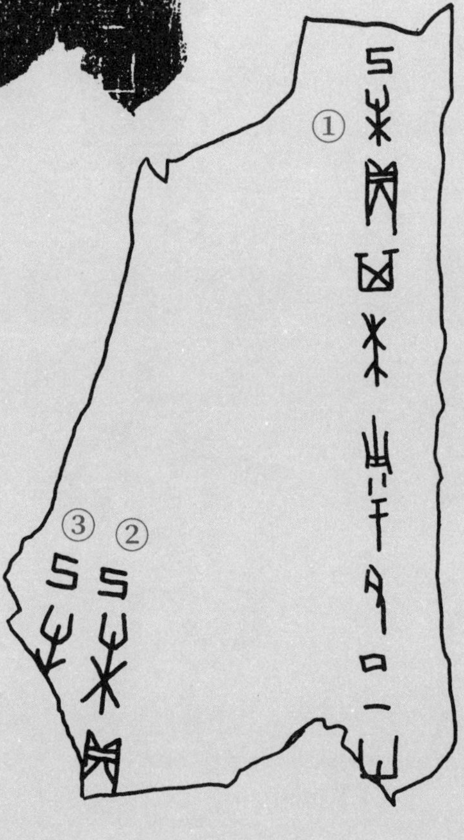

• 出處：《合補》10476，骨。

• 斷代標準：稱謂、書體、前辭。

• 說明：此版的干支貞是第四期所特有的前辭形式，其他期沒有這樣的前辭形式。

①己未貞：「其求雨于父丁，一牛？」

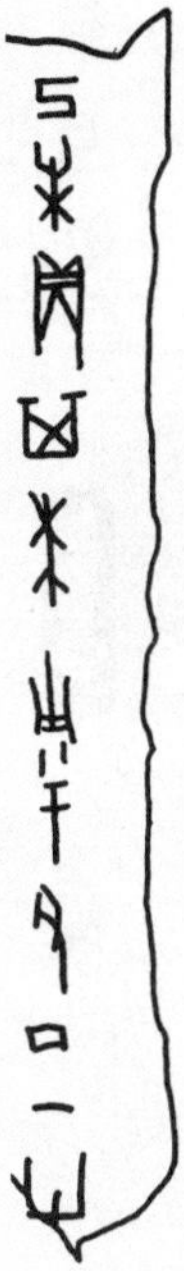

白話譯文

己未日提問：「將要向父丁（康丁）祈求降雨，使用一牛為牲品，是合適的嗎？」

閱讀方式

由上而下。

**前辭部分：己未貞。**本版的「貞」字上短下長，上半短劃「」筆勢圓轉、有稜有角，此期「貞」字亦可寫作「」，為第四期「貞」字形上的特點。

**貞辭部分：求雨于父丁，一牛？**甲骨有求生、求年、求雨、求田，本版的字接近「雨」，字形特殊，暫定為「雨」，有可能把豎筆寫錯了。「父丁」指康丁，是武乙時代的標準版。

②己未貞☐

閱讀方式

由上而下。

③己未☐

閱讀方式

由上而下。

摹寫練習

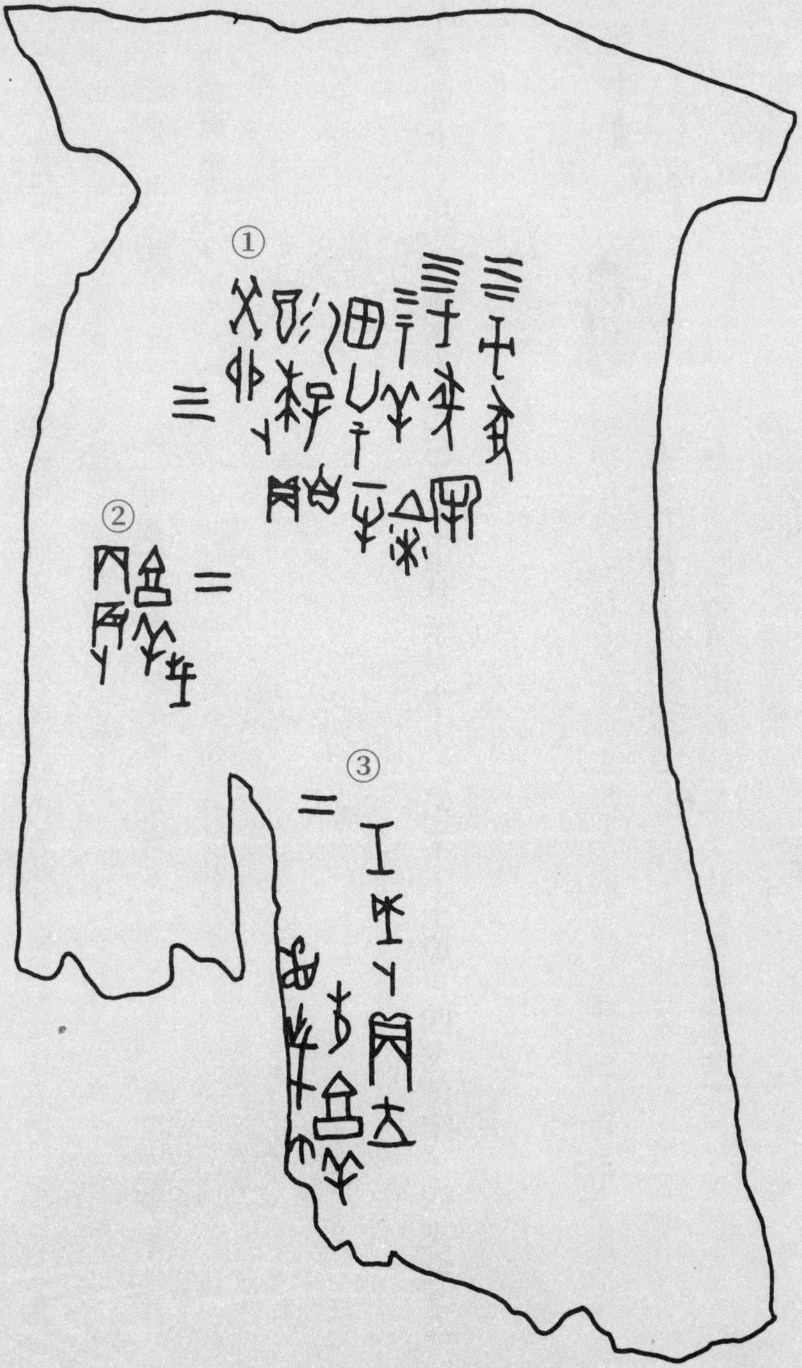
①
②
③

• 出處：《合》34120，骨。

• 斷代標準：世系、書體、字形。

• 說明：自組卜辭，中國學者歸於第一期，但我們認為時代屬於第四期。從第二期開始，卜辭常有從上甲開始，接續後幾個世代的先王加以合祭的現象（如〈211〉「自上甲衣至于多毓」）。本版當中，上甲廿示、二示、土、四戈、四巫，都是受祭的對象；一牛、羊、㲋牢、豕，是根據不同的受祭者所分別使用的牲品。由此可看出受祭對象、牲品的級別。

①癸卯卜，貞：「酒求，乙巳自上甲廿示一牛，二示羊，土燎，四戈㲋牢，四巫㲋？」

三（序數）

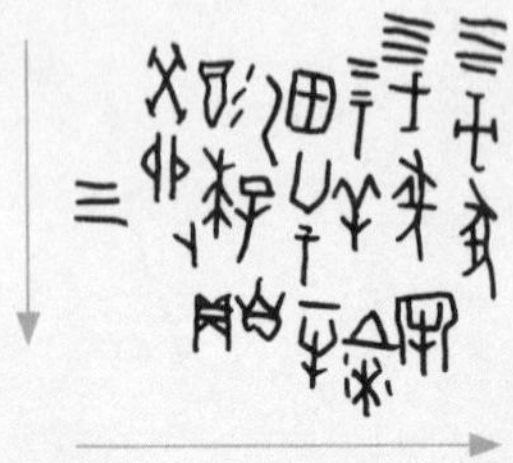

**白話譯文**

癸卯日占卜，提問：「要舉行酒求的祭祀，在乙巳日從上甲到武乙等二十個世代的直系先王，牲品使用一牛；小宗的祖先，牲品使用羊；土地神靈採用燎祭；戰死的士兵，牲品使用被圈養的豬；受祭的巫，牲品使用野豬，是合適的嗎？」第三次占卜。

**閱讀方式**

右行。

**貞辭部分：酒求，乙巳自上甲廿示一牛，二示羊，土燎，四戈彘牢，四巫彘？**

「酒」是商代領銜的兩個祭祀系統之一，在此表示祭祀儀式。「求」是求祭，在此表示祭祀目的。出現「酒、求」兩個祭名，是爲連祭。由於後面也提到用牲的情況，所以既是祭名，也是用牲法。

第四期將「上甲」一詞刻寫成甲字四邊有方框，並省略了上字「⊞」。「示」表示大示，即大宗直系。每一個世代取一名大宗，所以「廿示」也是指經過二十個世代的意思。從上甲經過二十個世代是計算到武乙，所以判斷此版時代爲第四期文武丁。「自上甲廿示一牛」是說從上甲到武乙等先王，牲品是爲一牛。

「二示」當爲下示，字形太接近。「下示」即小宗旁系；小宗的祖先們，牲品使用羊。「土」指社，即土地神。土地神使用「燎」的祭祀，但沒有提到牲品。

「四戈」可能表示戰死的士兵。「大示」與「下示」指即位爲王的祖先神靈，「土」爲自然山川的神靈，「四戈」與「四巫」是爲國犧牲的士兵與巫師。

「彘」是野豬，「彘牢」意謂牲品使用被特別圈養起來以作爲祭祀用途的野豬。在古代有牛與羊的牢、宰，卻沒有專指被圈養的豬的牢字，只好如此表達。

「四巫」表示爲國犧牲（焚身求雨）的巫師。甲骨有四巫、八巫。巫的身分級別低於戰死的士兵。

②丙辰卜，「𦎫𢦏？」二（序數）

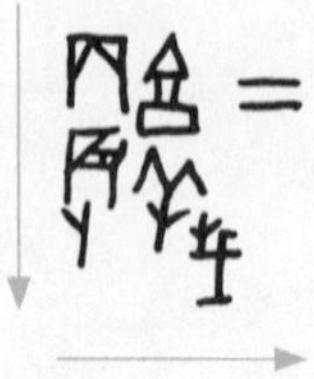

白話譯文　丙辰日占卜（，提問）：「𦎫伐（深入戰爭），會讓對方產生災害的，是嗎？」第二次占卜。

閱讀方式　右行。

**貞辭部分：𦎫𢦏？**「𦎫（敦）」象一隻羊在一個祭神的建築之前。《說文解字》收錄這個字，解釋爲熟食，可能供祭的羊要燉煮得很爛。在這裡，「𦎫」爲「𦎫伐」，可能指深入持久的戰爭；「𢦏」即災難，从戈才聲，此條卜辭的才（聲符）少刻了一劃，可能是有意的區別，意思指給敵人災害；从才聲的「𢦏」，偏重於我方受到的災害。

③壬戌卜，貞：「王生月𦎫，□戋不⧄？」二（序數）

白話譯文

壬戌日占卜，提問：「王下個月進行𦎫伐，絕對會讓對方產生災害的，是嗎？」第二次占卜。

閱讀方式

左行。

**貞辭部分：王生月𦎫，□戋不⧄？**

「生月」就是來月，指下一個月。在這裡寫成合文的形式。

「□」象羊角加上一個眼睛，意義不明，在此為加強語氣的作用，通常後面會接著一個否定副詞，意思如同不能不、絕對。有人隸定為「着」。

# 403 問向先祖祈雨牲品

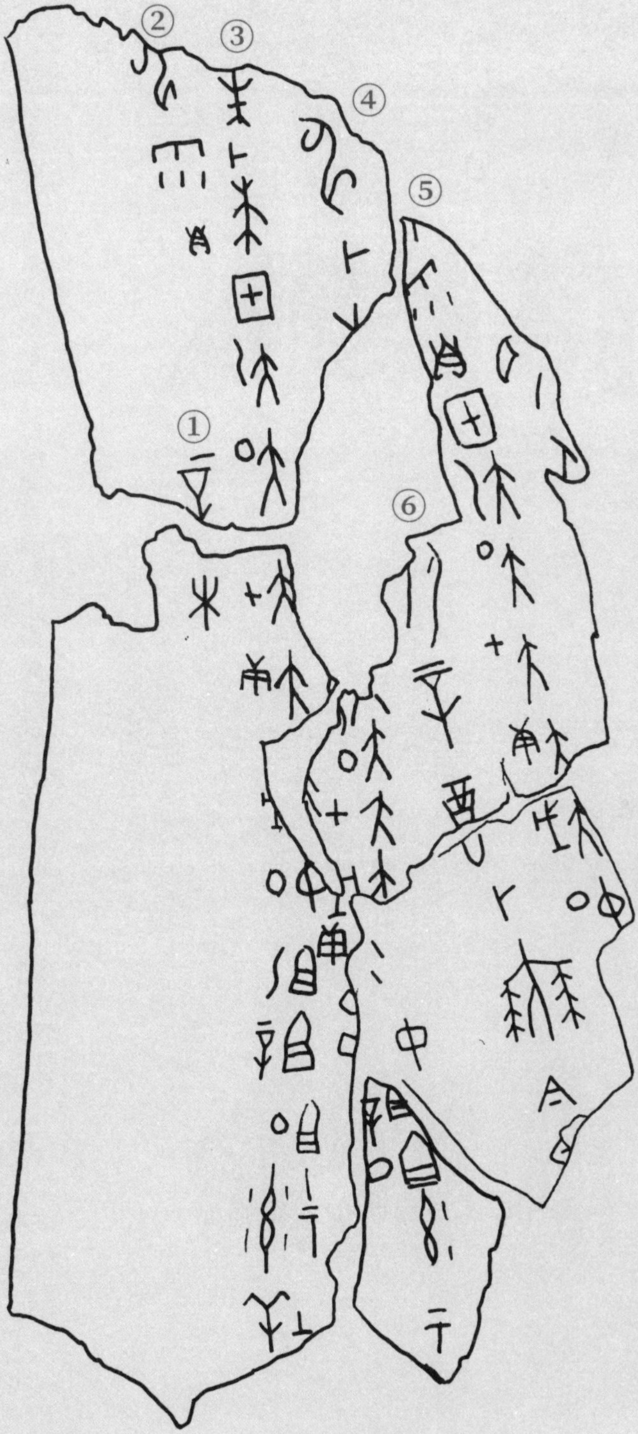
①
②
③
④
⑤
⑥

- 出處：《合補》10436，骨。
- 斷代標準：書體、字形。
- 說明：𠂤組卜辭，字小且筆力軟弱，沒有第三期那樣剛健有力，故有些學者因字小而誤解，以為時代是第一期。此版的「庚」字是𠂤組卜辭特有的寫法。

①辛未

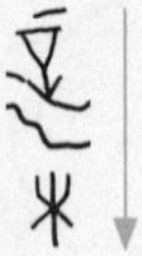

閱讀方式 由上而下。

②☐申☐

閱讀方式 單一字。

③□未卜，「求雨自上甲、大乙、大丁、大甲、大庚、大戊、中丁、祖乙、祖辛、祖丁十示，率𦍩？」☑

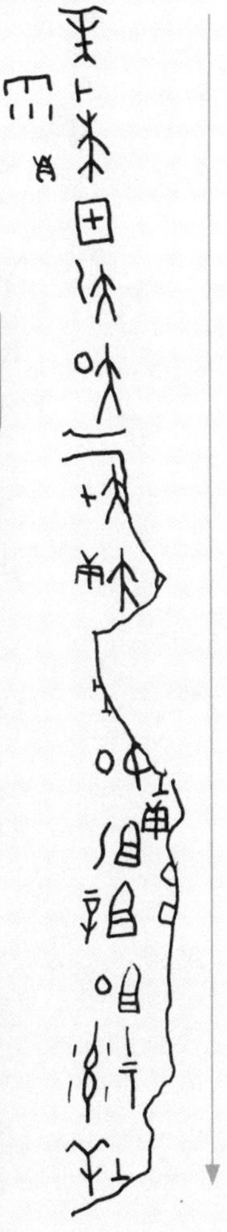

**白話譯文**

□未日占卜（，提問）：「要舉行求雨儀式，從上甲、大乙、大丁、大甲、大庚、大戊、中丁、祖乙、祖辛、祖丁共十個直系，對這長串的祖先使用雄性的羊祭祀，是合適的嗎？」

**閱讀方式**

由上而下。

**貞辭部分：求雨自上甲、大乙、大丁、大甲、大庚、大戊、中丁、祖乙、祖辛、祖丁十示，率𦍩？**

「雨自」兩字漏刻，在旁邊補上。「上甲」是追封的始祖，是很重要的受祭對象。報乙至示癸五代，在大合祭時往往省略。大乙至祖丁是實際即位的連續大宗。

「率」的創意是長串帶有油脂的腸子形狀，常用意義是指內臟（後世寫作「膟」），以及引申為統領的意思。此處的意義接近「長串」，指從上甲以下的長串名單。

④□申卜，「求⧄大乙、大丁、大甲、大戊、[大]庚、中丁、祖辛、祖丁，率示⧄」

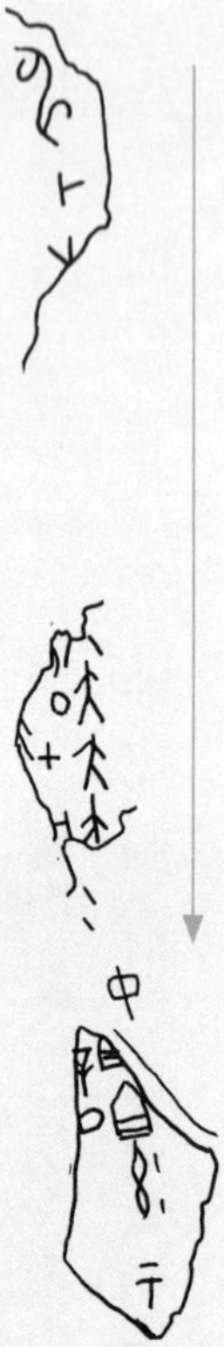

閱讀方式 由上而下。

⑤「⧄求雨自上甲、大乙、大丁、大甲、大庚、大戊、中丁⧄」

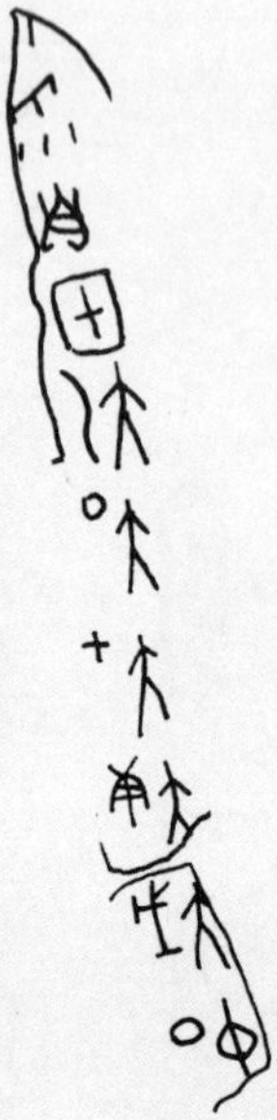

閱讀方式 由上而下。

以上三卜是在不同日子占卜，求雨自上甲至祖丁十示，以及用牲的情形，字句有遺漏、錯位，筆劃也軟弱無力，很可能是**習刻**。

## ⑥☐从辛酉卜，舞今日☐

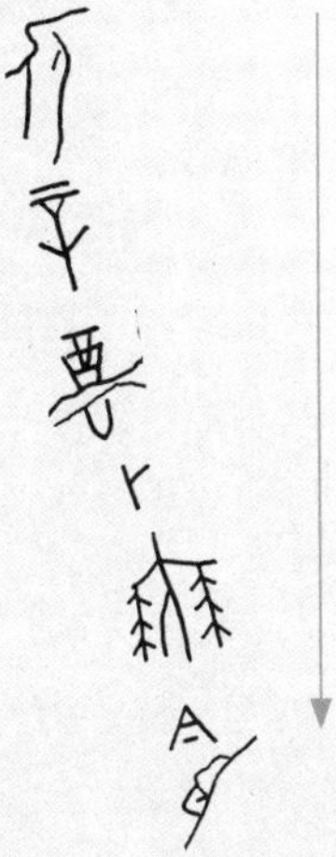

閱讀方式 由上而下。

從位置看，有可能是第四卜的**驗辭部分**，大半也是**習刻**，反映出刻寫文字的人在骨面上儘量找空間刻字。

# 404 問舉行眾先祖酒祭

• 出處：《合》32384，骨。

• 斷代標準：書體、字形。

① 「乙未酒系品上甲十、匚乙三、匚丙三、匚丁三、示壬三、示癸三、大乙十、大丁十、大甲十、大庚七、小甲三、⧄三、祖乙⧄」

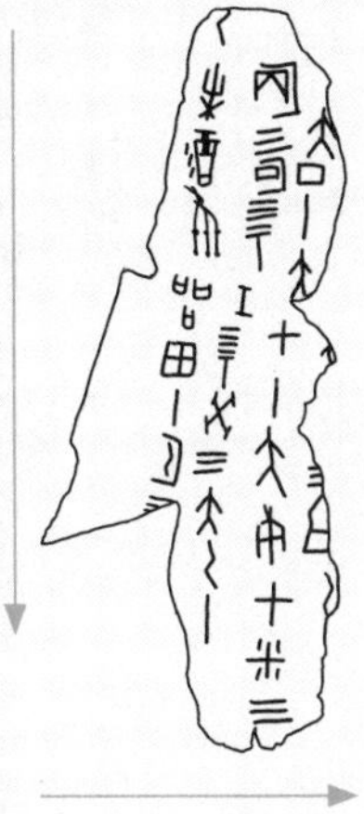

白話譯文

（提問：）「乙未日總括不同的先王，舉行酒祭：上甲十、匚乙三、匚丙三、匚丁三、示壬三、示癸三、大乙十、大丁十、大甲十、大庚七、小甲三、⧄三、祖乙⧄」

閱讀方式

右行。

「酒」是商代領銜的祭祀系統；「系」象手拿著三股細的絲捻成一股較粗的線，才能用以織布，在此表示總括之意；「品」呈現眾多物品有次序地擺放在一起，有區隔的意義，指不同先王的祭祀。

「匚」象神龕側面的造型。《史記．殷本紀》記載上甲微之後，商王依序是——報丁、報乙、報丙，和周祭卜辭的順序不同。可利用周祭祀譜糾正《史記》的錯誤，上甲後的商王世系應爲報乙、報丙、報丁。上甲至報丁大概是追封的虛擬人物，所以沒有配妣。周祭祀譜從「示壬」、「示癸」開始出現配妣的情形，應該是經過撿骨儀式、確實存在的祖先。此條卜辭的「小甲」使用合文的形式。

從先王世系和搭配牲品的數量，可以看出受祭祖先的等級或祭祀規格，此版以上甲、大乙、大丁、大甲受享的規格最高。綜合來說，在諸位先王當中，商王對上甲、大乙、祖乙和親生父親的祭祀最隆重、也最頻繁。

摹寫練習

# 405 問牲品

## ——為戰爭祈福、祭祖

- 出處：《合》34122，龜腹甲。
- 斷代標準：書體、字形。
- 說明：𠂤組卜辭，本版提到廿示，指從上甲數來到武乙二十個世代的先王，所以本版時代是第四期後期的文武丁。

① 壬寅卜，「求其伐歸，叀北⧗用，廿示一牛，二示羊氏，四戈彘？」

**白話譯文**

壬寅日占卜（，提問）：「祈求軍隊征伐可以安全歸來，想要在北⧗舉行祭祀，從上甲到武乙等二十個世代的先王，牲品使用一牛；小宗的祖先，牲品使用羊氏；爲國戰死的士兵，牲品使用野豬，是適合的嗎？」

**閱讀方式**

右行。

**貞辭部分：求其伐歸，叀北⧗用，廿示一牛，二示羊氏，四戈彘？**

「歸」字以土塊和掃帚組合，或與古人出嫁的習俗有關，要帶去表示婦職的掃把，以及治療水土不服的故鄉土塊。出嫁後有歸寧的習俗，借以表示回歸。「伐歸」表達征伐歸來的意義。

甲骨有「北☒」、「新☒」等，另有卜辭「御自上甲至于大示叀父丁☒用」，意義應該是祭祀的場所，創意不詳。甲骨記載征戰歸來後，在「學」的建築物進行報告和獻俘。「☒」或爲相關用途或功能的建築名稱或祭台一類的祭祀設備。

「二示」是下示，指小宗旁系的先祖。「羊氐」表示用牲的方法，可能指祭品是羔羊一類的牲體。甲骨文中，牲體的使用如牛有年齡、公母之別，豬也有豕（豬通稱）、豚（子豬）、彘（野豬）、豖（閹割雄豬）等之分。

②丙子卜，「又中丁二牢？」

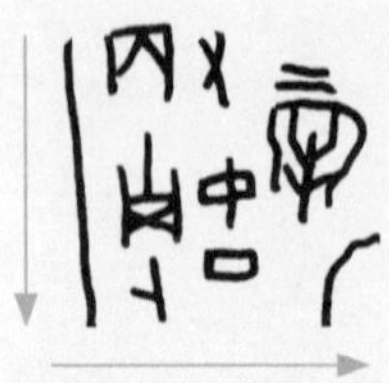

白話譯文

丙子日占卜（，提問）：「要以又的儀式祭祀中丁，牲品使用兩頭被圈養的牛，是適合的嗎？」

閱讀方式

右行。

③雨⧄

閱讀方式

單一字。

## 406 問合祭儀式與牲品

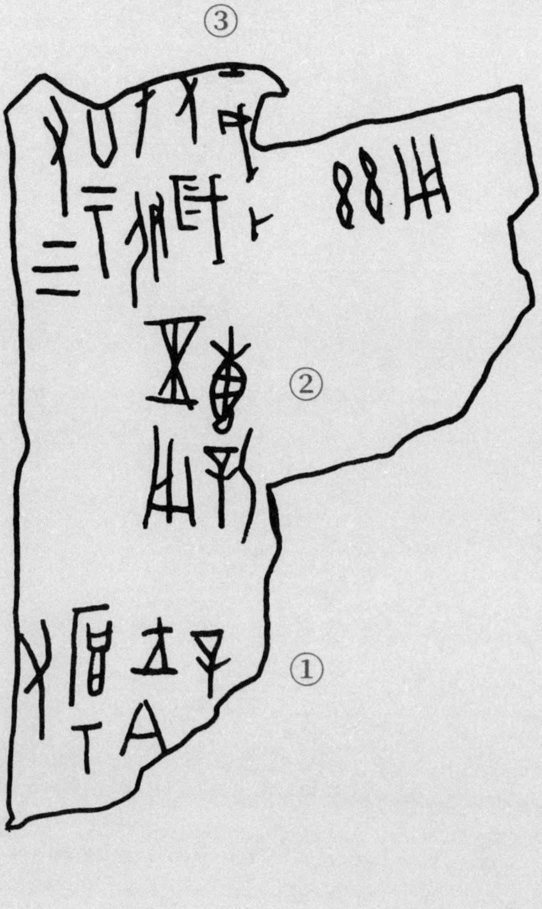

• 出處：《合》34123，骨。
• 斷代標準：書體、字形。
• 說明：筆者是透過鑽鑿形態來確定𠂤組卜辭是第四期，中國大陸學者是經由小屯南地、村中村南的發掘而確認時代應該不是第一期。

①辛[未卜]，「王令厚示☐又☐」

白話譯文 辛［未日占卜］（，提問）：「王下令（此次祭祀）含括大宗、小宗等先祖，☐又☐」

閱讀方式 左行。

**貞辭部分：王令厚示☐又☐**。「王」字上頭沒有一短劃，是舊派的寫法，但我們透過鑽鑿形態確定時代是第四期。「厚」字表現出裝盛銅液的陶坩鍋，器壁厚實，且造型上重下輕，才容易傾倒，也就是一種擺放時需依靠他物的容器形。「厚示」在大示、下示、它示之外，表示「多」的意義，可能指稱含括直系、旁系等所有的先祖。

②「叀新☒用？」

白話譯文

（提問：）「想要在新☒舉行（祭祀），是適合的嗎？」

閱讀方式

左行。

此條卜辭的「新」字，採用簡化的字形。第一、二期寫作「」。

③□戌卜，「又歲于伊廿示又三？」茲用。

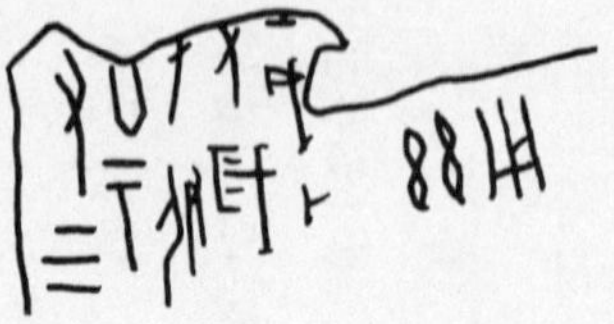

白話譯文

（戊或壬）戌日占卜（，提問）：「向伊尹後代二十三個世代舉行又祭和歲的用牲法，是適合的嗎？」採用這一卜的預示。

閱讀方式

左行。

**前辭部分：□戌卜**。就殘筆來看，可能是在戊戌或壬戌日進行占卜。

**貞辭部分：又歲于伊廿示又三？**「又」是祭名，也是用牲法，和「酒」是商代兩個領銜的祭祀系統。「歲」是用牲的方法。「伊」向來以爲是「伊尹」，然「伊廿示又三」有學者認爲是指從大甲到康丁包括直系和旁系的二十三位先王，還有學者提出是指伊尹之伊氏家族後代二十三個世代。但伊尹之家族有如此重要，要特別記錄其祀譜二十三代，甚至代代加以祭祀？再者，伊氏家族出現的世代，比商王族從上甲到武乙二十世代還要久嗎？此句的解讀，目前尚有歧義。

「茲用」表示這卜的預示被採用。第三期也出現「茲用」一詞，但字很小，出現在**兆側**；第四期的「茲用」，字相對很大；第五期的「茲用」，出現在貞辭的後面，不一定在兆側。

**第四期有否兆側刻辭？**此期沒有小吉、大吉、弘吉等兆側刻辭，但有「茲用」。第三期的吉祥程度可分爲三個層級，第一是不吉，第二是吉，第三最高層級是大吉或弘吉。第一期的吉祥程度可分成三等，第一是不吉，第二是小吉，第三最高等是上吉、不牾蛛、上吉不牾蛛。

## 407 問祭祖祭品

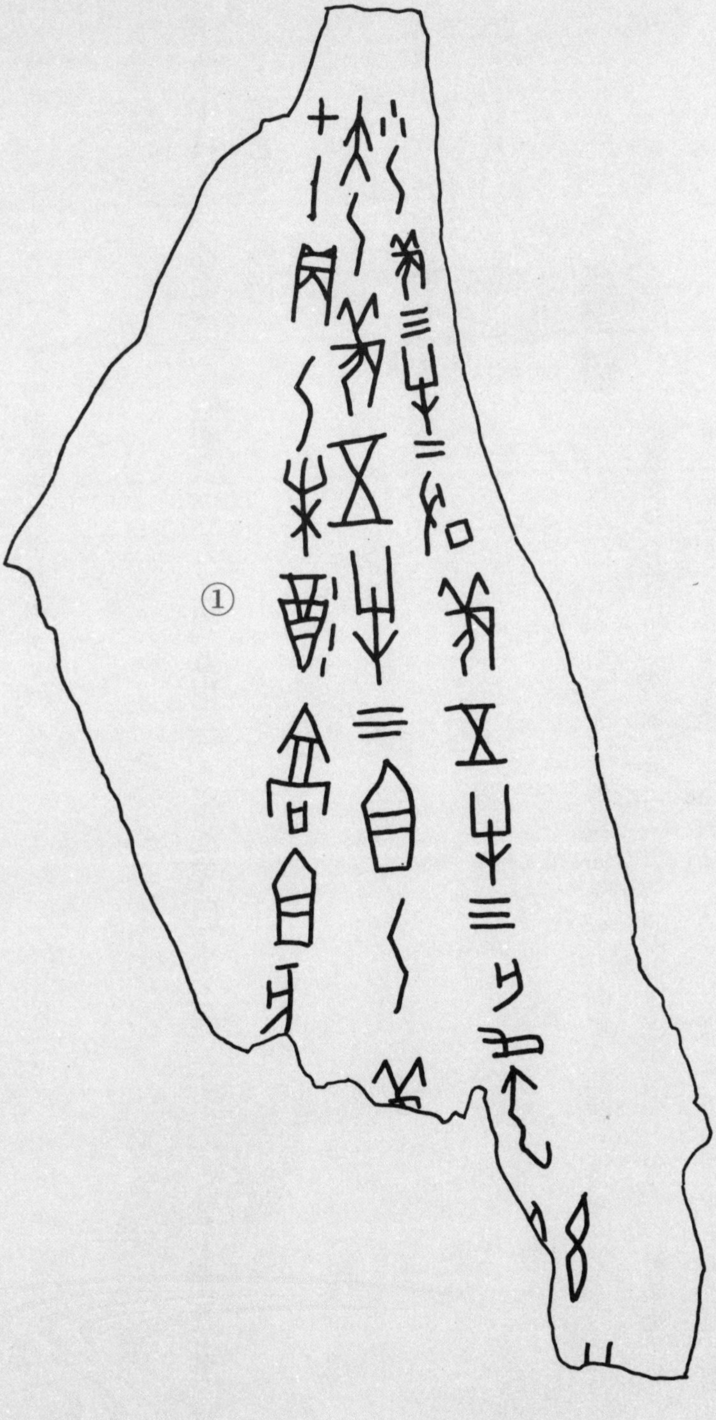

①

- 出處：《合》32087，骨。
- 斷代標準：稱謂、書體、前辭。
- 說明：「干支貞」是第四期特有的前辭形式。

①甲午貞：「乙未酒，高祖亥☐大乙羌五牛三，祖乙羌☐小乙羌三牛二，父丁羌五牛三，亡它?」茲用。

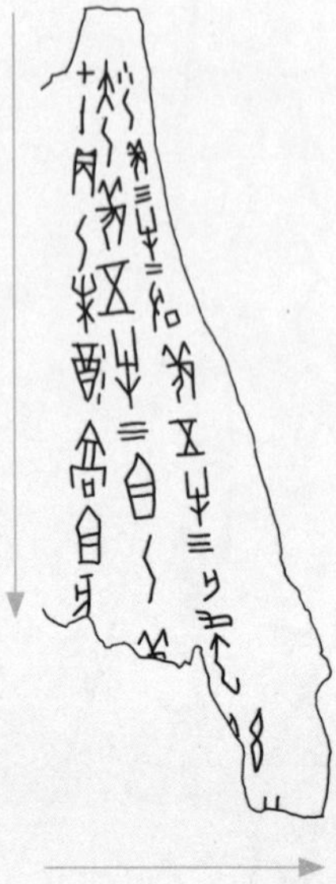

**白話譯文**

甲午日提問：「第二天乙未日舉行酒祭，高祖亥的祭品是☐，大乙（商湯）的祭品是羌五、牛三，祖乙的祭品是羌☐，小乙的祭品是羌三、牛二，父丁（康丁）的祭品是羌五、牛三，不會有災禍的，是嗎?」採用這一卜的預示。

**閱讀方式**

右行。

**貞辭部分：乙未酒，高祖亥〼大乙羌五牛三，祖乙羌〼小乙羌三牛二，父丁羌五牛三，亡它？**

「高祖亥」在卜辭中又稱王亥、高祖王亥。《史記．殷本紀》或稱之爲「王振」，其時代比上甲微早，是商人的遠祖，受祭的次數很多；張光直曾提出高祖亥的祭祀日多在辛日。卜辭中另有「高祖河」。「父丁」是武乙對先父康丁的稱謂。

從此版所祭先王的品物來看，康丁的等級等同於大乙，都是羌五、牛三，高於小乙的羌三、牛二。可見商王對於親生父親的祭祀特別尊崇。

# 408 問二事——祈豐收、降雨

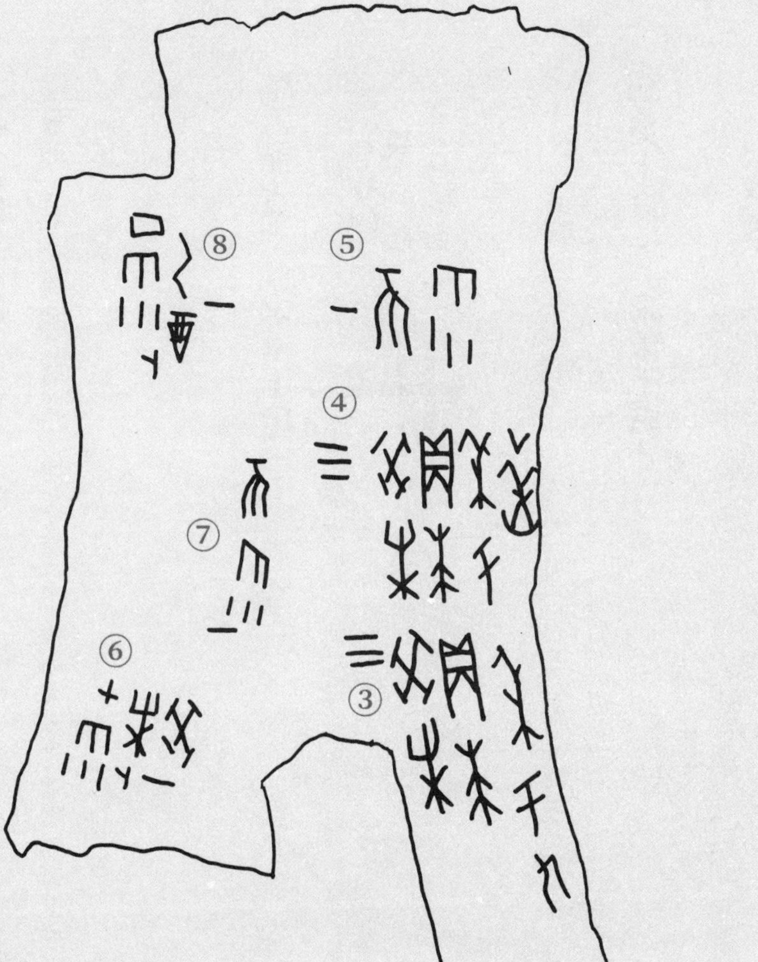
⑧
⑤
④
⑦
⑥
③
②
①

- 出處：《合》33274，骨。
- 斷代標準：書體、字形、前辭。
- 說明：該版為武乙時代，字比文武丁時期大，筆畫剛勁。求禾、求雨事類的卜辭以第一期、第四期舊派為多。

① 己卯貞：「求禾于☐」

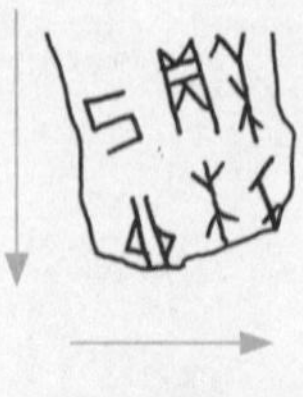

閱讀方式　右行。

② 癸未貞：「求禾于夒？」

白話譯文　癸未日提問：「向夒祈求豐收，是合適的嗎？」

閱讀方式　右行。

③癸未貞：「求禾于河？」三（序數）

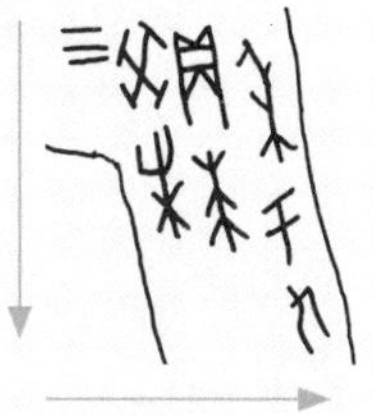

白話譯文 癸未日提問：「向河（黃河）祈求豐收，是合適的嗎？」第三次占卜。

閱讀方式 右行。

④癸未貞：「求禾于岳？」三（序數）

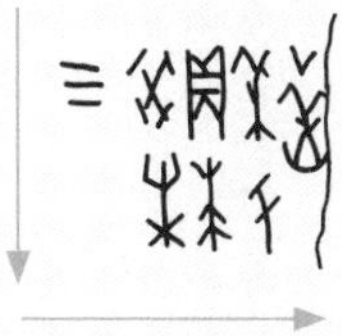

白話譯文 癸未日提問：「向岳（霍山）祈求豐收，是合適的嗎？」第三次占卜。

閱讀方式 右行。

**貞辭部分：求禾于岳？**「求禾」就是求年，舊派用「求禾」。以上三卜反映出商人向⿰頁戊、河（黃河）、岳（霍山）求年。「⿰頁戊」有人隸定為「夒」，「⿰頁戊」可能和「河」、「岳」一樣，是自然神靈。在另外的卜辭有高祖河，有學者認為既然有高祖亥，那麼高祖河也應是商人的遠祖，也有說法是高祖河可能是由遠祖進一步演變成神靈。或許卜辭的斷句是高祖、河，表示兩個不同的祭祀對象。

⑤「不雨？」一（序數）

**白話譯文** （提問：）「不會下雨的，是嗎？」第一次占卜。

**閱讀方式** 由左而右。

⑥癸未卜，「甲雨？」一（序數）

**白話譯文** 癸未日占卜（，提問）：「甲日會下雨的，是嗎？」第一次占卜。

**閱讀方式** 左行。

⑦「不雨？」一（序數）

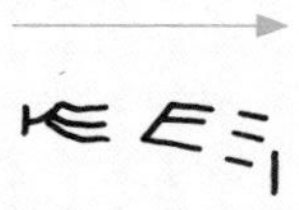

白話譯文 （提問：）「不會下雨的，是嗎？」第一次占卜。

閱讀方式 由上而下。

⑧乙酉卜，「丁雨？」一（序數）

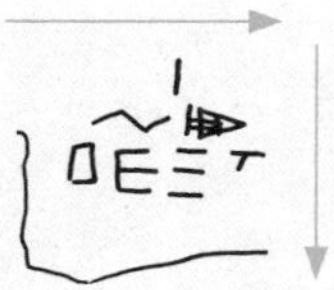

白話譯文 乙酉日占卜（，提問）：「丁日會下雨的，是嗎？」第一次占卜。

閱讀方式 左行。

409
問祭祖牲品

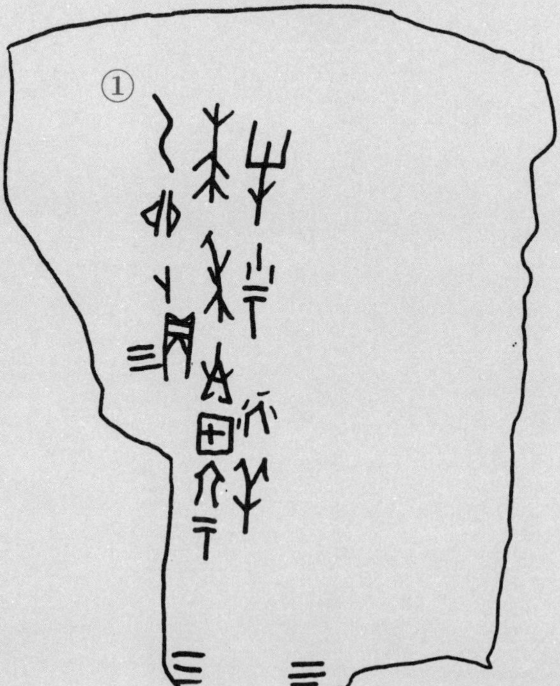

• 出處：《合》33313，骨。

• 斷代標準：書體、字形。

• 說明：第四期序數最多到三，在左右牛肩胛骨上分別卜問三次，共六次。第四期最常出現對好幾個世代的先王加以合祭的情況。

①乙卯卜，貞：「求禾自上甲六示牛，小示□羊？」三（序數）

**白話譯文**

乙卯日占卜，提問：「祈求穀物豐收，從上甲到大戊等六位直系的先王，牲品使用牛；小宗的先祖，牲品使用事前取血的羊，是適合的嗎？」第三次占卜。

**閱讀方式**

右行。

貞辭部分：求禾自上甲六示牛，小示□羊？

「自上甲六示」指從上甲、大乙、大丁、大甲、大庚到大戊，六個直系的先王。

「」字學者隸定爲「⿱幾皿」字，或許是祭祀前取血盛於器皿內的處理方式；血則可能是當場將牲體加以宰殺取血的處理方式，以後世當場殺牲爲較隆重的儀式，揣度血是當場取血，⿱幾皿是事先準備。⿱幾皿和血同在一辭時，血爲較高等級的祭品。

大宗祖先牲品用牛，小宗旁系用羊，可見不同親疏的祖先，使用的牲品也有相應的等級，牛的牲品比羊高級。

摹寫練習

# 410 問三事——大邑商年收、降雨、祭祀人牲

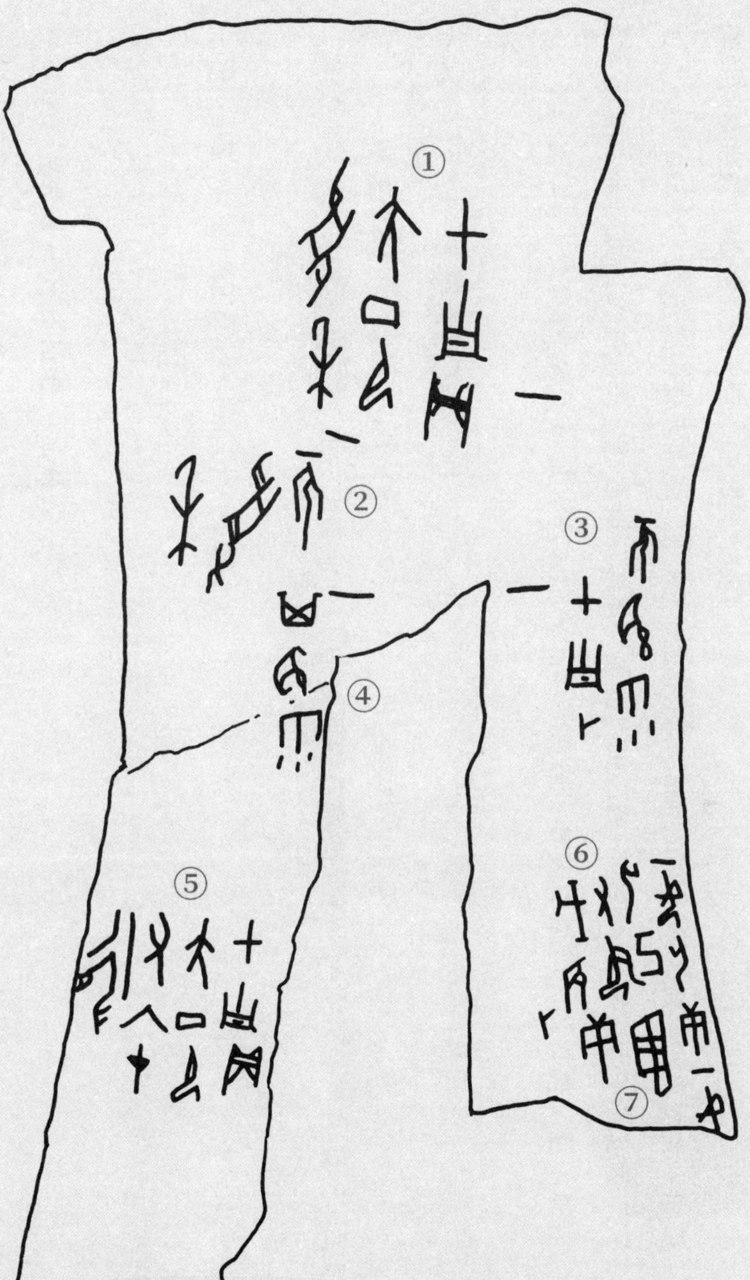
①
②
③
④
⑤
⑥
⑦

- 出處：《合》32176，骨。
- 斷代標準：書體、字形、前辭。
- 說明：此版字小，不剛勁，為文武丁時代。

**①甲子貞：「大邑受禾？」一**（序數）

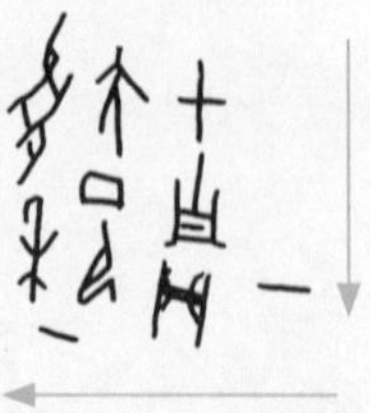

**白話譯文** 甲子日提問：「大邑商會接受到（上天給予的）好年收的，是嗎？」第一次占卜。

**閱讀方式** 左行。

**貞辭部分：大邑受禾？**「大邑」大半是大邑商的簡稱，曾經爲商的行政首都，商王常在這裡有特別的活動。大邑商大概指鄭州，即經考古發現的鄭州二里崗城。商代前期鄭州二里崗城遺址，比漢代鄭州城大上三分之一。而在二里崗地層之下，亦發現距今五千八百年前的城郭，呈現圓形，所以推論古人修築城牆是爲了防範水災，而不是抵禦外敵。

② 「不受禾？」一（序數）

與上一卜**對貞**。

**白話譯文** （提問：）「不會接受到（上天給予的）好年收的，是嗎？」第一次占卜。

**閱讀方式** 由右而左。

③ 甲子卜，「不聯雨？」一（序數）

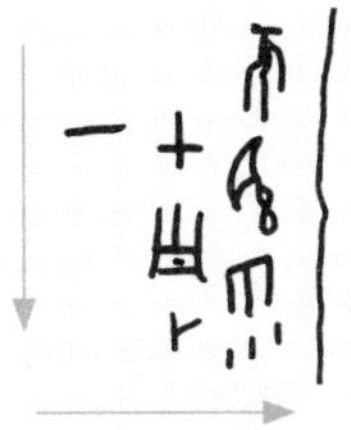

**白話譯文** 甲子日占卜（，提問）：「不會連續下雨的，是嗎？」第一次占卜。

**閱讀方式** 右行。

**貞辭部分：不聯雨？**「聯」字象耳上掛有長串的裝飾物的樣子。第一、二卜先詢問收成，接著第三、四卜進一步卜問有沒有好年收的原因，似乎與會不會連續下雨有關。可看出第四期卜問的習慣。

④「**其聯雨？**」一**（序數）**

**白話譯文** （提問：）「將會連續下雨的，是嗎？」第一次占卜。

**閱讀方式** 由上而下。

與上一卜**對貞**。

⑤**甲子貞：「大邑又入？」才非。**

**白話譯文** 甲子日提問：「大邑商會有好的年收的，是嗎？」在非地占卜。

**閱讀方式** 左行。

**貞辭部分：大邑又入？**同版的內容是詢問受禾、聯雨的問題，所以「入」或指收入，即詢問入穀、進貢年收穫至大邑商的情形。卜辭也常有「入大邑商」，那麼「入」也可解釋為進入，在盤庚遷殷（安陽小屯）後，商王仍經常回到大邑商，目的或爲了祭祀。但入大邑是出於商王主觀的意願，應該不會詢問上天是否可行，所以「入」還是理解爲入貢年收，較爲恰當。

「才非」在安陽外的非地進行占卜，「非」字象兩手往兩旁推開東西的樣子，爲「排」字的初文。

## ⑥戊辰卜，「又𠬝，妣己一女，妣庚一女？」

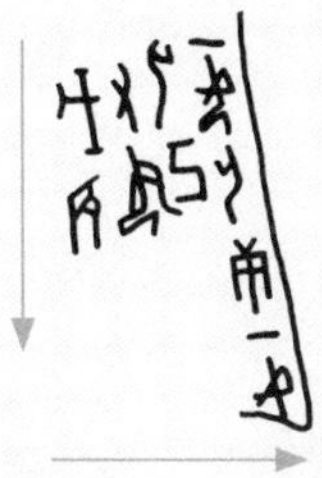

**白話譯文** 戊辰日占卜（，提問）：「舉行又祭並使用俘虜的人牲，祭祀妣己的人牲使用一個女奴，妣庚使用一個女奴，是合適的嗎？」

**閱讀方式** 右行。

**貞辭部分：又𠬝，妣己一女，妣庚一女？**「又」是祭名，亦爲用牲法。「𠬝」象以手制服他人的樣子，在這裡是指使用人牲的祭祀方式。「𠬝」、「及」和「妥」，三字是有區別的：「及」寫作「」，呈現出一人從後追趕以手碰觸前人的樣子，被碰觸的人呈現側身直立，手在下方。意義是追及敵人；「𠬝」寫作「」，被制服的人表現跪坐姿態，手在旁邊，指稱俘虜；「妥」寫作「」，表達以手抓住一女性俘虜的樣子，指稱女俘。

⑦庚☐羽☐

閱讀方式

由左而右。

摹寫練習

# 411 問蝗蟲來襲

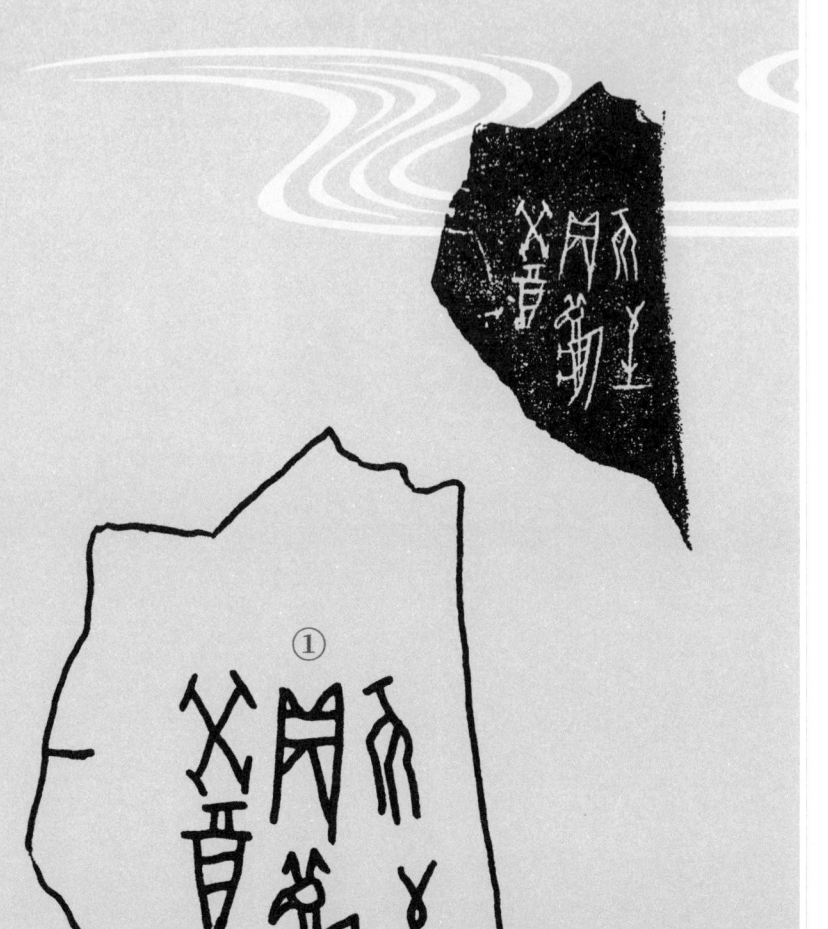

- 出處：《懷》1600，骨。
- 斷代標準：前辭、書體。
- 說明：第四期武乙的字體較大，且有稜有角，而文武丁的字體較小，風格委靡。此版為武乙時代的刻辭。

**①癸酉貞：「秋不至？」一**（序數）

**白話譯文** 癸酉日提問：「蝗蟲不會到來的，是嗎？」第一次占卜。

**閱讀方式** 右行。

「癸酉貞」的**前辭形式**是第四期特有的。

**貞辭部分：秋不至？**「秋」字是借用蝗蟲的字形來表示，因爲蝗蟲在夏末秋初會對農收造成嚴重的災害。此版詢問是否會有蝗蟲災害來襲。

# 412 問降雨

• 出處：《合》33954，骨。

• 斷代標準：書體、字形。

• 說明：至第四期文武丁時代，前辭形式被省略的情況很少出現，早期經常針對一事多次卜問，至文武丁時期只要正面詢問有了結果，大多就卜問該次，不再反覆詢問。

① □未卜☐

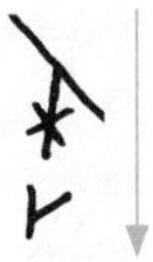

閱讀方式 由上而下。

② 「不雨？」

白話譯文 （提問：）「不會下雨的，是嗎？」

閱讀方式 由左而右。

第三期的「不」字寫作「」，下方的線條筆直；第四期的「不」字則多屈曲。

③「庚申雨？」一（序數）

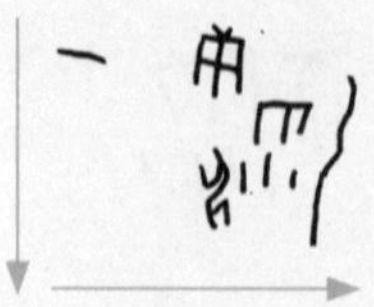

**白話譯文** （提問：）「庚申日會下雨的，是嗎？」第一次占卜。

**閱讀方式** 右行。

④壬戌卜，「癸亥奏舞，雨？」二（序數）

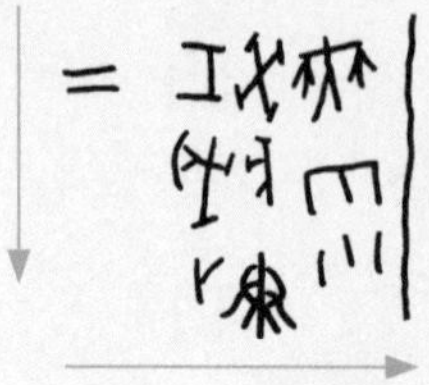

**白話譯文** 壬戌日占卜（，提問）：「第二天癸亥日以奏樂和跳舞來祈雨，會下雨的，是嗎？」第二次占卜。

**閱讀方式** 右行。

**貞辭部分：癸亥奏舞，雨？**「奏」是種樂器演奏，有時兼有舞蹈呈現。第三期有「商奏」、「各奏」、「新奏」、「嘉奏」等，或表示奏樂的種類。此版詢問以奏樂和跳舞來求雨，會不會下雨。

⑤甲子卜，「乙丑雨？」二（序數）

**白話譯文** 甲子日占卜（，提問）：「第二天乙丑日會下雨的，是嗎？」第二次占卜。

**閱讀方式** 右行。

⑥壬申卜，「癸酉雨？」一（序數）。茲用。

**白話譯文** 壬申日占卜（，提問）：「第二天癸酉日會下雨的，是嗎？」第一次占卜。採用這一卜的預示。

**閱讀方式** 右行。

第三期「茲用」的「茲」寫作兩股絲繩「𢆶」，第四期則簡省爲一股絲繩，是特有的寫法。

## 413 問焚巫祈雨

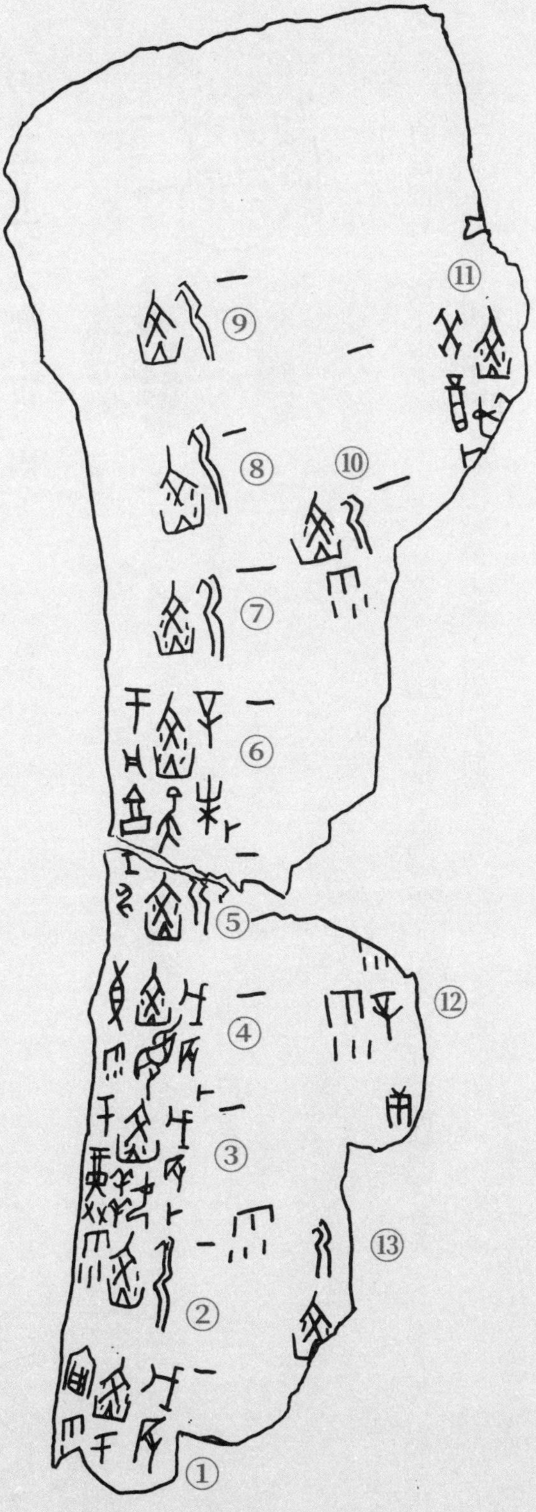
①
②
③
④
⑤
⑥
⑦
⑧
⑨
⑩
⑪
⑫
⑬

• 出處：《合》32289，骨。

• 斷代標準：書體、字形。

① 戊辰[卜]，「熯于宙，雨？」一（序數）

**白話譯文**　戊辰日[占卜]（，提問）：「在宙地焚巫，是會下雨的嗎？」第一次占卜。

**閱讀方式**　左行。

**貞辭部分：熯于宙，雨？**「」都是「熯」字，但不同期繁簡寫法各異，「」是第一、二期最繁複的字形，表示焚燒巫師，用以祈雨。

② 「弜熯？」一（序數）

白話譯文 （提問：）「不要焚巫，是合適的嗎？」第一次占卜。

閱讀方式 由右而左。

③戊辰卜，「熯嬕于□，雨？」一（序數）

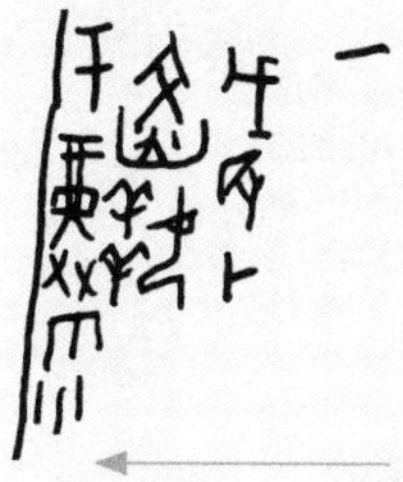

白話譯文 戊辰日占卜（，提問）：「在□地焚燒巫師嬕，是會下雨的嗎？」第一次占卜。

閱讀方式 左行。

④戊辰卜，「熯曼□，雨？」一（序數）

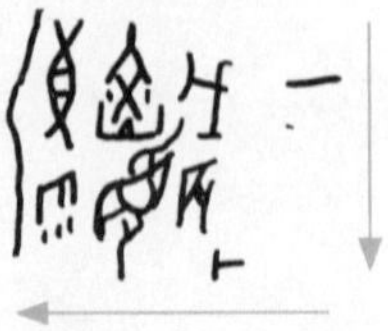

白話譯文

戊辰日占卜（，提問）：「在□地焚燒巫師曼，是會下雨的嗎？」第一次占卜。

閱讀方式

左行。

第三、四卜的「嬶」、「曼」和第六卜的「天」，都是巫師的名字；「□」、「□」和第六卜的「凡」，都是地名。

⑤「弜熯？」一（序數）

白話譯文

（提問：）「不要焚巫，是合適的嗎？」第一次占卜。

閱讀方式

由右而左。

⑥辛未卜，「熯天于凡，享壬申？」一（序數）

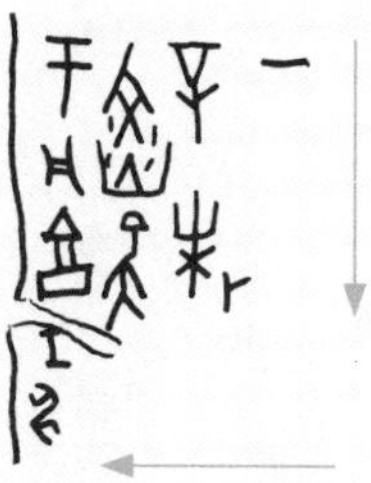

白話譯文　辛未日占卜（，提問）：「在凡地焚燒巫師天，於第二天壬申日進行享祭，是合適的嗎？」第一次占卜。

閱讀方式　左行。

⑦「弜熯？」一（序數）

白話譯文　（提問：）「不要焚巫，是合適的嗎？」第一次占卜。

閱讀方式　由右而左。

⑧「弜熯？」一（序數）

**閱讀方式** 由右而左。

⑨「弜熯？」一（序數）

**閱讀方式** 由右而左。

⑩「弜熯，雨？」一（序數）

**白話譯文** （提問：）「不要焚巫，是會下雨的，是嗎？」第一次占卜。

**閱讀方式** 由右而左，再由上而下。

很難決定這卜的雨是貞辭還是驗辭的部分。依第三、四卜的例子來看，大半是**貞辭**。

⑪ 癸酉卜，「熯㜅⧄？」一（序數）

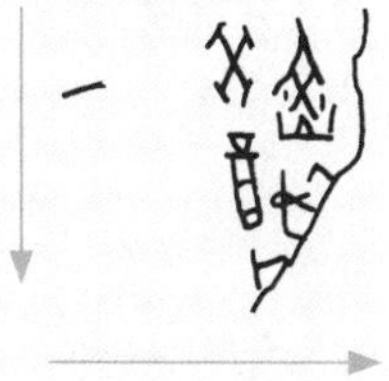

白話譯文　癸酉日占卜（，提問）：「焚燒巫師㜅⧄？」第一次占卜。

閱讀方式　右行。

⑫ 「辛雨？」

白話譯文　（提問：）「辛日會下雨的，是嗎？」

閱讀方式　由右而左。

⑬「弜熯，雨？」

**白話譯文**（提問：）「不要焚巫，是會下雨的，是嗎？」

**閱讀方式** 左行。

摹寫練習

# 414
# 問祭祀日天氣

拓本原寸長 22.8 公分、寬 8.5 公分，圖為原寸 75%。

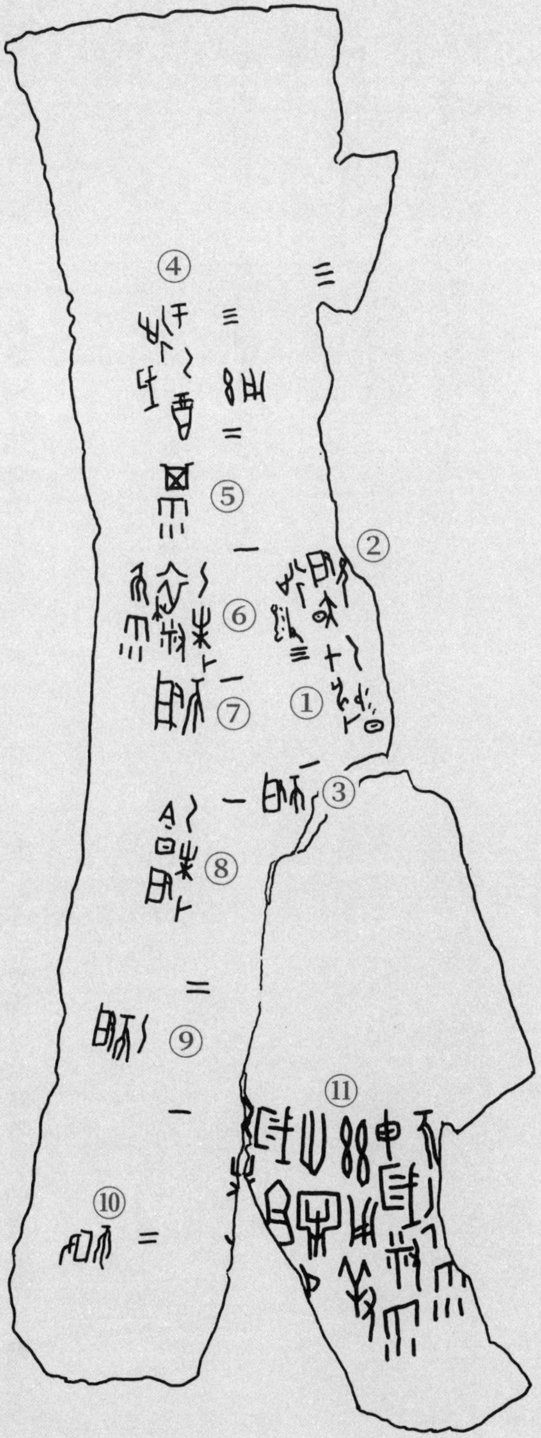
①
②
③
④
⑤
⑥
⑦
⑧
⑨
⑩
⑪

• 出處：《合》33986，骨。

• 斷代標準：書體、字形。

• 說明：第四期茲用的「茲」簡省成一股絲繩，是第四期獨有的寫法。「昜日」和「啟」都是指晴天，因為「昜日」在刻辭中常和「雨」對舉，而卜辭陰天是用「」字。舊派用「昜日」，新派多用「啟」（或啓），此版兼有兩者。不知「昜日」和「啟」是否有放晴程度的差異？「啟」為大放晴？

①甲申卜，「乙昜日？」三（序數）

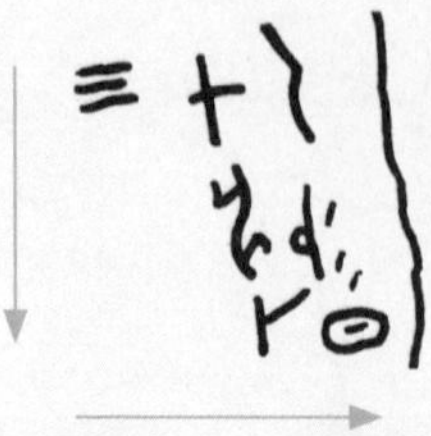

白話譯文

甲申日占卜（，提問）：「第二天乙（酉）日會是晴天的，是嗎？」

第三次占卜。

閱讀方式

右行。

②囗允啓，㫤征施。

白話譯文　天氣確實是晴天，下午延遲施行殺牲的儀式。

閱讀方式　左行。

這段話或是第一卜的**驗辭**，或是好幾卜總結性的驗辭。依據觀察，第一卜和第十一卜的行款是由內而外，但這一卜卻是由外而內，或許是事後追記的驗辭，所以找空檔刻寫，因而行款排列特殊。

「昃」爲下午，字形是以太陽西下人影斜長表意。「征」即「延」，在此意指延遲。「施」呈現手拿棍棒撲打蛇的樣子，暫定爲「施」；「延施」意謂延遲施行殺牲。驗辭說確實是晴天，但又延遲殺牲，似乎有所矛盾。或許天氣先是放晴，但後來又下起雨來，所以用這樣迴避性的用語加以記錄。

③「不啓？」一（序數）

白話譯文　（提問：）「不會是大晴天的，是嗎？」第一次占卜。

閱讀方式　由右而左。

與第一卜**對貞**。

④「于乙酉征歲？」三（序數）。茲用。

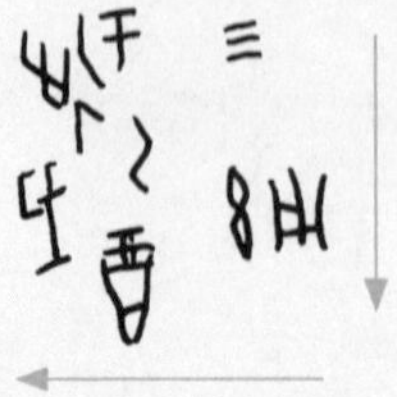

**白話譯文**　（提問：）「延遲在乙酉這天舉行歲祭，是合適的嗎？」第三次占卜。

採用這一卜的預示。

**閱讀方式**　左行。

這一版反覆卜問乙日會不會是晴天，應是已確定要祭祀祖乙，但不知天候如何。第一卜詢問乙酉日會不會下雨，這一卜進一步詢問延遲到乙酉日才舉行歲祭適不適當，最後採用這一卜的占斷。第二卜的驗辭表示延遲殺牲，所以才在下一旬的乙未日對祖乙舉行歲祭。

⑤「其雨？」二（序數）

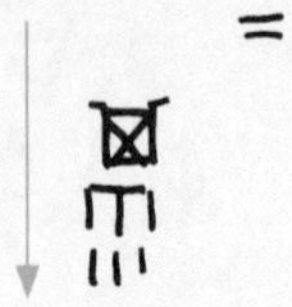

**白話譯文**　（提問：）「將會下雨的，是嗎？」第二次占卜。

**閱讀方式**　由上而下。

⑥乙未卜，「[illegible][illegible]，不雨？」一（序數）

**白話譯文** 乙未日占卜（，提問）：「舉行[illegible][illegible]祭祀，不會下雨的，是嗎？」第一次占卜。

**閱讀方式** 左行。

**前辭部分**的「未」字在第一期寫作「[illegible]」，上頭的線條轉折，以示與「木」字不同，呈現枝條茂盛的樣子，至第四期後寫作「[illegible]」。

**貞辭部分：**[illegible][illegible]，不雨？「[illegible][illegible]」是祭祀名稱，甲骨還有「歲[illegible]」、「歲[illegible]」，是爲連祭，或表示舉行歲祭時的某一過程或儀式。

⑦「不啓？」一（序數）

**白話譯文** （提問：）「不會是大晴天的，是嗎？」第一次占卜。

**閱讀方式** 由右而左。

與第六卜**對貞**。

⑧乙未卜，「今日啓？」一（序數）

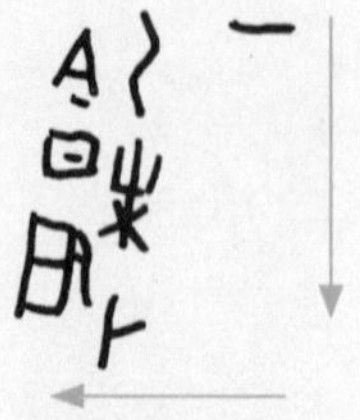

**白話譯文** 乙未日占卜（，提問）：「今天會是大晴天的，是嗎？」第一次占卜。

**閱讀方式** 左行。

⑨「乙不啓？」二（序數）

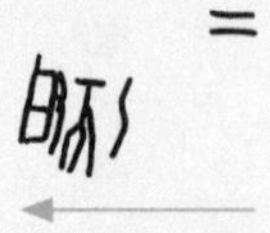

**白話譯文** （提問：）「乙日不會是大晴天的，是嗎？」第二次占卜。

**閱讀方式** 由右而左。

⑩「不啓？」二（序數）

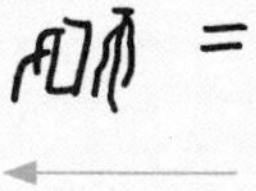

**白話譯文**（提問：）「不會是大晴天的，是嗎？」第二次占卜。

**閱讀方式**由右而左。

⑪乙未卜，「☒歲祖[乙]三十牢，易[日]？」茲用。羞申歲𢦏雨，不祉雨。一（序數）

白話譯文

乙未日占卜（，提問）：「☒使用三十牢向祖［乙］舉行歲祭，祭祀時會是晴天的，是嗎？」採用這一卜預示。準備牲品舉行歲𢦏祭時下雨，但不是延續不停的下雨。第一次占卜。

閱讀方式

右行。

第三期「茲用」一詞出現在兆側，到第四期有時出現在貞辭和驗辭之間，到第五期則多刻寫在貞辭之後，而非兆側。

**驗辭部分：羞申歲𢦏雨，不祉雨。**「羞」即「饈」字，表示供奉的祭品。「申」現今仍意義不明，有可能是毌（貫）字，連貫歲與𢦏。「不祉雨」是指祭祀時雖然下雨，但不是降下延續不斷的大雨，顯然與貞辭「易日」不一致，是貞人迴避占卜錯誤的措辭。

摹寫練習

## 415 問二事——牲品、選干名

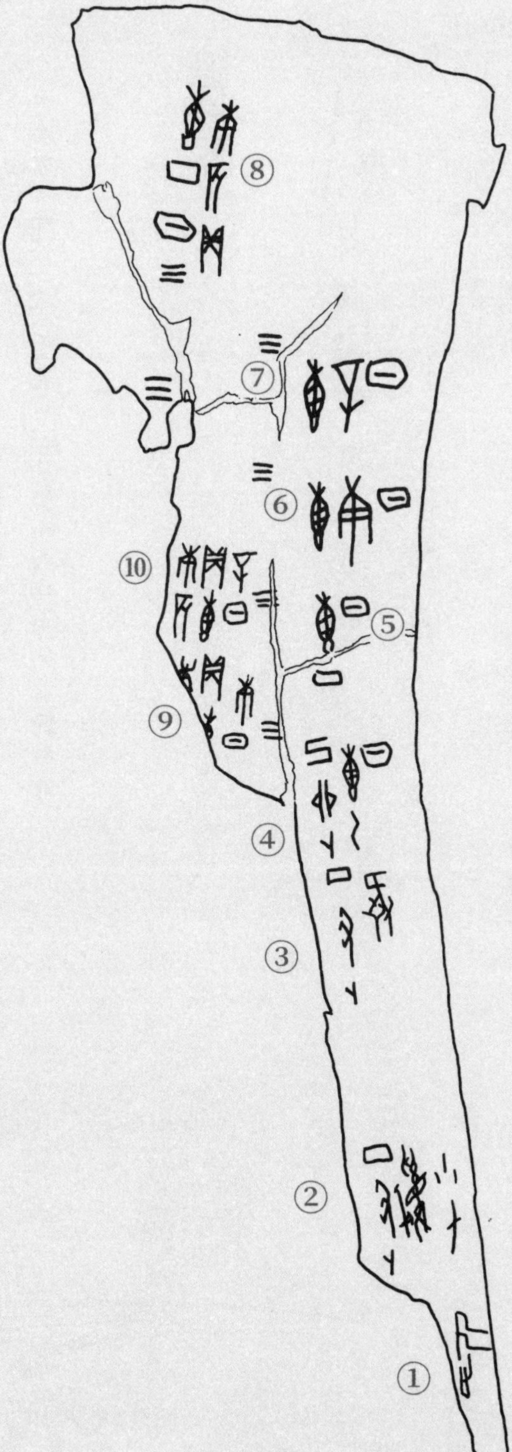
⑧
⑦
⑥
⑩
⑤
⑨
④
③
②
①

• 出處：《合》32192，骨。

• 斷代標準：前辭、書體、字形。

• 說明：叀字基本上可作為斷代標準，第一期寫作「」，第三期寫作「」，下頭多了刻畫成三角形的陶輪，書體細小剛勁，到第四期演變為「」，紡磚的線增加，下頭的陶輪也呈現圓形。此外，「干支貞」是第四期特有的前辭形式。

## ① ☐旋

閱讀方式

單一字。

「旋」字以軍隊出征，前有旌旗爲引導方向的指標。在這裡因爲僅有一字，所以語意不明。

②丁丑卜，「⿰奚戈小力？」

**白話譯文**　丁丑日占卜（，提問）：「使用⿰奚戈小力的人牲來祭祀，是適合的嗎？」

**閱讀方式**　右行。

**貞辭部分：⿰奚戈小力？**「⿰奚戈」字是象對奴隸行刑的樣子，古代對奴隸行刑以作爲祭祀的人牲。「」此字形與「力」稍有差異，「力」是挖土的工具，表示踏板的橫劃靠近柄的下端。此字的橫劃較靠上，應該是另一字，但是後世沒有使用這個字，暫時隸定爲「力」，是有關祭祀的字，確實意義不詳。

③丁丑卜，「⿰奚聿？」

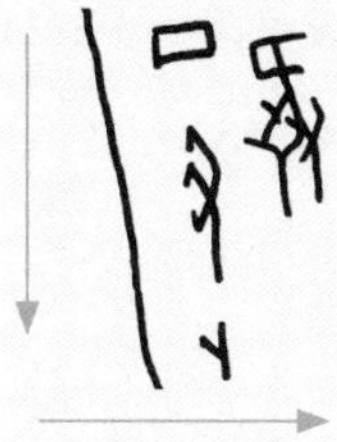

**白話譯文**　丁丑日占卜（，提問）：「⿰奚聿？」

**閱讀方式**　右行。

**貞辭部分**的「肆」字象以手刷洗馬匹表示仍在學習、未完成學習的概念。由於貞辭只有一個字，所以無法掌握其意義。

④己卯卜，「叀乙日？」三（序數）

白話譯文　己卯日占卜（，提問）：「選在乙日，是適合的嗎？」第三次占卜。

閱讀方式　右行。

⑤「叀丁日？」三（序數）

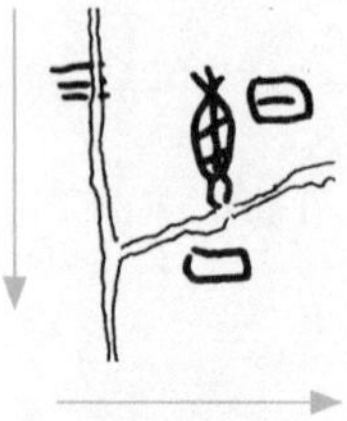

白話譯文　（提問：）「選在丁日，是適合的嗎？」第三次占卜。

閱讀方式　右行。

⑥「叀庚日？」三（序數）

白話譯文 （提問：）「選在庚日，是適合的嗎？」第三次占卜。

閱讀方式 由左而右。

⑦「叀辛日？」三（序數）

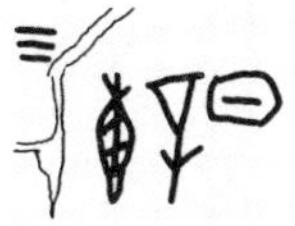

白話譯文 （提問：）「選在辛日，是適合的嗎？」第三次占卜。

閱讀方式 由左而右。

第四到第七卜在對先王的干名進行卜選。如此一系列卜選干名的刻辭，僅見於第四期。

⑧庚辰貞：「叀丁日？」三（序數）

白話譯文

庚辰日提問：「選在丁日，是適合的嗎？」第三次占卜。

閱讀方式

左行。

⑨庚[辰]貞：「叀庚日？」三（序數）

白話譯文

庚［辰］日提問：「選在庚日，是適合的嗎？」第三次占卜。

閱讀方式

右行。

⑩庚辰貞：「叀辛日？」三（序數）

白話譯文

庚辰日提問：「選在辛日，是適合的嗎？」第三次占卜。

閱讀方式

右行。

# 416 問三事——下達命令、立木、牲品

拓本原寸長 23.5 公分、寬 4 公分，
圖為原寸 75%。

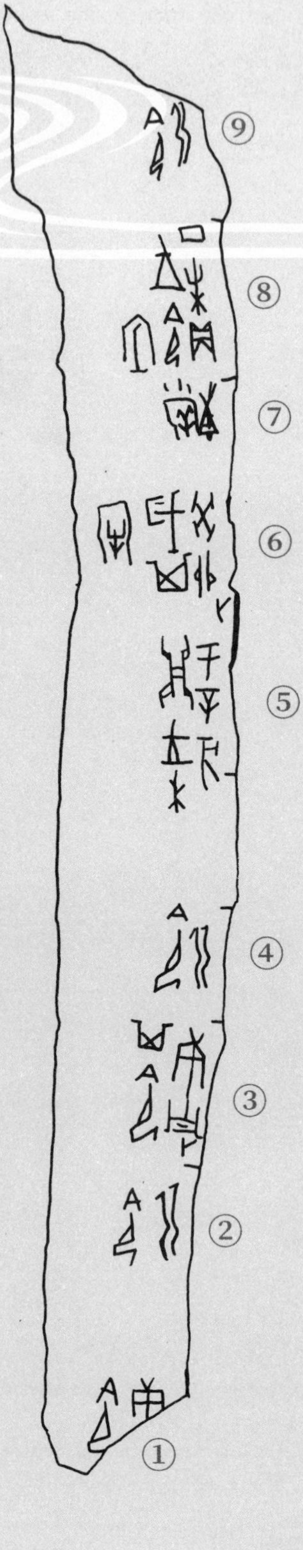

・出處：《合》34428，骨。

・斷代標準：前辭、書體、字形。

・說明：一正一反的詢問方式接近第四期武乙時代，但書體接近文武丁時代。

①庚[子卜]，「[其]令？」

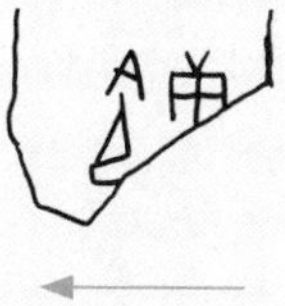

閱讀方式

由右而左。

②「弜令？」一（序數）

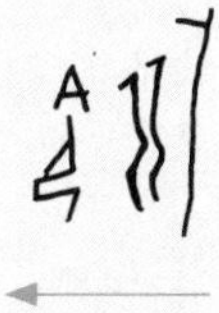

閱讀方式

由右而左。

③庚子卜，「其令？」一（序數）

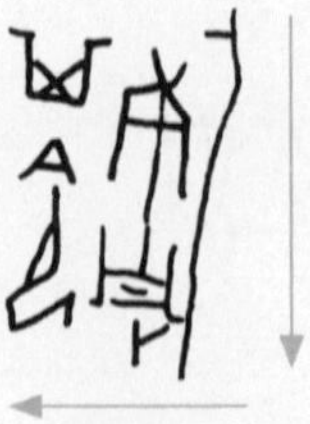

**白話譯文** 庚子日占卜（，提問）：「將要下達命令，是嗎？」第一次占卜。

**閱讀方式** 左行。

**貞辭部分：其令？**占卜時只要與神靈口頭約定好即可，所以刻寫卜辭有時會省略詢問的問題或內容，此卜與**對貞**的下一卜，並不清楚命令的內容及對象。

④「弜令？」一（序數）

**白話譯文** （提問：）「不要下達命令，是嗎？」第一次占卜。

**閱讀方式** 由右而左。

⑤「于辛亥興王木？」一（序數）

白話譯文 （提問：）「在辛亥日把王木樹立起來，是適合的嗎？」第一次占卜。

閱讀方式 左行。

「宋」字从宀从木，《說文解字》說道：「宋，凥（居）也。」屋內有棵樹木，既可表達對鬼神的崇拜，也是作爲人間與神靈進行溝通、請求的管道，所以所謂「居」，是神靈所居。宋國是商的後代所建立的國家，或許反映商朝的某一習俗，所以「宋」字从宀从木表意。甲骨出現各種建築物的名稱，像是廟、學，若是興修建築物會說出建築物的名稱，如〈202〉的「乍（廬）巳」，所以此版「興王木」很特別，應該不是指興建屋舍，可能代表樹立王的樹木。

⑥癸卯卜，「歲，其牢？」

白話譯文

癸卯日占卜（，提問）：「這次歲祭，將以牢作爲祭祀的牲品，是適合的嗎？」

閱讀方式

左行。

⑦「叀小宰？」一（序數）

白話譯文

（提問：）「以小宰作爲祭祀的牲品，是適合的嗎？」第一次占卜。

閱讀方式

由右而左。

⑧丁未貞：「王令冘？」一（序數）

白話譯文
丁未日提問：「王對[illegible]下達命令，是適合的嗎？」第一次占卜。

閱讀方式
左行。

**貞辭部分：王令[illegible]？**「[illegible]」是爲人名，被命令的對象通常是在王廷擔任內臣的官員，召喚外服是用「乎（呼）」字，甲骨有「乎婦好」，可見婦好不是商王的配偶，而是外服身分的諸侯。

## ⑨「弜令？」

白話譯文
（提問：）「不要下達命令，是適合的嗎？」

閱讀方式
由右而左。

# 417 問又祭牲品

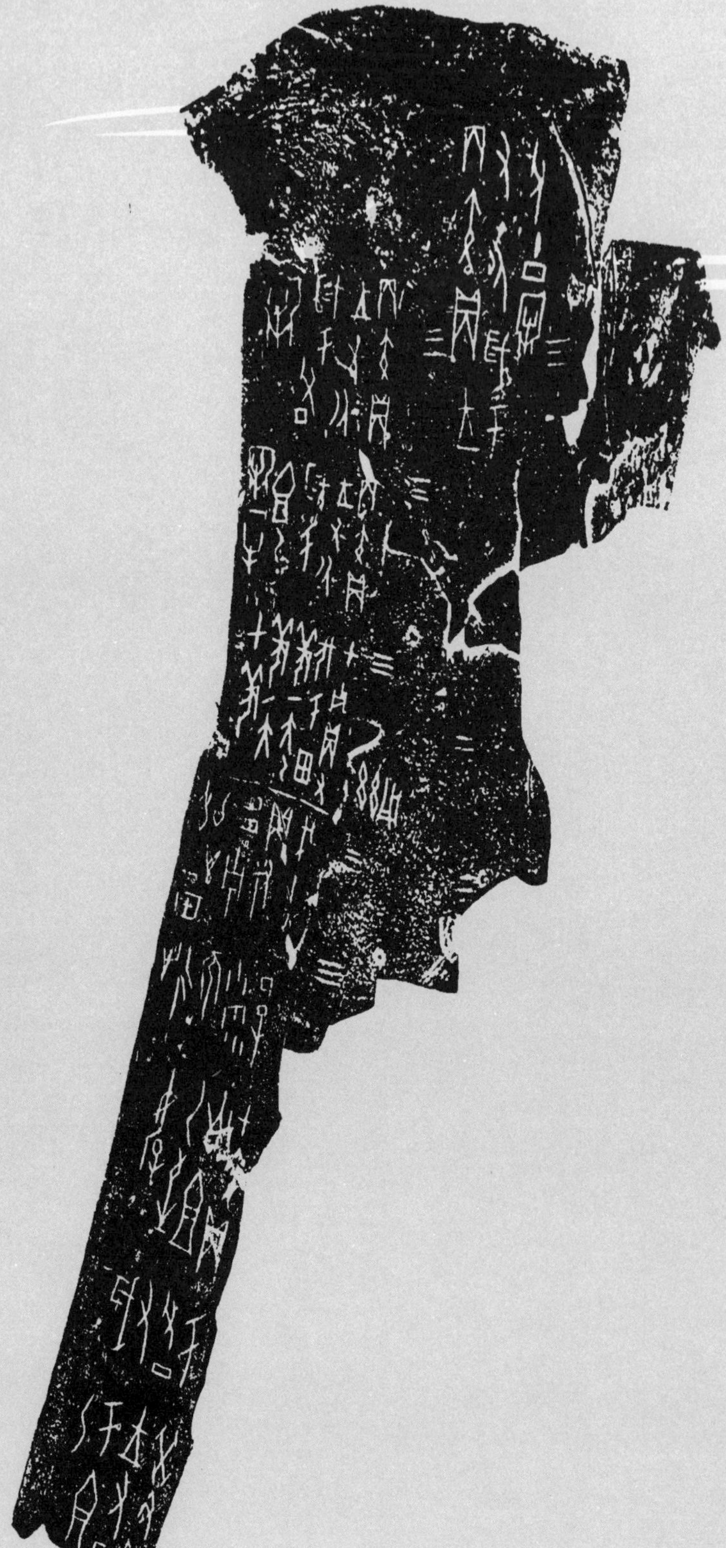

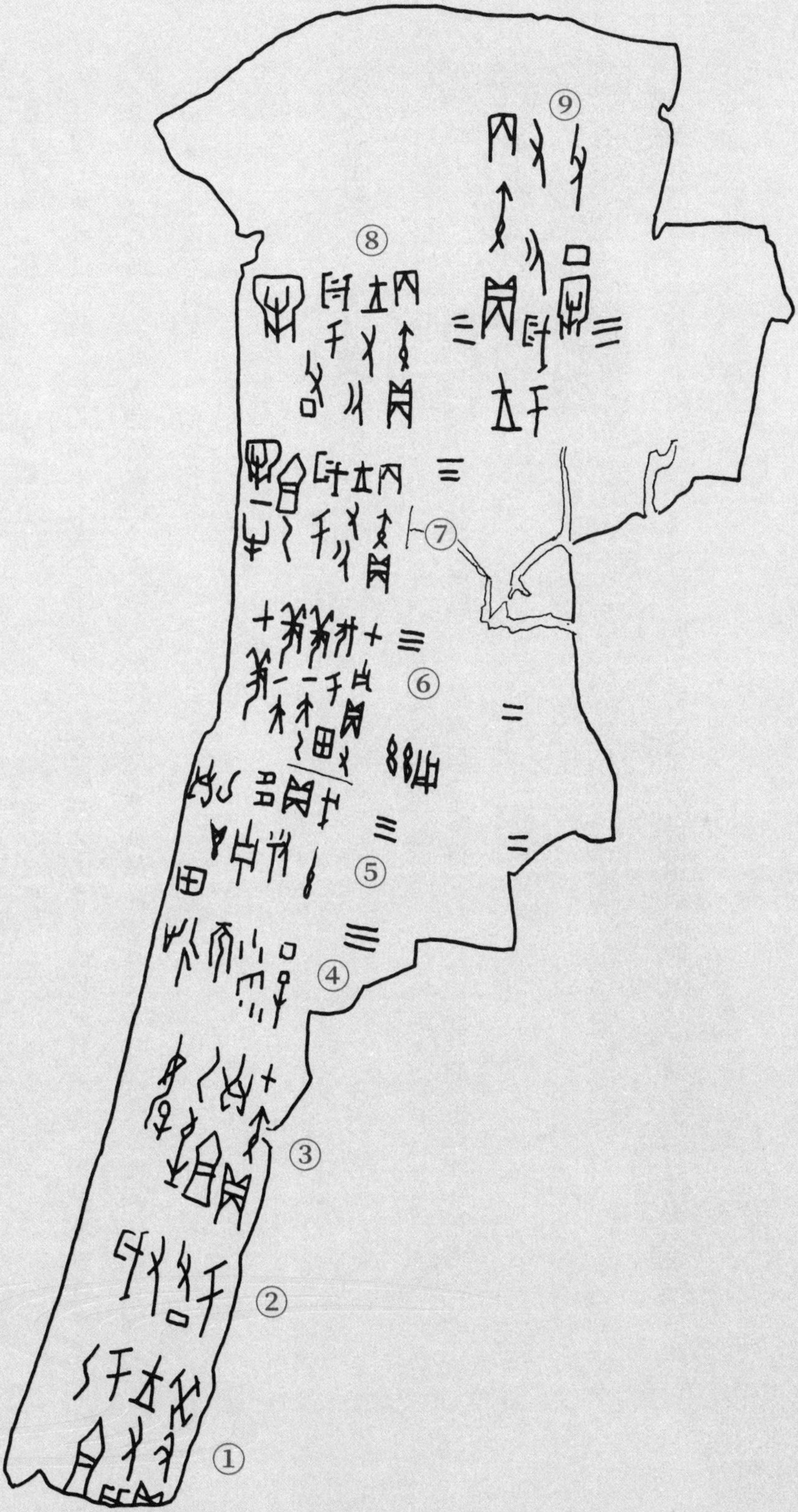
⑨
⑧
⑦
⑥
⑤
④
③
②
①

- 出處：《合》32113，骨。
- 斷代標準：稱謂、前辭、書體。
- 說明：此版提到的父丁是康丁，而「干支貞」的前辭形式又是第四期所特有的，因此判斷此版為第四期武乙時代。就書體觀察，此版的㞢歲作又歲，屬新派的習慣。有可能是第四期比較早期的現象，還沒有改變書寫的習慣。

## ①癸丑貞：「王又歲于祖乙？」

**白話譯文**　癸丑日提問：「王對祖乙舉行又祭而用歲殺的用牲法，是適合的嗎？」

**閱讀方式**　左行。

**貞辭部分：王又歲于祖乙？**「又」是㞢祭的新派寫法，是複祭的領銜。「歲」是用牲法，表示用斧鉞處理牲體的方式或祭儀。

② 「于父丁又歲？」

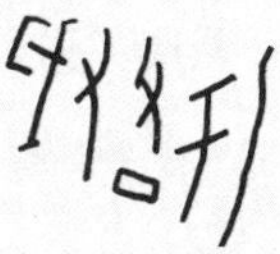

**白話譯文** （提問：）「對父丁舉行又祭而用歲殺的用牲法，是適合的嗎？」

**閱讀方式** 由右而左。

③ 甲寅貞：「自祖乙至毓？」

**白話譯文** 甲寅日提問：「對祖乙到最近的先王（父丁）舉行祭祀，是適合的嗎？」

**閱讀方式** 左行。

**貞辭部分：自祖乙至毓？**「毓」是與現任商王最接近的祖先，在此版指康丁。

④「丁巳小雨不祉？」三（序數）

白話譯文

（提問：）「丁巳日小雨是不會延續的，是嗎？」第三次占卜。

閱讀方式

左行。

⑤戊午貞：「□多宁以鬯，自上甲？」三（序數）

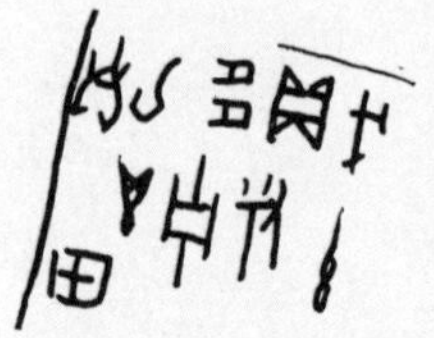

白話譯文

戊午日提問：「□祭使用由諸侯國的多位官員所提供的鬯酒，從上甲先王開始祭祀，是適合的嗎？」第三次占卜。

閱讀方式

左行。

貞辭部分：□多宁以鬯，自上甲？

「□」或是祭祀名稱，甲骨還有「歲□」，可能是歲祭的某個過程或儀式。

「宁」字象貯藏物品的大型箱子或櫃子，加上「貝」的偏旁爲「貯」字。在西周金文中，「貯」多作爲經商、交易等商業行爲。結合該字的創意與用法來看，在此或表示負責管理各項資產的官吏。因爲「以鬯」的「以」是外來提供給內廷的用語，所以推測「宁」應是諸侯國所屬的官職，非王廷的屬官；「多宁」是諸多管理貨物、產業的官員。「以」字由第一期的「氏」字簡省而來，甲骨後期用「以」代替「氏」字，「氏」象人手提一物，所以「以鬯」是指提供摻和了香料的酒。

⑥甲子貞：「又伐于上甲羌一，大乙羌一，大甲羌？」三（序數）。茲用。

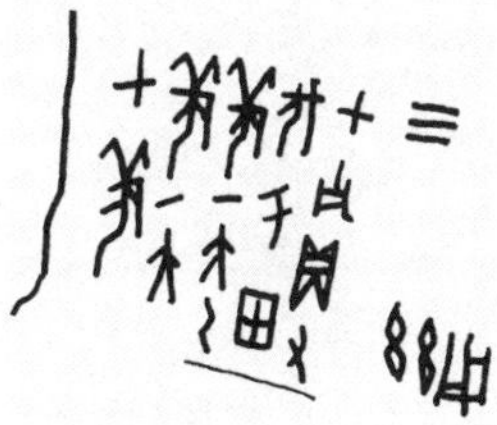

**白話譯文**

甲子日提問：「向上甲、大乙、大甲舉行又祭，分別各以用伐殺害的一個羌人，來當作祭品，是適合的嗎？」第三次占卜。採用這一卜預示。

**閱讀方式**

左行。

貞辭部分：又伐于上甲羌一，大乙羌一，大甲羌？「又」是領頭祭祀名稱，「伐」是處理人牲的用牲法或祭儀。分別以一名羌人作爲牲品，對上甲、大乙、大甲進行又祭，「大甲羌」的刻辭後應該漏刻了「一」。第四期「上甲」少刻畫上字，是爲特點。

**⑦丙寅貞：「王又升歲于祖乙，牢一牛？」三**（序數）

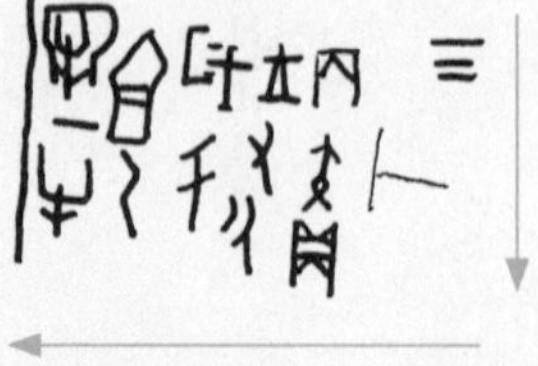

白話譯文

丙寅日提問：「王對祖乙舉行又祭，以用升和歲的殺牲法處理過的牢（特別圈養的牛）以及一隻普通的牛爲牲品，是適合的嗎？」第三次占卜。

閱讀方式

左行。

**貞辭部分：王又升歲于祖乙，牢一牛？**「又」是領頭祭祀名稱，「歲」是相關用牲法。「升」字象酒杓之形，「升」如果是用酒的祭名，甲骨另有「酒升歲」，如此在已經有「酒」作爲領銜的祭祀名稱下，「升」還會是作爲用酒的祭名嗎？甲骨還有「㞢執歲」，當中的「執」作爲時間副詞，表示傍晚時分，而「又升歲」的「升」不知是否也是作爲時間副詞？或者也是用牲之法。

⑧丙寅貞：「王又升歲于父丁，牢？」三（序數）

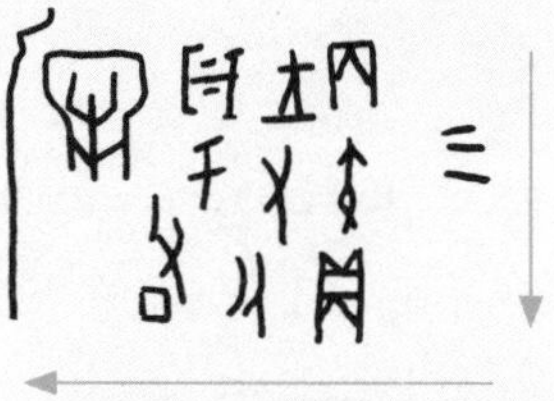

白話譯文

丙寅日提問：「王對父丁舉行又祭，以用升和歲的殺牲法處理過的牢爲牲品，是適合的嗎？」第三次占卜。

閱讀方式

左行。

⑨丙寅貞：「王又升歲于父丁，牢？」三（序數）

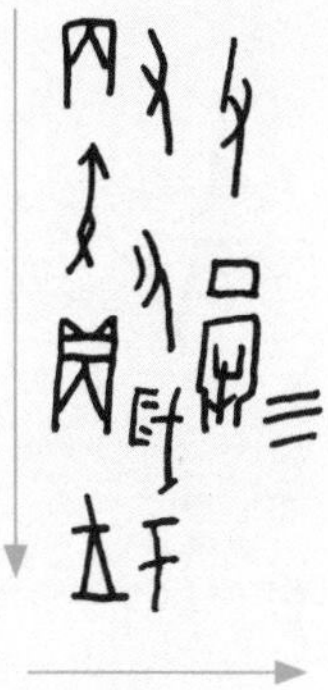

閱讀方式

右行。

第八和第九卜**貞辭**內容一樣，只是行款走向相反。

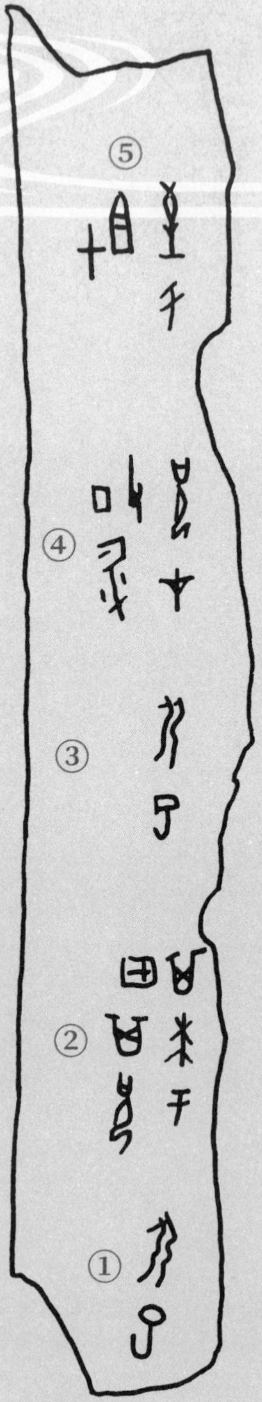


# 418 問是否祭祖

- 出處：《合》32654，骨。
- 斷代標準：稱謂。
- 說明：此版保留了第三期的書體，並省略了前辭形式。卜辭提到父丁是為康丁，因此判斷應是第四期武乙早期的刻辭。

①「弜巳？」

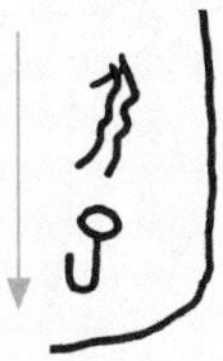

白話譯文　（提問：）「不要祭祀，是適合的嗎？」

閱讀方式　由上而下。

②「其求于上甲，其兄？」

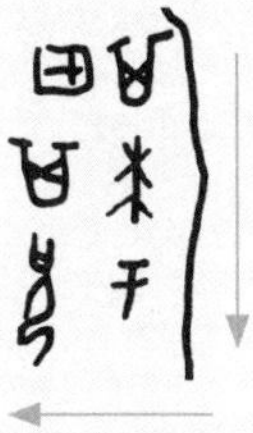

白話譯文　（提問：）「將向上甲有所祈求，舉行祝禱，是適合的嗎？」

閱讀方式　左行。

「兄」即是「祝」，表示祝禱的意思。

③「弜巳？」

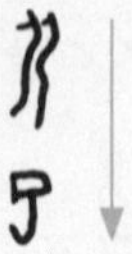

白話譯文（提問：）「不要祭祀，是適合的嗎？」

閱讀方式 由上而下。

④「兄，才父丁必？」

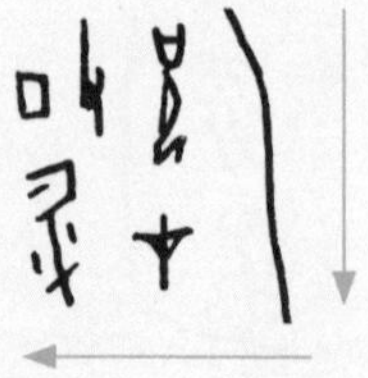

白話譯文（提問：）「這次（對上甲的）祝禱，在父丁的廟堂舉行，是適合的嗎？」

閱讀方式 左行。

「必」即是「柲」，「柲」是斗長柄的部分。「必」在甲骨是作爲祭拜近親先王的廟，「必」和「祊」合用，則是指稱兩三代以內先王的廟，早期先王的廟則稱爲「宗」。在父丁的廟對上甲祝禱，應該也會祭拜父丁。

## ⑤「至于祖甲？」

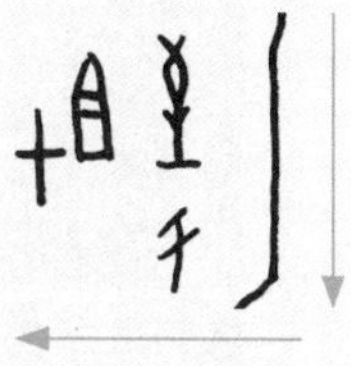

**白話譯文** （提問：）「這次（對上甲、父丁的）祭拜，上推至祖甲，是適合的嗎？」

**閱讀方式** 左行。

祖甲是武乙的祖父。只是不清楚對祖甲的祭拜，是在父丁的廟，抑或是祖甲的廟。考量古人的經濟能力，不可能一個先王一座廟，應該是將諸多先王的牌位，置於同一座宗廟內。

# 419 問攘災除病的祭品

● 出處：《合》32330，骨。

● 斷代標準：稱謂、前辭、書體。

● 說明：本版提到父丁，加上「干支貞」的敘辭，因此屬於第四期武乙時代，另外字體大、線條粗，也是武乙時代書體的風格。

① 癸卯貞☐

閱讀方式

由上而下。

② 甲辰貞：「其大御王，自[上甲]血用白豭九，二☐」

白話譯文

甲辰日提問：「將要盛大地替王舉行攘除病災的儀式，向從[上甲]以來的祖先祈求，使用九隻白色雄豬當場取血爲祭品，小宗的先王☐」

閱讀方式

左行。

**貞辭部分：其大御王，自［上甲］血用白豭九，二☐。**「御」是攘除疾病和災難的儀式。

③丁未貞：「其大御王，自上甲血用白豭九，二示[illegible]牛？」才父丁宗卜。

白話譯文

丁未日提問：「將要盛大地替王舉行攘除病災的儀式，向從上甲以來的祖先祈求，使用九隻白色雄豬當場取血爲祭品，小宗的先王使用事先預備的牛血，是適合的嗎？」在父丁的廟堂占卜。

閱讀方式

左行。

**貞辭部分：其大御王，自上甲血用白豭九，二示[illegible]牛？**

「血」是祭祀時當場宰殺牲體所取得的血，「[illegible]」通常被隸定爲「幾」字，是祭祀前事先取血盛於器皿。從祭祀上甲（大宗）的供品是使用當場宰殺白豬所取得的血，「二示」（即下示，爲小宗）是用事先預備的牛血來看，白豬是比牛更爲高級的牲體，當場殺牲取得的血比事先收集的更高級。「豭」是未閹割的雄豬，豬的品位比牛低，但是白色的雄豬卻比牛的等級高，可能是「商人尚白」的表現。

④丁未貞：「叀今夕酒御？」才父丁宗卜。

白話譯文

丁未日提問：「今晚用酒祭替王攘除疾病和災難，是適合的嗎？」在父丁的廟堂占卜。

閱讀方式

左行。

⑤癸丑貞：「其大御，叀甲子酒？」

白話譯文

癸丑日提問：「將要盛大替王舉行攘除病災的儀式，在甲子日舉行酒祭，是適合的嗎？」

閱讀方式

左行。

**貞辭部分：其大御，叀甲子酒？**選擇在甲子日舉行酒祭，是因爲祭拜對象是上甲。

## ⑥⍁申⍁□⍁御

**閱讀方式**

由右而左。

摹寫練習

# 問二事——降雨、又祭牲品

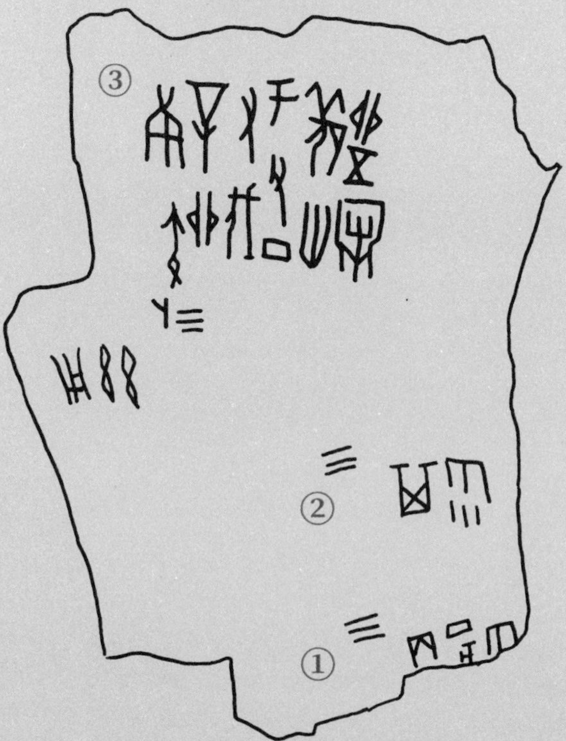

• 出處：《合》32055，骨。

• 斷代標準：稱謂、書體。

① 丙⧄「丁亥⧄雨？」三（序數）

白話譯文　丙⧄：「丁亥日⧄雨？」第三次占卜。

閱讀方式　右行。

② 「其雨？」三（序數）

白話譯文　（提問：）「將會下雨的，是嗎？」第三次占卜。

閱讀方式　由左而右。

③庚寅卜，「辛卯又伐于父丁羌三十，卯五牢？」三（序數）。茲用。

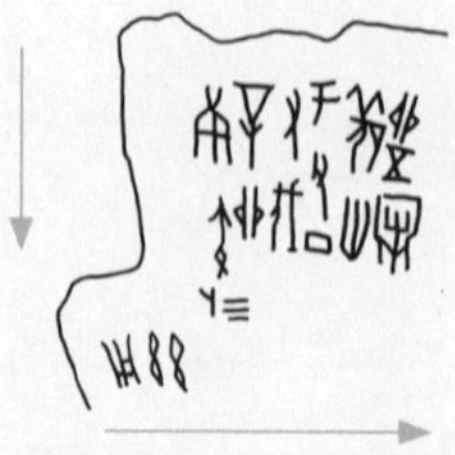

**白話譯文**

庚寅日占卜（，提問）：「第二天辛卯日向父丁舉行又祭，以用伐殺害的三十個羌人，以及用卯處理的五隻圈養在柵欄的牛，作爲供品，是適合的嗎？」第三次占卜。採用這一卜預示。

**閱讀方式**

右行。

**貞辭部分：辛卯又伐于父丁羌三十，卯五牢？**「伐」是處理人牲的用牲法，「卯」是把牲體分劈成兩半的方式。

摹寫練習

421

# 問祭品

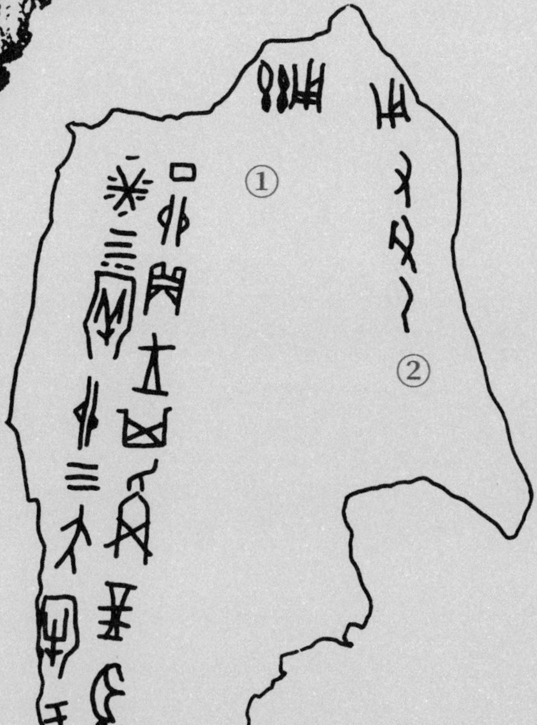

• 出處：《合》32721，骨。

• 斷代標準：稱謂、前辭、書體。

• 說明：此版第二卜出現父乙，可知此版是文武丁時代的刻辭。第四期武乙時代的書體較為剛硬，文武丁的刻字則較為婉順柔弱。此版的「干支貞」是第四期常見的前辭形式，自組卜辭形式多變，有「干支卜」、「干支卜某貞」、「干支卜某」、「干支某卜」等。

**①丁卯貞：「王其稱珏□，燎三小宰，卯三大牢于□」茲用。**

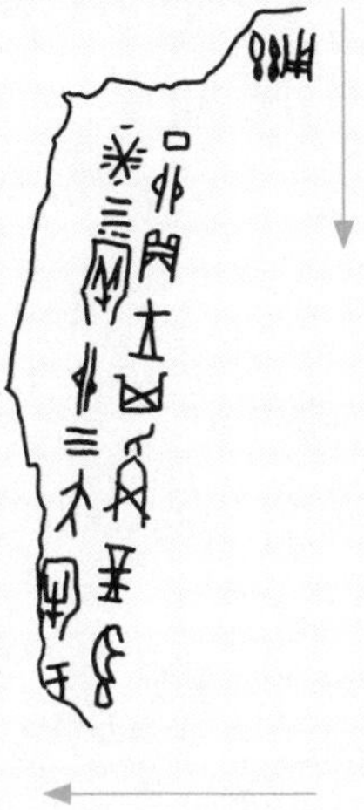

**白話譯文**

丁卯日提問：「商王將要高舉珏和□，用燒烤過的三小宰，以及在□用卯的方式處理的三大牢爲祭品，是適合的嗎？」採用這一卜的預示。

**閱讀方式**

左行。

**貞辭部分：王其稱玨[illegible]，燎三小宰，卯三大牢于⧄**

「稱」表示將祭品高舉、奉上的意思，或許商王在舉行某些重要儀式（如即位）或特殊場合，必須使用「玨」和「[illegible]」一類的飾品。「玨」原先是象兩串玉垂掛的樣子，後來多了橫向的筆劃並聯結起來。「[illegible]」象耳朵掛著一個連綴著的裝飾物，是一種耳飾，有學者隸定為「聯」。

「燎」是一種於戶外以焚燒方式對山川神靈的祭祀，也是將牲品加以燒烤的用牲法。〈455〉「王其稱玨于祖乙，燎三宰⧄。乙亥酒」，當中**驗辭**「乙亥酒」的「酒」是商代領頭的祭祀名稱，所以「燎」是為用牲法。「卯」是剖開牲體的殺牲法。宰、牢和羊、牛不同，宰、牢是特別被圈養在柵欄裡的羊、牛，小宰、大牢或指以牛、羊、豬等加以組合成的供品。

②⧄用。又父乙。

閱讀方式 由上而下。

此句有可能是**驗辭部分**，「⧄用」應是「茲用」，表示採用此卜的預示，「又父乙」指對父乙（武乙）舉行又祭。

摹寫練習

# 422 問祭祀時間、祭品

• 異版同文1

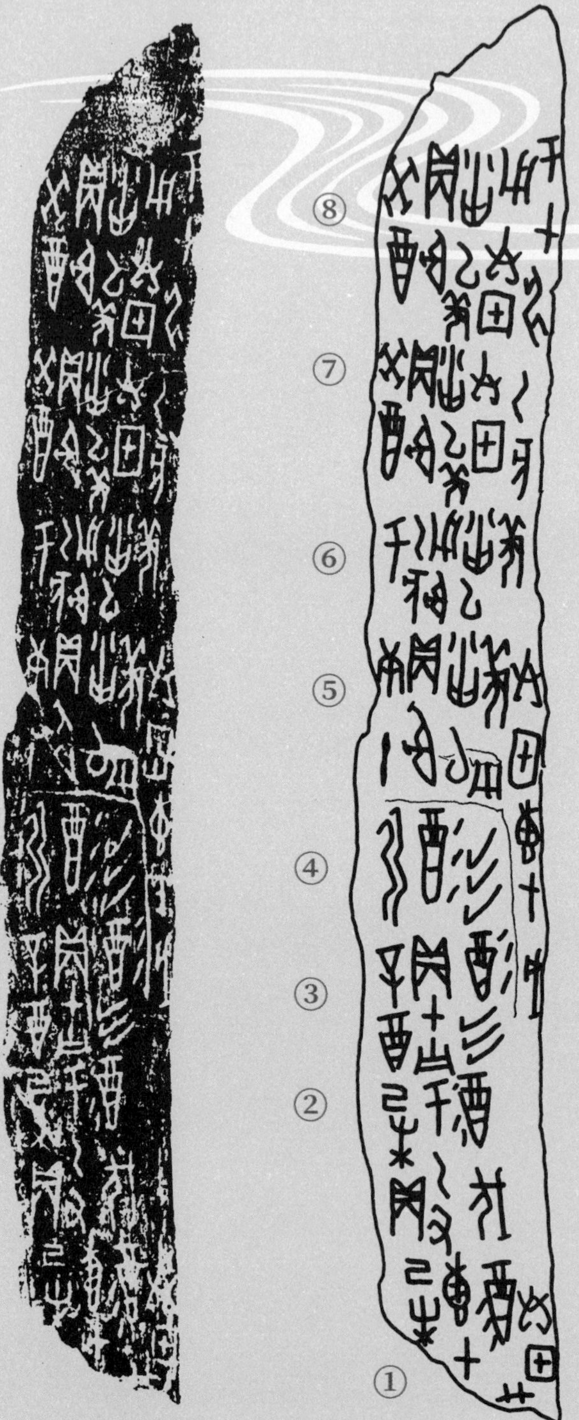

• 出處：《合》32023，骨。

• 斷代標準：前辭、書體、字形。

• 說明：此版為成套刻辭，比對成套刻辭可以幫助我們補足缺漏或校正錯誤。成套刻辭是第四期卜辭的指標。一至三卜為〈427〉三至五卜的異版同文。

## ①己未[貞]：「叀甲[子]酒伐自上甲？」

白話譯文

己未日〔提問〕：「甲〔子〕這天舉行酒祭並使用伐人牲的祭儀從上甲開始（祭祀），是適合的嗎？」

閱讀方式

右行。

**貞辭部分：叀甲〔子〕酒伐自上甲？**酒祭和又祭是商代兩個領銜的祭祀系統。「伐」可以是祭名，也可以是用牲法，聯合第五到第八卜，詢問要不要使用射亩進貢的羌人爲祭品，以「伐」來處理人牲，是祭祀儀式。

②己未貞：「于乙丑酒伐？」

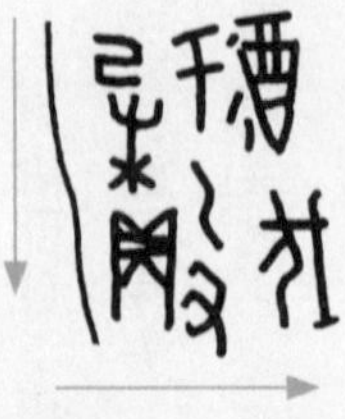

白話譯文

己未日提問：「在乙丑這天舉行酒祭並使用伐人牲的祭儀，是適合的嗎？」

閱讀方式

右行。

③辛酉貞：「甲子酒彡？」

白話譯文

辛酉日提問：「甲子這天舉行酒彡的祭祀，是適合的嗎？」

閱讀方式

右行。

**貞辭部分：甲子酒彡？**「彡」是祭祀名稱。第五期另有彡夕、彡龠，前者指前一個晚上舉行彡祭，後者是第二天舉行，可能原先應該在祖先干日那天舉行彡祭，可是沒有時間，所以延到第二天。在祭祀當中，只有彡祭出現這樣的情形。

④「弜酒肜？」

白話譯文 （提問：）「不要舉行酒肜的祭祀，是適合的嗎？」

閱讀方式 由左而右。

⑤庚午貞：「射臿以羌用自上甲，叀甲戌？」

白話譯文 庚午日提問：「射隊的臿進奉羌人用作祭品，從上甲開始祭祀，在甲戌這天，是適合的嗎？」

閱讀方式 右行。

**貞辭部分：射臿以羌用自上甲，叀甲戌？**

「」象雙手執持銳器向上挖鑿而產生碎屑的樣子，暫時隸定為「臿」。卜辭另有「畢叀束人以

亩」、「並亩伐蟬方」，推測「亩」是官職名。「射亩」或是作爲射單位下的職務稱呼。有時也出現在國名、地名前後。

⑥「于乙亥用射亩以羌？」

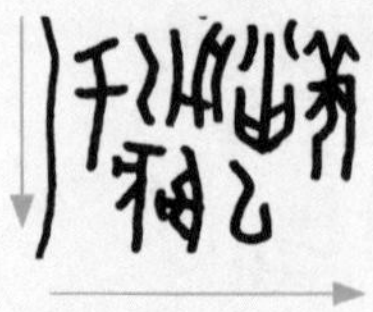

白話譯文

（提問：）「在乙亥這天，用射隊的亩進奉的羌人（作爲祭品），是適合的嗎？」

閱讀方式

右行。

⑦癸酉貞：「射亩以羌自上甲，乙亥？」

白話譯文

癸酉日提問：「射隊的亩進奉羌人（用作祭品），從上甲開始祭祀，在乙亥這天，是適合的嗎？」

閱讀方式

右行。

⑧癸酉貞：「射畐以羌用自上甲，于甲申？」

白話譯文

癸酉日提問：「射隊的畐進奉羌人用作祭品，從上甲開始祭祀，在甲申這天，是適合的嗎？」

閱讀方式

右行。

423 異版同文2

• 出處：《合》32022，骨。

• 斷代標準：前辭、書體、字形。

• 說明：與上一版是異版同文，所以刻辭內容能相互補足。而《甲骨文合集》未注意到此版的背面尚有刻辭，現今加以補齊。此版第一卜的字體稍小，第二、三卜字體有的大、有的小，這也是文武丁時代文字的特色。

①癸酉貞：「射亩以羌用自上甲，[乙亥]？」

**白話譯文** 癸酉日提問：「射隊的亩進奉羌人用作祭品，從上甲開始祭祀，[在乙亥這天]，是適合的嗎？」

**閱讀方式** 右行。

先是詢問要不要用射隊的亩進貢的羌人爲牲品，再詢問有關日期。

②癸酉貞：「射臿以羌用自上甲，于[甲申]？」

**白話譯文** 癸酉日提問：「射隊的臿進奉羌人用作祭品，從上甲開始祭祀，在[甲申這天]，是適合的嗎？」

**閱讀方式** 右行。

③乙未卜，「其寧方，羌一牛一？」

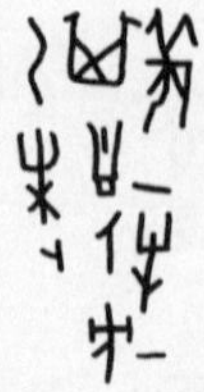

**白話譯文** 乙未日占卜（，提問）：「將要（祈求）使敵對方國安寧，牲品使用一個羌人和一頭牛，是適合的嗎？」

**閱讀方式** 右行。

**貞辭部分：其寧方，羌一牛一？**「方」指敵對方國，「寧」有使安寧的意思，意謂透過祭祀儀式，祈求祖先和神明讓敵對方國安寧，不要讓敵方前來侵犯或騷擾商國。

摹寫練習

# 問祭祀——道具、祭品、牲品

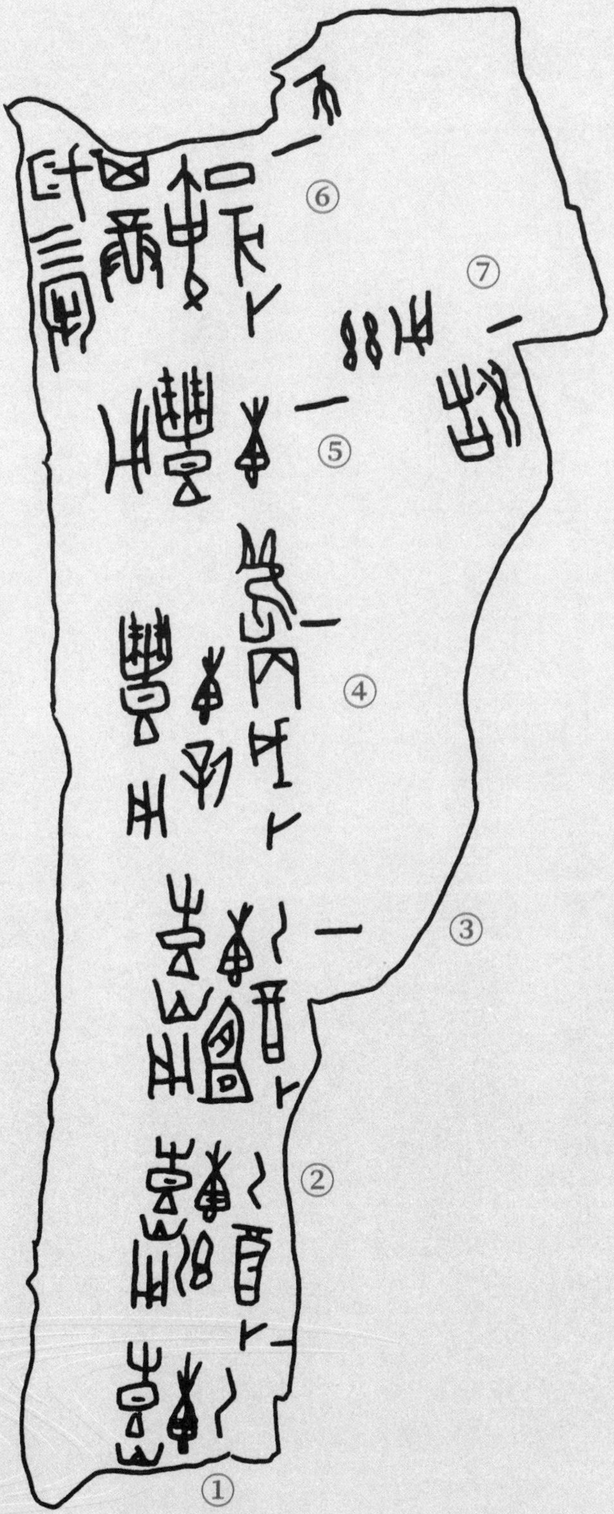

①
②
③
④
⑤
⑥
⑦

• 出處：《合》32536，骨。

• 斷代標準：書體、字形、卜習。

①乙□□，「叀□□熹□？」一（序數）

**閱讀方式** 由右而左。

②乙酉卜，「叀祖乙熹用？」

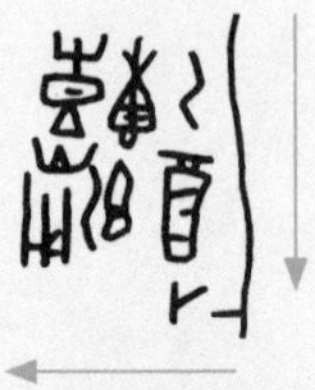

**白話譯文** 乙酉日占卜（，提問）：「採用祖乙熹的道具，是適合的嗎？」

**閱讀方式** 左行。

**貞辭部分：叀祖乙熹用？**「」字上爲鼓下爲火，暫時隸定爲「熹」。卜辭另有「叀舊熹用」和「叀新熹用」，再綜合第二和第三卜來看，「熹」應是一種祭祀道具，但爲什麼以祖乙來命名呢？祖乙在商代先祖中和上甲、大乙都具有較崇高的地位，或許是指使用「熹」祭祀時，會採用拜祭祖乙時那樣高級或特殊的規格。

## ③乙酉卜，「叀俎熹用？」一（序數）

白話譯文 乙酉日占卜（，提問）：「採用俎熹的道具，是適合的嗎？」第一次占卜。

閱讀方式 左行。

**貞辭部分：叀俎熹用？**「」字隸定爲「俎」，「俎」就是「宜」，是將肉塊安置於俎上的樣子。在新鄭裴李崗遺址出土的磨盤都是呈現前端尖形後端圓鈍的形狀，正如甲骨文的「俎」字爲前窄後寬的器物造型。而商末周初出土的銅俎是作四方形；「俎熹」或是放置肉塊爲祭品的一種道具。

前三卜是對同一祭祀禮儀所使用「熹」道具的選擇，但都刻寫了相同的干支。第三期到第四期的前辭形式各自呈現出時代性的特點，第三期同一問題的卜問在第一卜出現干支後，接續的卜問常省略前辭形式，至第四期文武丁時代則基本上很少省略，且有很高的比例每卜都會出現日期的記錄。

④丙戌卜，「叀新豊用？」一（序數）

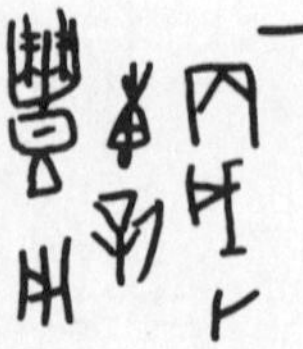

**白話譯文** 丙戌日占卜（，提問）：「採用新釀的豊（祭祀），是適合的嗎？」第一次占卜。

**閱讀方式** 左行。

貞辭部分：叀新豊用？「豊」是一種甜酒的祭品。

⑤「叀舊豊用？」一（序數）。茲用。

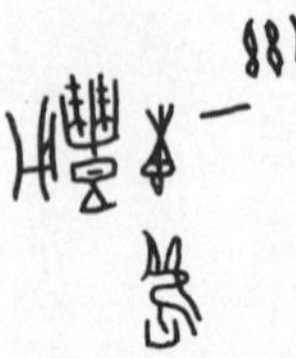

**白話譯文** （提問：）「採用陳釀的豊（祭祀），是適合的嗎？」第一次占卜。採用這一卜的預示。

**閱讀方式** 左行。

**貞辭部分：叀舊豊用？**「舊」原先是假借某種鳥禽以表示古老、陳舊的意思，後來加上「臼」的聲符。

⑥丁亥卜，「□其尊，歲三牢？」一（序數）。不。

**白話譯文**

丁亥日占卜（，提問）：「□將要舉行尊祭，以用歲處理的三牢爲牲品，是適合的嗎？」第一次占卜。不採用這一卜的預示。

**閱讀方式**

左行。

**貞辭部分：□其尊，歲三牢？**「□」是人名，「尊」是祭名，「歲」則是祭儀，「歲三牢」是指用砍殺方式處理的三牢爲祭品。

**兆側刻辭：不。**指「不用」，與「茲用」相對，意謂不採用這一卜預示。只有第四期會出現「不」的兆側刻辭。

⑦「弜告?」一（序數）

**白話譯文** （提問：）「不要上告（某位祖先或神靈），是適合的嗎?」第一次占卜。

**閱讀方式** 由右而左。

此一卜與前面詢問鬳道具的種類、新舊豊的選擇和以三牢爲尊祭的牲品是否適當是內容不同的刻辭。

摹寫練習

# 425 問三事——祭祀儀式、戰爭、牲品

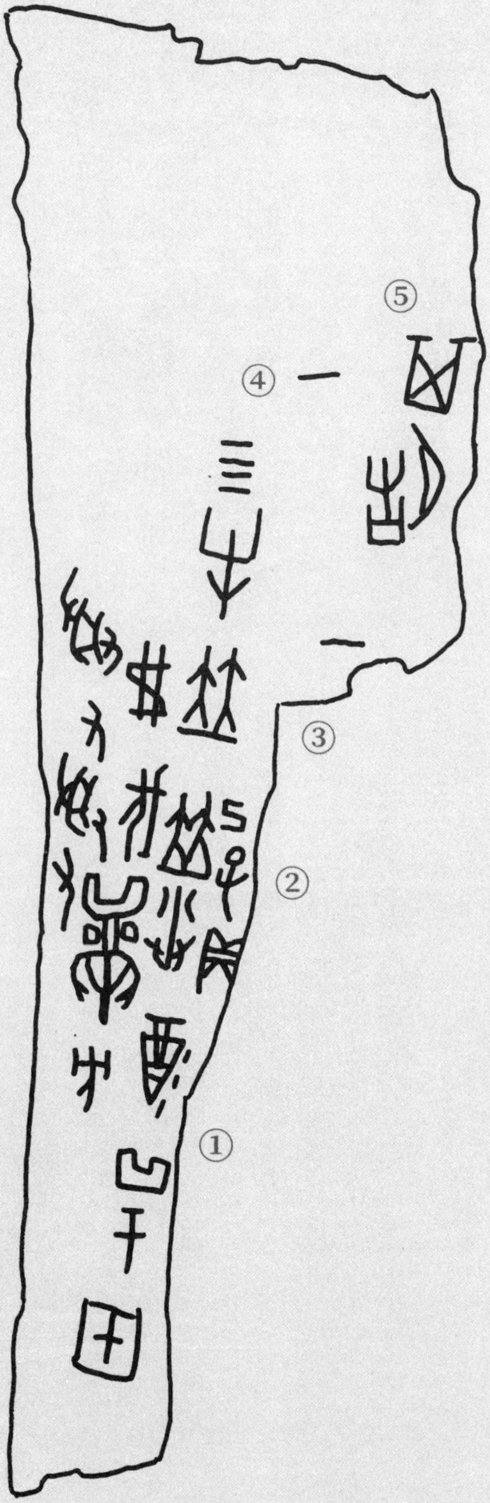
⑤
④
③
②
①

• 出處：《合》33042，骨。

• 斷代標準：前辭、書體。

① 「⧄酒匚于上甲？」

白話譯文 （提問：）「⧄向上甲舉行酒祭和匚祭，是適合的嗎？」

閱讀方式 由上而下。

「匚」象神龕側面的形象，也是一種祭祀，是酒祭領銜下的連祭。

② 己巳貞：「並亩伐蟬方，受又？」

白話譯文 己巳日提問：「並軍隊的亩編制攻伐蟬方，會受到上天的福祐的，是嗎？」

閱讀方式 左行。

**貞辭部分：並亩伐蟬方，受又？**「並」是爲國名或氏族名，「亩」或爲軍隊的一種編制或是有關軍事的職官名稱。銅器族徽銘文「」象蟬的正面形象，此版「蟬方」的「蟬」和〈426〉「蟬」字是簡略的形象，後來改以形聲字取代；「蟬方」是被攻伐的國家。

③「並弗受又？」一（序數）

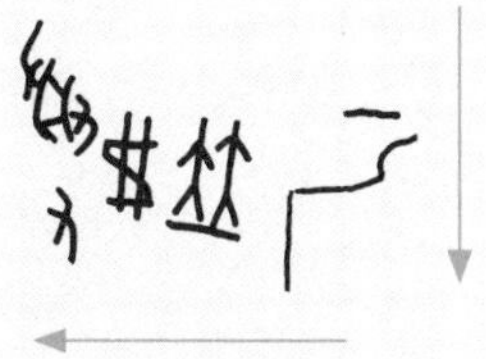

白話譯文　（提問：）「並的軍隊不會受到上天的福祐的，是嗎？」第一次占卜。

閱讀方式　左行。

④「四牛？」一（序數）

白話譯文　（提問：）「以四牛祭祀，是適合的嗎？」第一次占卜。

閱讀方式　由上而下。

## ⑤「其夕告？」

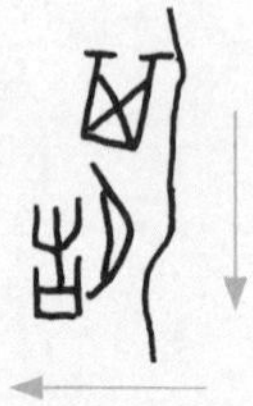

**白話譯文**（提問：）「將在晚上上告（某位祖先或神靈），是適合的嗎？」

**閱讀方式** 左行。

第一期「夕」作「」，「月」作「」；到了第五期則相反，兩字字形的變化就是在第三、四期。

摹寫練習

# 426
# 問戰爭動向

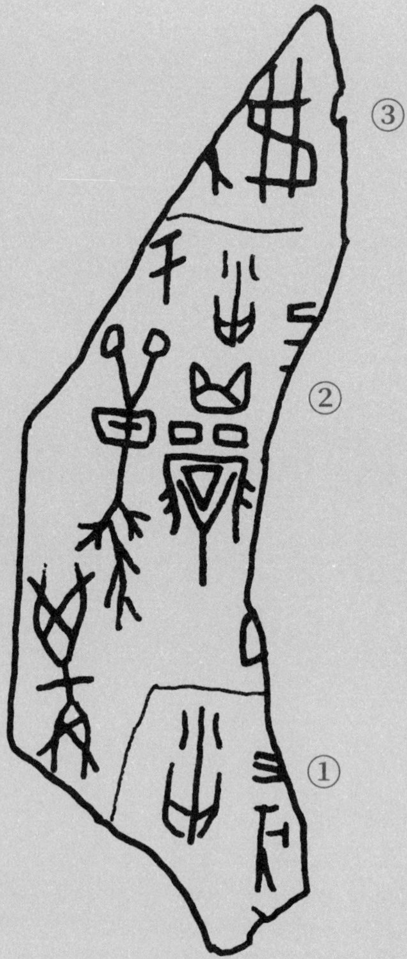

- 出處：《合》33041，骨。
- 斷代標準：書體。

① 己亥卜「⧄亩⧄」

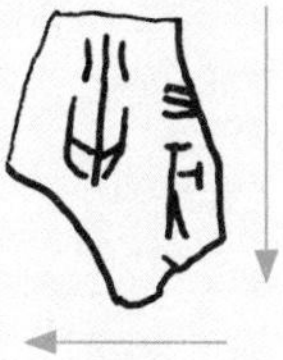

閱讀方式

左行。

② 己亥⧄「⧄亩蟬于〓冓⧄」

白話譯文

己亥日⧄（提問：）「⧄（某國）軍隊的亩（攻打）蟬方，會在〓這個地方遭遇的，是嗎？」

閱讀方式

左行。

**貞辭部分：☐ 卣蟬于****菁☐**。「蟬」即蟬方。「」象某種昆蟲的樣子，在這裡是地名。「菁」是遭遇、碰到的意思。

③「弗菁☐」

閱讀方式　由右而左。

摹寫練習

## 427 問祭祀儀式

• 異版同文 1

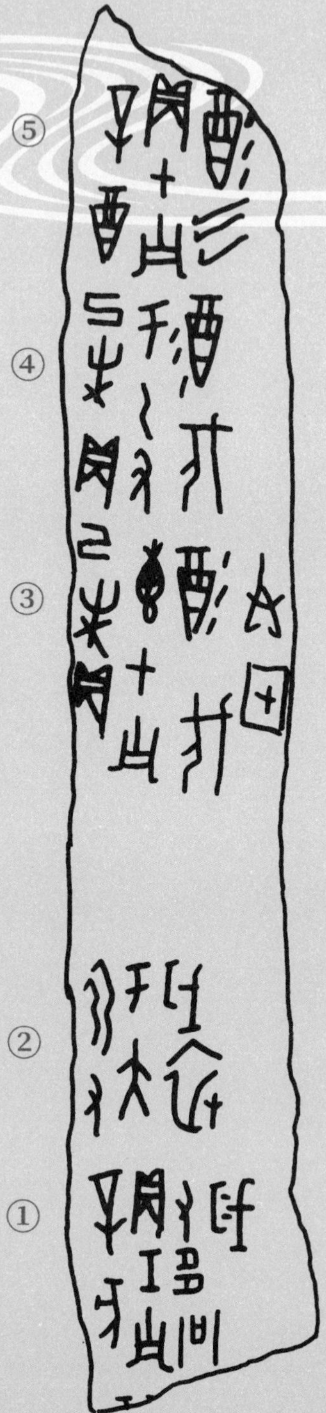

- 出處：《合》33692，骨。
- 斷代標準：前辭、書體。
- 說明：一、二卜為〈428〉異版同文、三至五卜為〈422〉異版同文。

①辛亥貞：「壬子又多公，歲？」

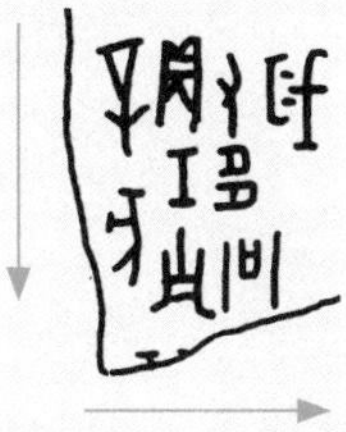

**白話譯文** 辛亥日提問：「壬子這天對諸多前兩代的旁系先祖舉行又祭，採用歲的祭儀，是適合的嗎？」

**閱讀方式** 右行。

**貞辭部分：壬子又多公，歲？**第三期之前，對於兩代前的祖輩都是稱「祖」，在第三期對於前兩代先祖的稱謂新稱以「公」，兩代前更早的祖輩才是沿襲稱「祖」。「公」和「祖」都能接受祭祀，兩者主要的差別在「祖」與現任的商王具有直系的關係，而「公」則是旁系。

② 「弜又于大，歲[衣]？」

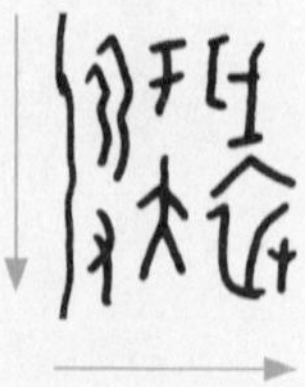

白話譯文 （提問：）「不要對直系先祖舉行又祭，以用歲處理的[衣]（衣）作爲供品，是適合的嗎？」

閱讀方式 右行。

「大」在此指大示，也就是大宗，即直系的先祖。「歲」是祭儀，也就是處理供品的方式，所以推斷「[衣]」（衣）應是一種祭品，這種祭品採用「歲」的處理方法。

③ 己未貞：「叀甲子酒伐自上甲？」

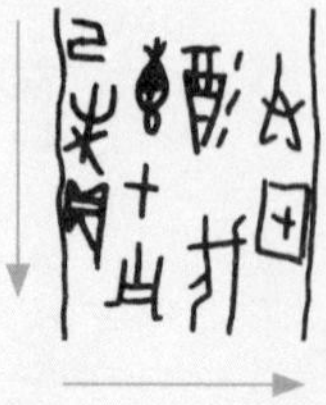

白話譯文 己未日提問：「甲子這天舉行酒祭並使用伐人牲的祭儀從上甲開始（祭祀），是適合的嗎？」

閱讀方式 右行。

第三卜到第五卜的刻辭內容與〈422〉的第一卜到第三卜相同，也是**異版同文**。

④己未貞：「于乙丑酒伐？」

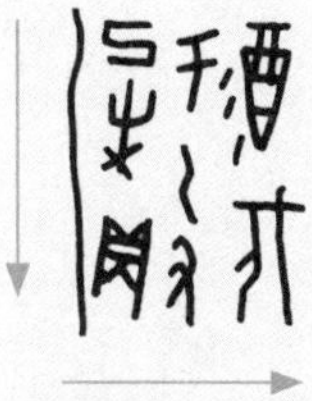

**白話譯文** 己未日提問：「在乙丑這天舉行酒祭並使用伐人牲的祭儀，是適合的嗎？」

**閱讀方式** 右行。

⑤辛酉貞：「甲子酒彡？」

**白話譯文** 辛酉日提問：「甲子這天舉行酒彡的祭祀，是適合的嗎？」

**閱讀方式** 右行。

④
③
②
①

- 出處：《合》33693，骨。
- 斷代標準：前辭、書體。
- 說明：此版與〈427〉異版同文，刻辭內容正好能相互補足。

**①辛丑貞：「□〼羌其升〼用羌十又〼」**

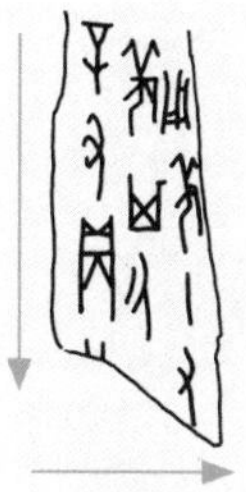

閱讀方式 右行。

**貞辭部分：□〼羌其升〼用羌十又〼**。這條殘缺不全的刻辭「升」字之後應是「歲」，甲骨刻辭有「又升歲」、「酒升歲」，「升」、「歲」都是用牲之法，詢問將以用「升」和「歲」的殺牲法處理過的十多名羌人爲供品，是否適當。

②辛亥貞：「壬子又多公，歲？」

**白話譯文** 辛亥日提問：「壬子這天對諸多前兩代的旁系先祖舉行又祭，採用歲的祭儀，是適合的嗎？」

**閱讀方式** 右行。

③「弜又于大，歲[illegible]？」

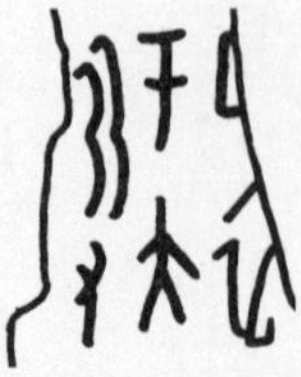

**白話譯文** （提問：）「不要對直系先祖舉行又祭，以用歲處理的[illegible]作爲供品，是適合的嗎？」

**閱讀方式** 右行。

上一版〈427〉第二卜「衣」字作「[illegible]」。

④[己未]貞：「[叀甲]子[酒伐自上甲]？」

**白話譯文**

[己未日]提問：「[甲]子[這天舉行酒祭並使用伐人牲的祭儀從上甲開始（祭祀），是適合的嗎？]」

**閱讀方式**

由左而右。

雖然此卜僅存兩字，透過〈427〉**異版同文**，可以補足殘缺的部分。

## 429

# 問祭品——牛、米、羊

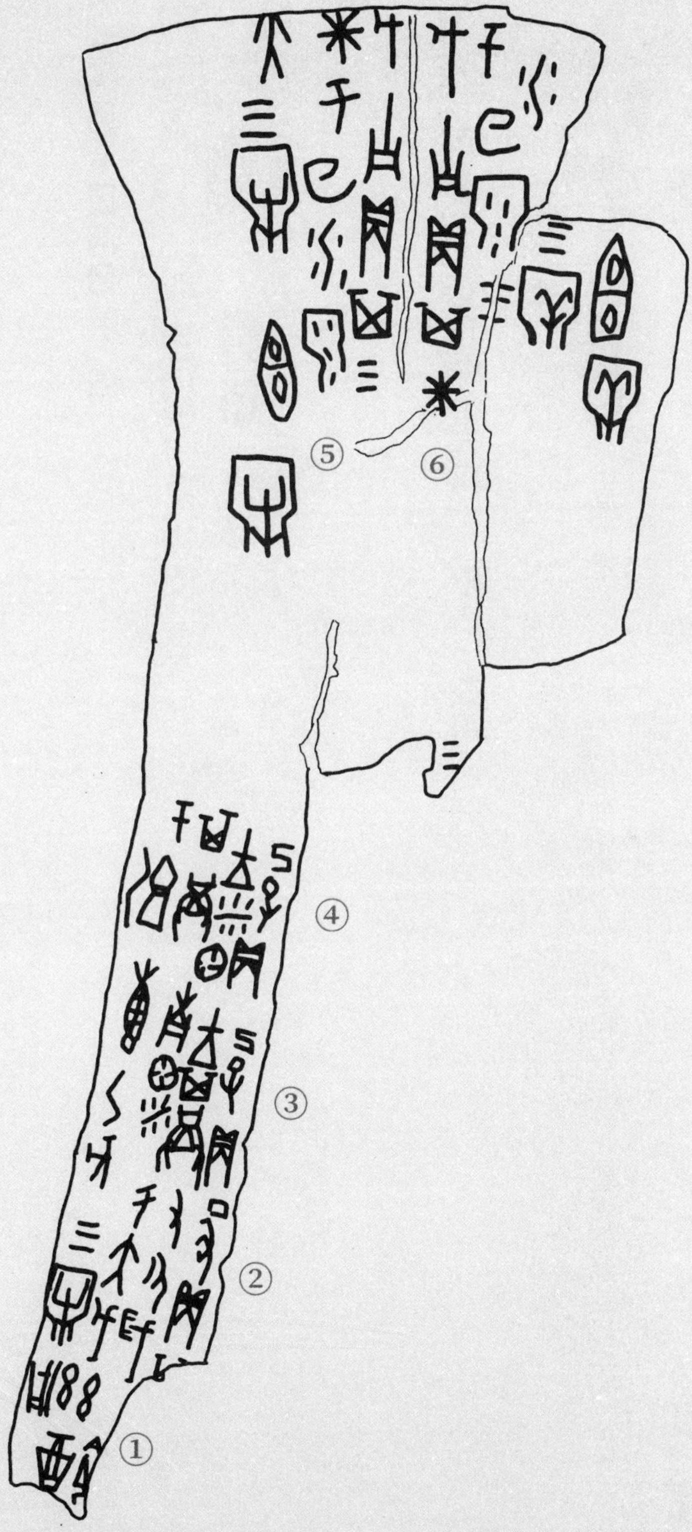
⑤
⑥
④
③
②
①

• 出處：《合》34165，骨。
• 斷代標準：前辭、書體。

①☐令☐酉☐

閱讀方式 由右而左。

②丁丑貞：「又升歲于大戊，三牢？」茲用。

白話譯文 丁丑日提問：「對大戊舉行又祭，以用升和歲的殺牲法處理過的三牢（特別圈養的牛）爲牲品，是適合的嗎？」採用這一卜的預示。

閱讀方式 左行。

## ③己巳貞：「王其登南冏米？」

**白話譯文** 己巳日提問：「王將奉祭南冏的米，是適合的嗎？」

**閱讀方式** 左行。

**貞辭部分：王其登南冏米？**「登」象雙手捧豆呈獻神靈，有時豆中裝盛米作「」。較早仰韶時期的房屋是沒有窗戶，但糧倉爲了通風的需要而有窗的設置。「冏」象窗形，所以在這裡指儲藏糧食的倉庫，甲骨文的「倉」作「」，糧倉需要門戶通風，糧食才不易腐爛，所以「倉」字上爲屋簷、中爲門戶、下爲深坑。「南冏米」是儲藏於南邊倉庫的稻米。

④己巳貞：「王米冏其登于祖乙，叀乙亥？」

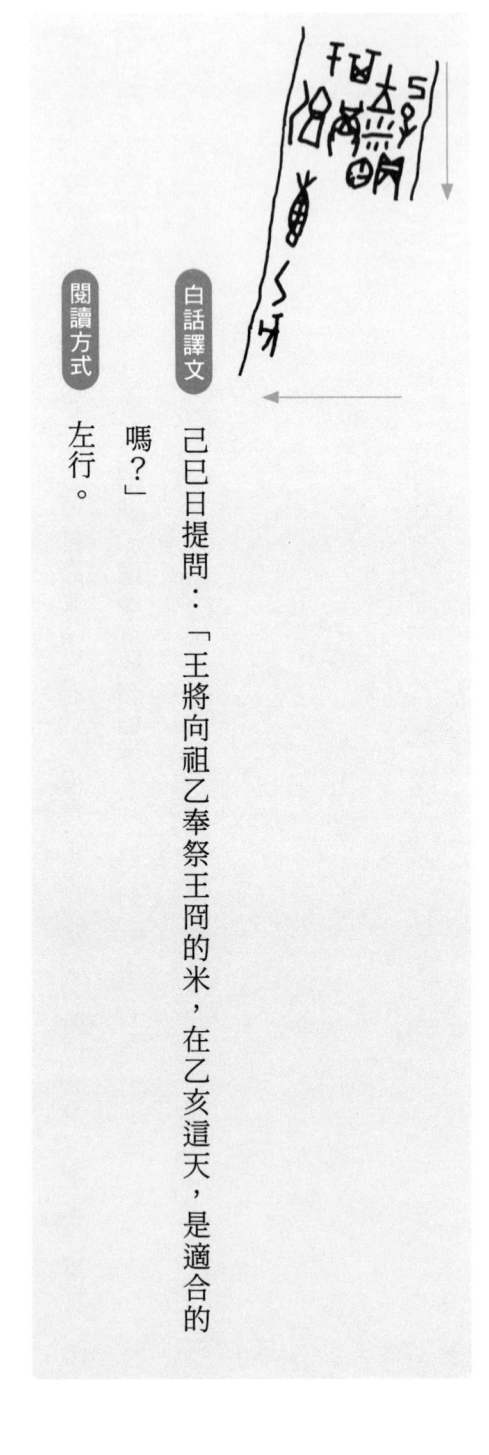

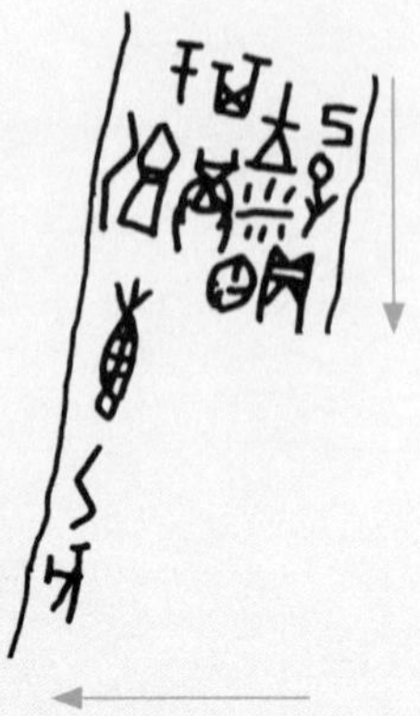

白話譯文

己巳日提問：「王將向祖乙奉祭王冏的米，在乙亥這天，是適合的嗎？」

閱讀方式

左行。

**貞辭部分：王米冏其登于祖乙，叀乙亥？**「王米冏」應是「王冏米」的倒裝，意謂儲藏於王家倉庫的稻米。

## ⑤戊子貞：「其燎于洹泉大三牢，俎牢？」三（序數）

**白話譯文**

戊子日提問：「將在洹泉舉行燎祭，用燒烤的三副大牢以及俎牢爲牲品，是適合的嗎？」第三次占卜。

**閱讀方式**

左行。

**貞辭部分：其燎于洹泉大三牢，俎牢？**「洹」在甲骨文的寫法上是亘下是水，雖然佔了兩格的位置，卻是一個字。此版「燎」字「」是第四期卜辭特有的寫法，或出現許多的火點作「」。第五卜和第六卜辭例相同，只是詢問牲品使用特殊圈養的牛（牢）還是羊（宰）。「燎」在這裡既是祭祀名稱，也是指處理三牢的祭儀。至於俎牢或俎宰應是將整隻的牢或宰切成肉塊，置於俎上的用牲的方式。

## ⑥戊子貞：「其燎于洹泉三宰，俎宰？」三（序數）

**白話譯文**

戊子日提問：「將在洹泉舉行燎祭，用燒烤的三宰以及俎宰爲牲品，是適合的嗎？」第三次占卜。

**閱讀方式**

右行。

摹寫練習

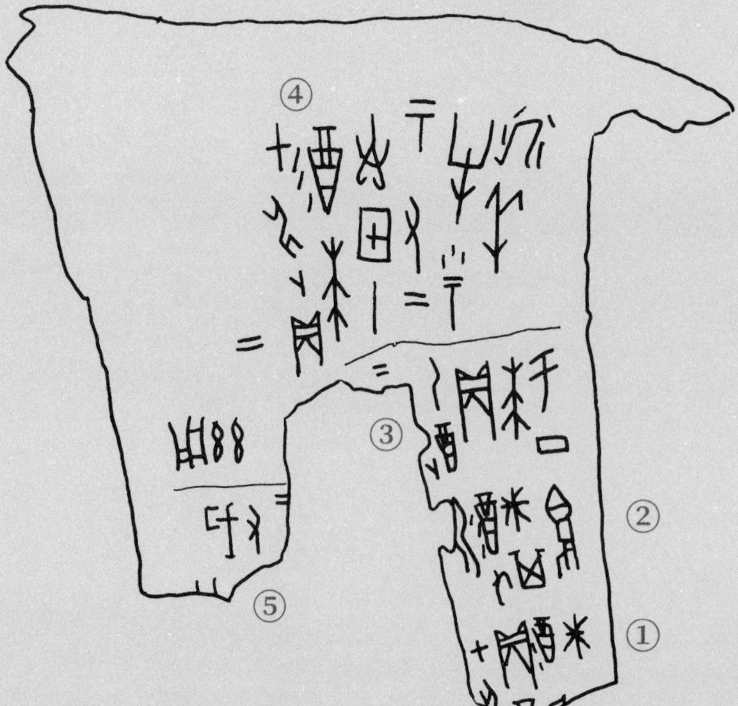
④
③
②
⑤
①

- 出處：《合》34115，骨。
- 斷代標準：前辭、書體。
- 說明：書體具有武乙時期的特點。此版骨臼的臼角沒有鋸下。第一期的骨臼大多都會鋸下，而第四期自組卜辭的許多骨臼沒有切除，至於歷組卜辭的骨臼大多有切除，也有保留的情況。

①甲申⧄，貞：「□⧄酒□⧄燎⧄」

閱讀方式 右行。

## ②「弜酒河燎，其復？」

**白話譯文** （提問：）「不要向河舉行酒祭和燎祭，（異常）將會恢復的，是嗎？」

**閱讀方式** 右行。

與上一卜應是正反**對貞**。「復」指恢復，但恢復怎樣的狀況，並沒有記錄。會不會是指出現了某種不正常的天象，如日蝕、月蝕，所以詢問是否要舉行祭祀，來恢復原來正常的狀態。

## ③乙酉卜，貞：「求于祊？」二（序數）

**白話譯文** 乙酉日占卜，提問：「在祖先宗廟舉行求祭，是適合的嗎？」第二次占卜。

**閱讀方式** 右行。

**貞辭部分：求于祊？**「祊」是祭拜先祖的宗廟。

### ④甲申卜，貞：「酒求自上甲十示又二牛，小示[illegible]羊？」二（序數）。茲用。

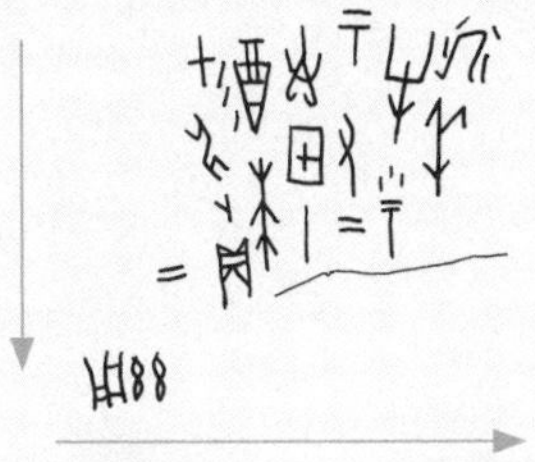

**白話譯文**　甲申日占卜，提問：「舉行酒祭和求祭，從上甲以來十二位直系的先王，牲品使用牛；小宗的先祖，牲品使用事前取血的羊，是適合的嗎？」第二次占卜。採用這一卜的預示。

**閱讀方式**　右行。

**貞辭部分：酒求自上甲十示又二牛，小示[illegible]羊？**

「[illegible]」被隸定為「幾」字，可能是祭祀前取血盛於器皿的用牲方式。「幾」是預先準備，血則是當場取用。大宗祖先牲品使用牛，小宗旁系卻用[illegible]羊，可見隨著祭祀對象親疏的不同，祭祀牲品也有等級的差異。

第四期的「茲用」字體大小和貞辭一樣，但第一期和第三期的「茲用」字體較貞辭來得小。另外，第四期的「茲用」有時獨立刻寫在旁，有時接續在貞辭之後，但到了第五期「茲用」都刻寫在貞辭之後。

⑤「☒又☒歲□☒」二（序數）

閱讀方式

由右而左。

摹寫練習

431

# 問二事

——又祭對象、派遣將領

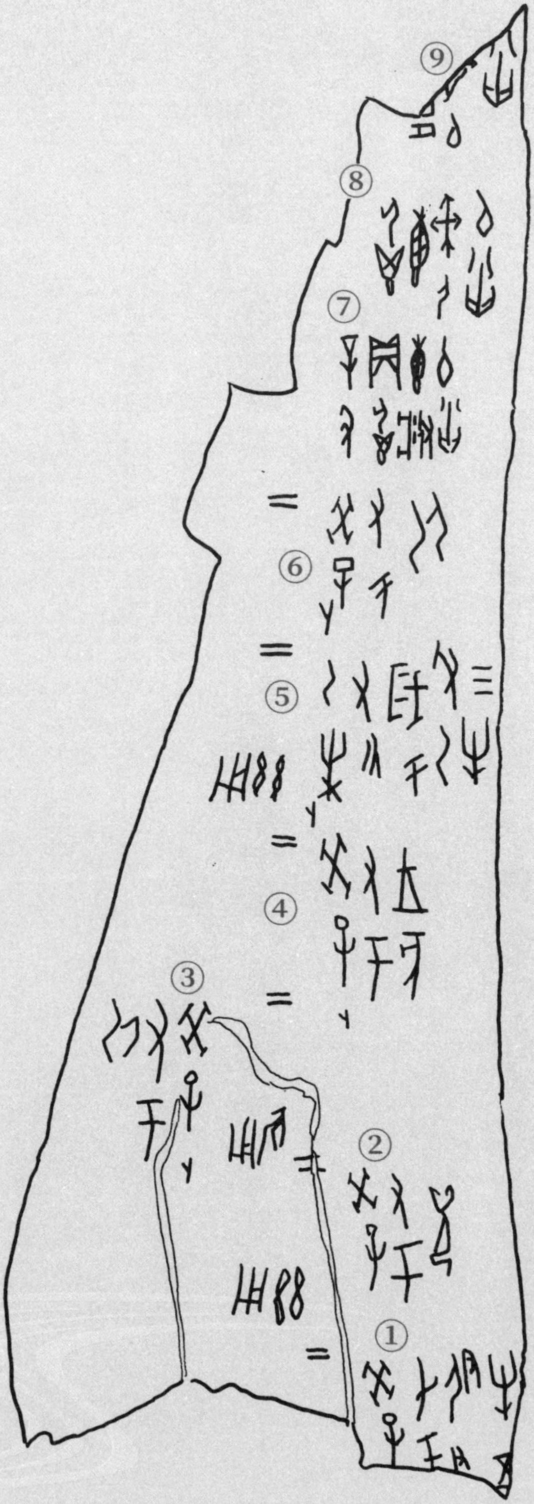

⑨
⑧
⑦
⑥
⑤
④
③
②
①

- 出處：《合》34240，骨。
- 斷代標準：稱謂、前辭、書體、兆辭。
- 說明：此版提到父乙，所以確定為文武丁時代的刻辭。

① 癸巳[卜]，「又于伊尹，牛？」五☒二（序數）

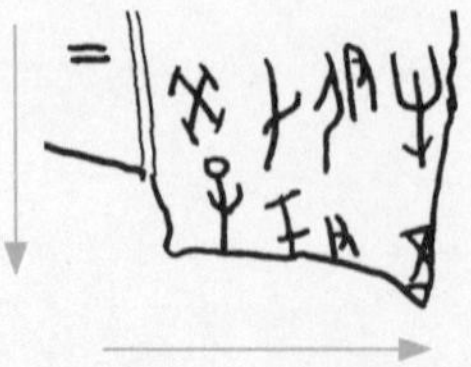

**白話譯文**

癸巳日[占卜]（，提問）：「向伊尹舉行又祭，以牛爲牲品，是合適的嗎？」五☒。第二次占卜。

**閱讀方式**

右行。

從第一卜到第四卜是在詢問舉行又祭所選擇祭拜的對象，選項並列，可見伊尹、□、河和王亥的地位應該是相當的，其中伊尹是大乙的臣子，王亥是先祖神，河是自然神，而□在這裡無法斷定是祖先神抑或是自然神。而祖先神的部分又可分成以天干命名、曾經擔任過王的先祖，以及並未擔任過王的其他重要先祖兩小類。由上可知，商人在決定祭拜對象時，是將先祖和自然神靈相混雜的。

**貞辭部分：又于伊尹，牛？**此卜「又」字和其他卜表示又祭的「又」在寫法上有些不同。牛字後的數字「五」，或是「五月」的**闕文**，應不是指五頭牛，因爲同版卜辭用牲的數量在前面，如三牛。

②癸巳[卜]，「又于？」二（序數）。茲用。

**白話譯文** 癸巳日［占卜］（，提問）：「向舉行又祭，是合適的嗎？」第二次占卜。採用這一卜的預示。

**閱讀方式** 右行。

③癸巳卜，「又于河？」二（序數）。不用。

**白話譯文** 癸巳日占卜（，提問）：「向河舉行又祭，是合適的嗎？」第二次占卜。不採用這一卜的預示。

**閱讀方式** 左行。

只有第四期的**兆側刻辭**會出現「不用」一詞。

④癸巳卜，「又于王亥？」二（序數）

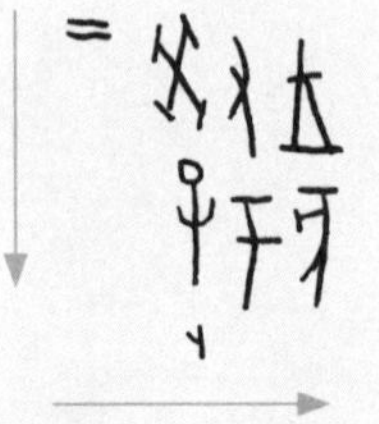

**白話譯文** 癸巳日占卜（，提問）：「向王亥舉行又祭，是合適的嗎？」第二次占卜。

**閱讀方式** 右行。

**貞辭部分：又于王亥？**「王亥」在卜辭中又稱高祖亥、高祖王亥，史書或稱之爲王振。其時代比上甲微早，或是商人的遠祖。

⑤乙未卜，「又升歲于父乙，三牛？」二（序數）。**茲用。**

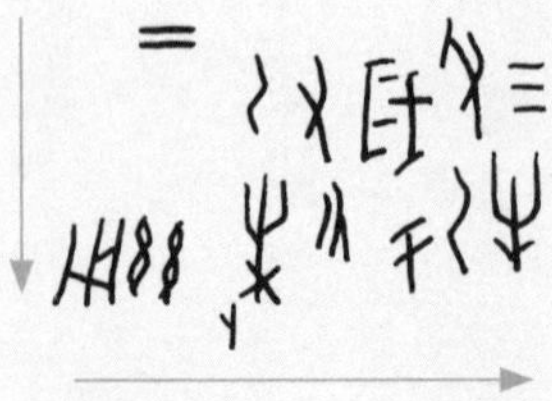

**白話譯文** 乙未日占卜（，提問）：「向父乙舉行又祭，以用升和歲的殺牲法處理過的三頭牛爲牲品，是合適的嗎？」第二次占卜。採用這一卜的預示。

**閱讀方式** 右行。

⑥癸巳卜，「又于河？」二（序數）

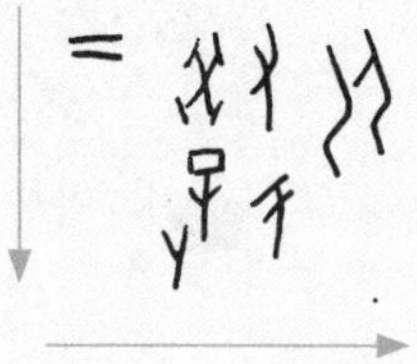

白話譯文　癸巳日占卜（，提問）：「向河（黃河）舉行又祭，是合適的嗎？」第二次占卜。

閱讀方式　右行。

⑦辛丑貞：「畢叀□以鹵？」

白話譯文　辛丑日提問：「畢將要□帶領鹵的編制，是合適的嗎？」

閱讀方式　右行。

**貞辭部分：畢叀□以鹵？**「畢」在甲骨是擔任軍事任務的高級將領。「□」在這裡是人名，字形比「疾」字多一手。「鹵」可能是軍隊的某種特殊編制。

第七卜到第九卜的內容和前面的刻辭是不同性質的事類。主要在詢問將領畢將要讓□、朿人還是多射帶領𠧴進行某項軍事行動。

⑧「畢叀束人以𠧴？」

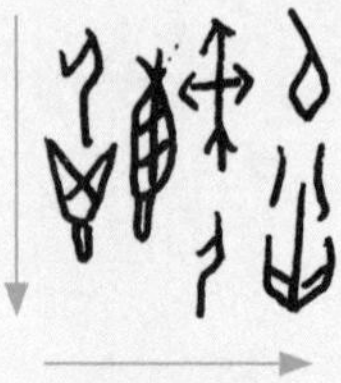

白話譯文

（提問：）「畢將要束人帶領𠧴的編制，是合適的嗎？」

閱讀方式

右行。

⑨「☐多射以☐𠧴？」

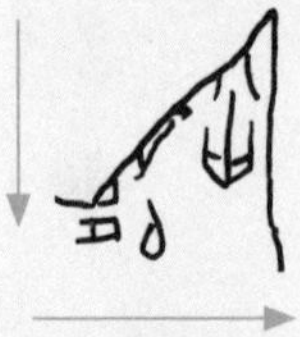

閱讀方式

右行。

摹寫練習

## 432 問酒祭對象與牲品

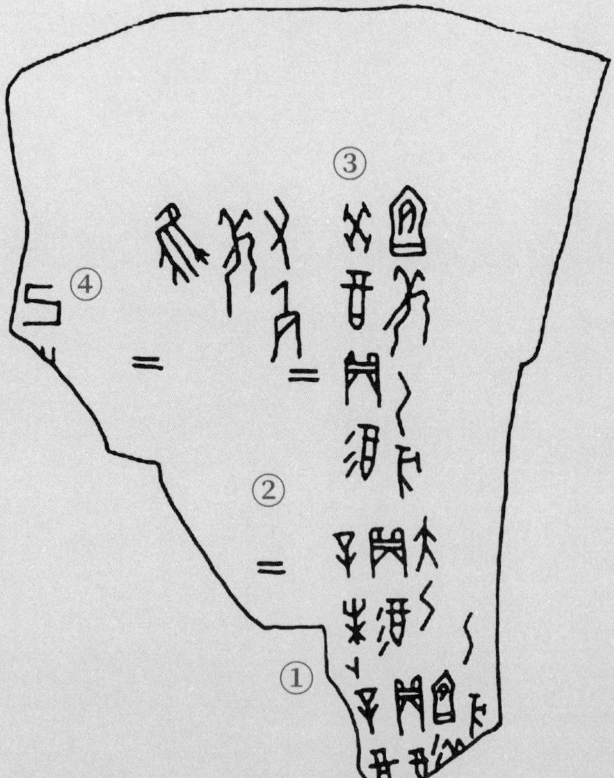

• 出處：《合》32124，骨。

• 斷代標準：前辭、書體。

① 辛酉☐貞：「酒俎羌，乙亥？」

**白話譯文** 辛酉日☐提問：「在乙亥這天舉行酒祭，以處理成塊的羌人爲牲品，是合適的嗎？」

**閱讀方式** 右行。

**貞辭部分：酒俎羌，乙亥？**「酒」是商代領銜的祭祀系統之一；「俎」則是祭儀，是處理祭品成肉塊的方式。

②辛未卜，貞：「酒大乙？」二（序數）

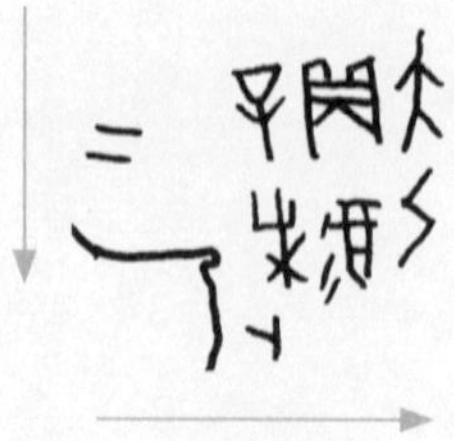

白話譯文　辛未日占卜，提問：「向大乙舉行酒祭，是合適的嗎？」第二次占卜。

閱讀方式　右行。

③癸酉貞：「酒俎羌，乙亥？」隹羌又歺。二（序數）

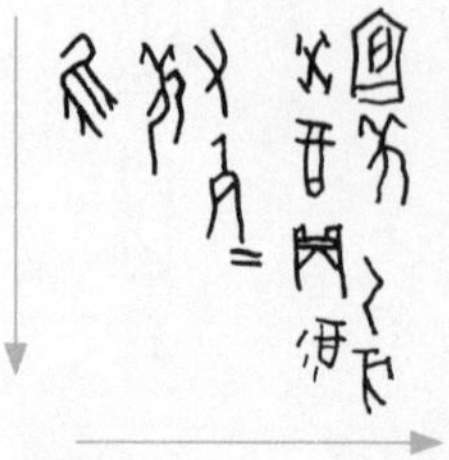

白話譯文　癸酉日提問：「在乙亥這天舉行酒祭，以處理成塊的羌人爲牲品，是合適的嗎？」牲品有處理成肉塊的羌人，還有化爲枯骨的遺骸。第二次占卜。

閱讀方式　右行。

**驗辭部分：隹羌又歺。**行款排列沒有刻寫在貞辭之後而在另一邊，較爲特殊。「歺」指枯骨。這段話或許表示這次酒祭的祭品除了處理成肉塊的羌人，還包括死亡已化爲枯骨的羌人遺骸。

④己卯☐二（序數）

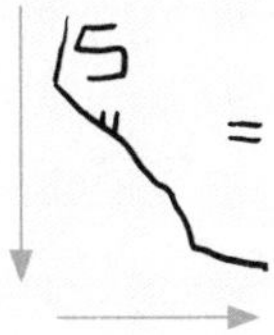

閱讀方式

右行。

# 433 問祭祀儀式、時間、牲品

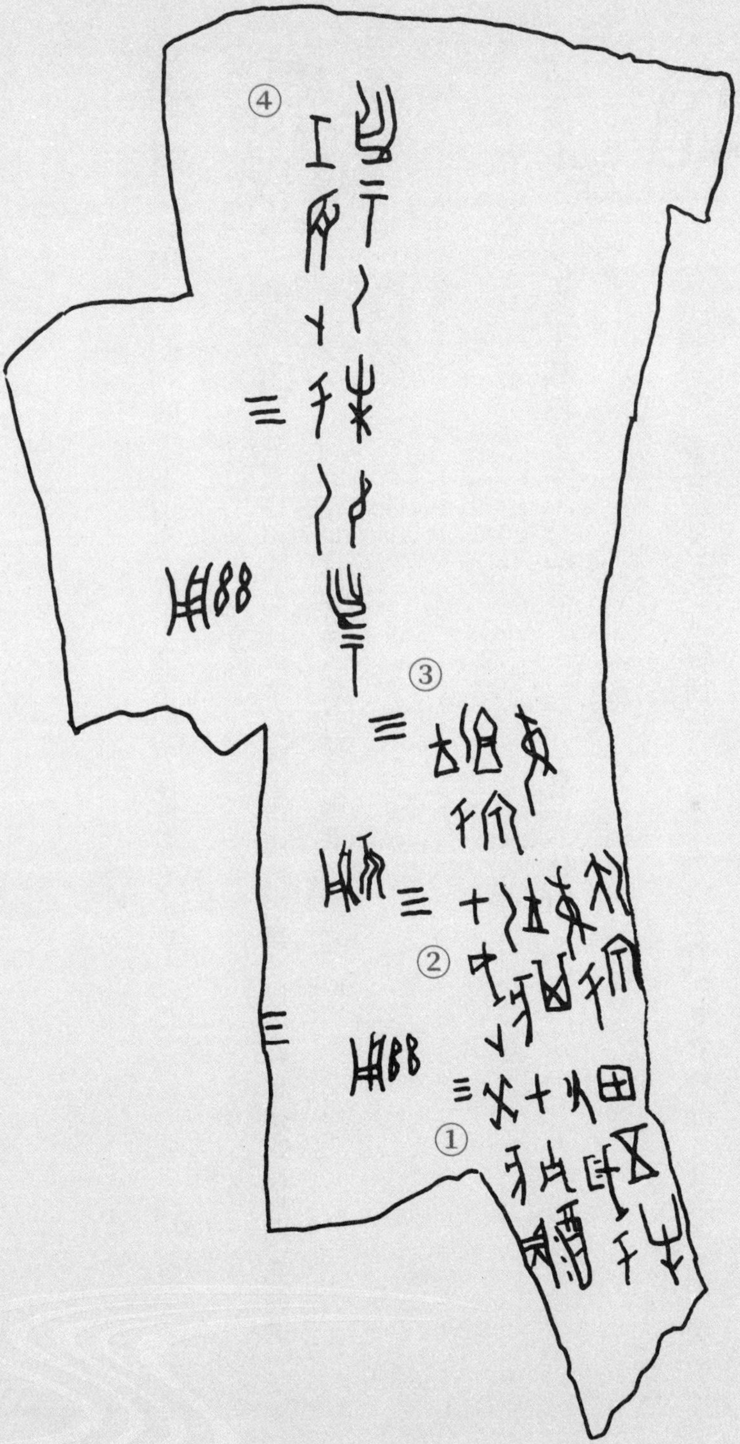
④
③
②
①

- 出處：《合》32360，骨。
- 斷代標準：前辭、書體、字形。

①癸亥貞：「甲子酒升歲于上甲，五牛？」三（序數）

**白話譯文** 癸亥日提問：「甲子日向上甲舉行酒祭，以用升和歲的殺牲法處理過的五頭牛爲牲品，是合適的嗎？」第三次占卜。

**閱讀方式** 右行。

②甲戌卜，「乙亥王其彝，于大乙宗？」三（序數）。茲用。

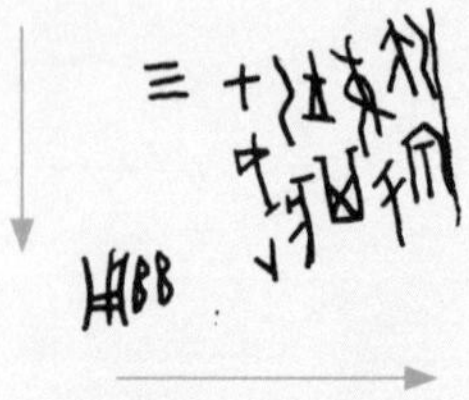

**白話譯文** 甲戌日占卜（，提問）：「乙亥日王將以彝爲牲品，在大乙的宗廟（舉行祭祀），是合適的嗎？」第三次占卜。採用這一卜的預示。

**閱讀方式** 右行。

**貞辭部分：乙亥王其彝，于大乙宗？**「」有學者隸定為「奚」，但我們視為「彝」。該字呈現出將雞的雙翅綁縛加以供祭的樣子，金文「」還加上綁縛的繩索以及奉祭的雙手。

③「王于祖乙宗彝？」三（序數）。不用。

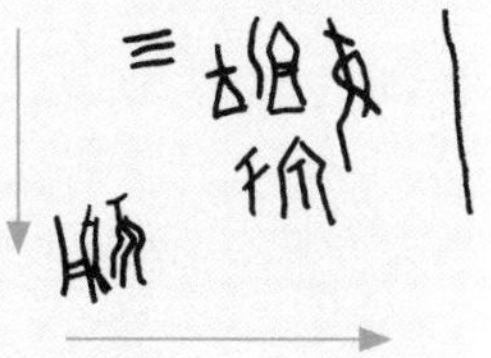

**白話譯文**

（提問：）「王在祖乙宗廟（舉行祭祀），以彝為牲品，是合適的嗎？」第三次占卜。不採用這一卜的預示。

**閱讀方式**

右行。

**④壬辰卜，「于乙□？」乙未允□。三**（序數）。**茲用。**

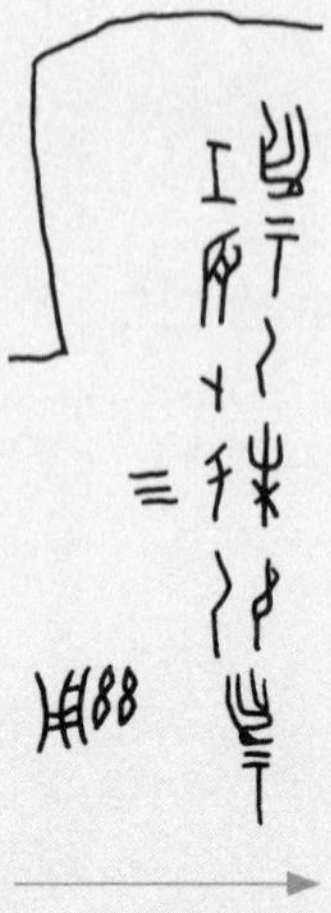

**白話譯文**

壬辰日占卜（，提問）：「在乙日使用□的祭祀品物，是合適的嗎？」乙未這天確實使用了□的祭祀品物。第三次占卜。採用這一卜的預示。

**閱讀方式**

右行。

**驗辭部分：乙未允□。**「□□」是一種祭祀供品，字形象將禽鳥類（頭朝下）的祭品放置於供桌的樣子。前兩卜和這一卜在詢問祭祀的品物是使用「彝」（雞）還是「□」，這兩者都是鳥禽類，不知差別爲何？有可能「彝」是煮過的，「□」是未煮的。

摹寫練習

## 434 問自然神降災

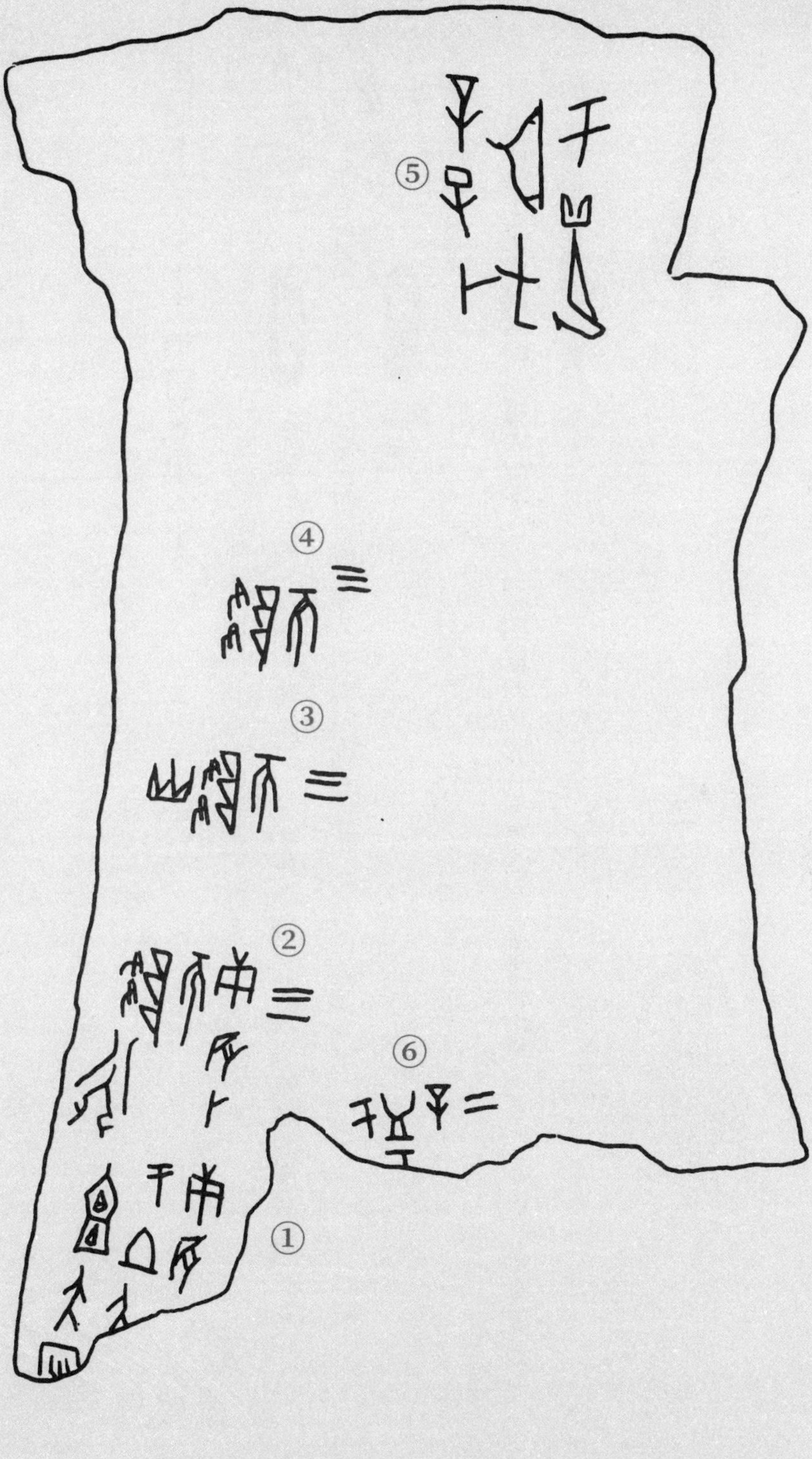
⑤
④
③
②
⑥
①

- 出處：《合》34711，骨。
- 斷代標準：書體、字形。

①庚辰[卜]，「于土祟⧄，俎大牢？」

白話譯文

庚辰日[占卜]（，提問）：「在土舉行災祟（免除的儀式⧄），以俎的祭儀處理過的大牢爲牲品，是合適的嗎？」

閱讀方式

左行。

**貞辭部分：于土祟⧄，俎大牢？**「土」相當於「社」，是祭拜土地神的地方。「祟」可能象某種多足的昆蟲形，在此假借爲災祟。

②庚辰卜，「不降非？」三（序數）

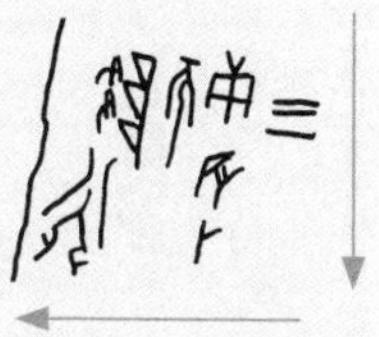

**白話譯文** 庚辰日占卜（，提問）：「非（某神靈）不會下降的，是嗎？」第三次占卜。

**閱讀方式** 左行。

**貞辭部分：不降非**。第二卜的「非」和第三卜的「山」都是指自然神靈。「不降」是指神靈不會從梯子下降至人間，即不會接受祭祀供奉的意思。

③「不降山？」三（序數）

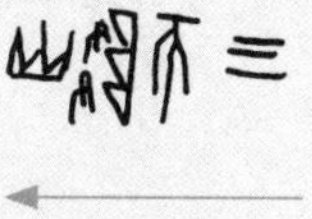

**白話譯文** （提問：）「山神不會下降的，是嗎？」第三次占卜。

**閱讀方式** 由右而左。

④「不降？」三（序數）

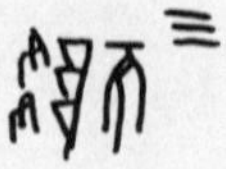

**白話譯文** （提問：）「（某神靈）不會下降的，是嗎？」第三次占卜。

**閱讀方式** 由右而左。

⑤辛巳卜，「尋又于？」

**白話譯文** 辛巳日占卜（，提問）：「再一次對舉行又祭，是合適的嗎？」

**閱讀方式** 右行。

**貞辭部分：尋又于？**「尋」是指再一次。〈431〉第一卜「又于伊尹」的「又」，以及此卜「尋又于」的「又」，與其他表示又祭的「又」在寫法上有些差異。「」在此版和非、山作爲所詢問的祭祀對象，應該也是一種自然神靈。

⑥辛[巳]⧄寧⧄于⧄二（序數）

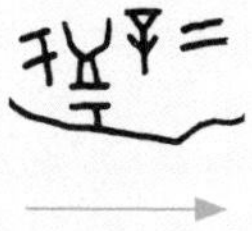

閱讀方式

由左而右。

## 435 問祭土地神

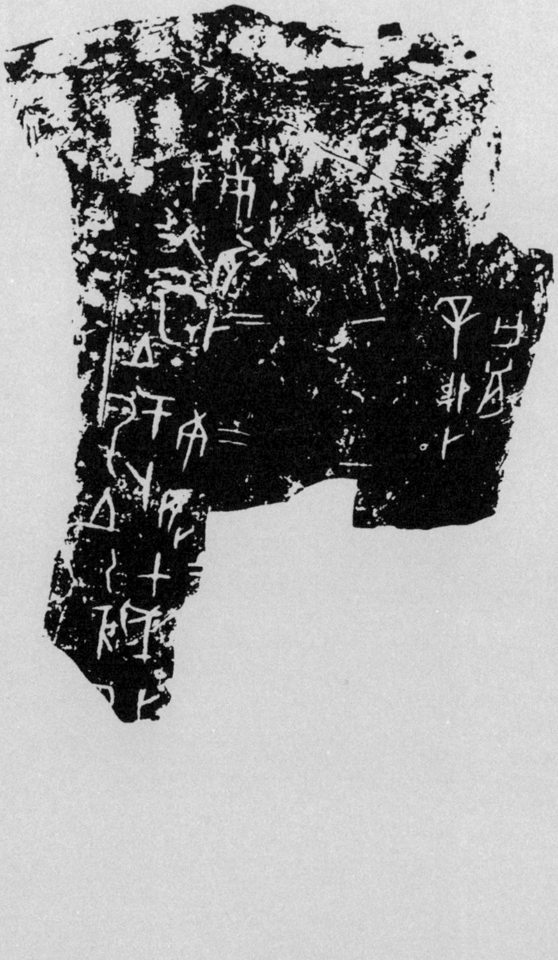

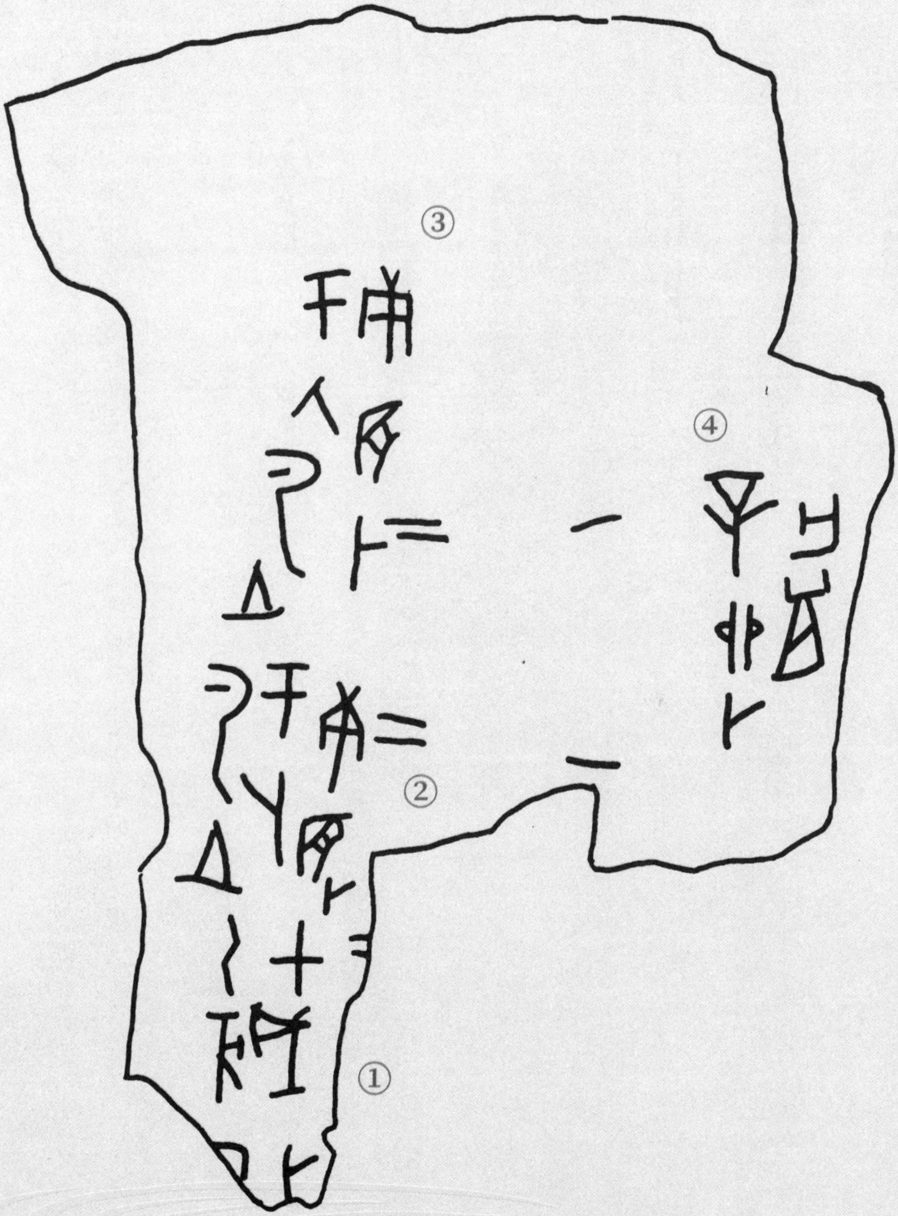
③
④
②
①

・出處：《合》34189，骨。
・斷代標準：書體、字形。
・說明：文武丁時期的刻辭基本上每卜都會出現前辭形式，省略的情況很少。

①甲戌卜，「乙亥日？」二（序數）

白話譯文：甲戌日占卜（，提問）：「在乙亥日（舉行），是合適的嗎？」第二次占卜。

閱讀方式：左行。

②庚辰卜，「于卜勺土？」二（序數）

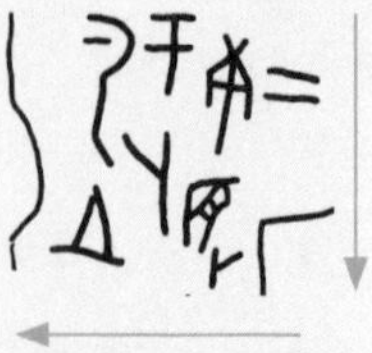

白話譯文：庚辰日占卜（，提問）：「在外勺土祭拜神靈，是合適的嗎？」第二次占卜。

閱讀方式：左行。

**貞辭部分：于卜勹土？**此卜「卜勹土」和下一卜「入勹土」相對，是指「外勹土」和「內勹土」。甲骨最初是借用兆璺的卜字表達「外」的意思，到西周金文才加上「夕」的偏旁。而「內」是象門簾束於兩旁的樣子。「土」相當於社，是祭拜土地神的地方；外勹土（社）、內勹土（社）或是城邑外、城邑內祭拜土地神的地方。

**③庚辰卜，「于入勹土？」二**（序數）

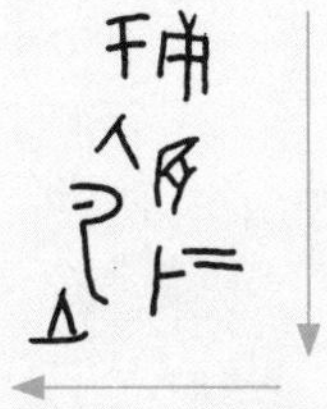

白話譯文　庚辰日占卜（，提問）：「在內勹土祭拜神靈，是合適的嗎？」第二次占卜。

閱讀方式　左行。

**④辛卯卜，「亡禍？」一**（序數）

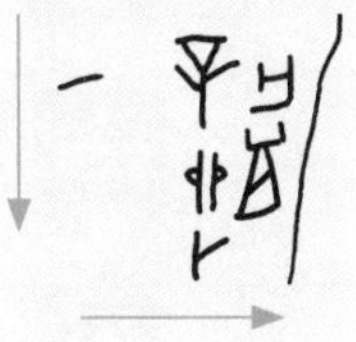

白話譯文　辛卯日占卜（，提問）：「會沒有災禍的，是嗎？」第一次占卜。

閱讀方式　右行。

# 436 問命令宗族執行任務

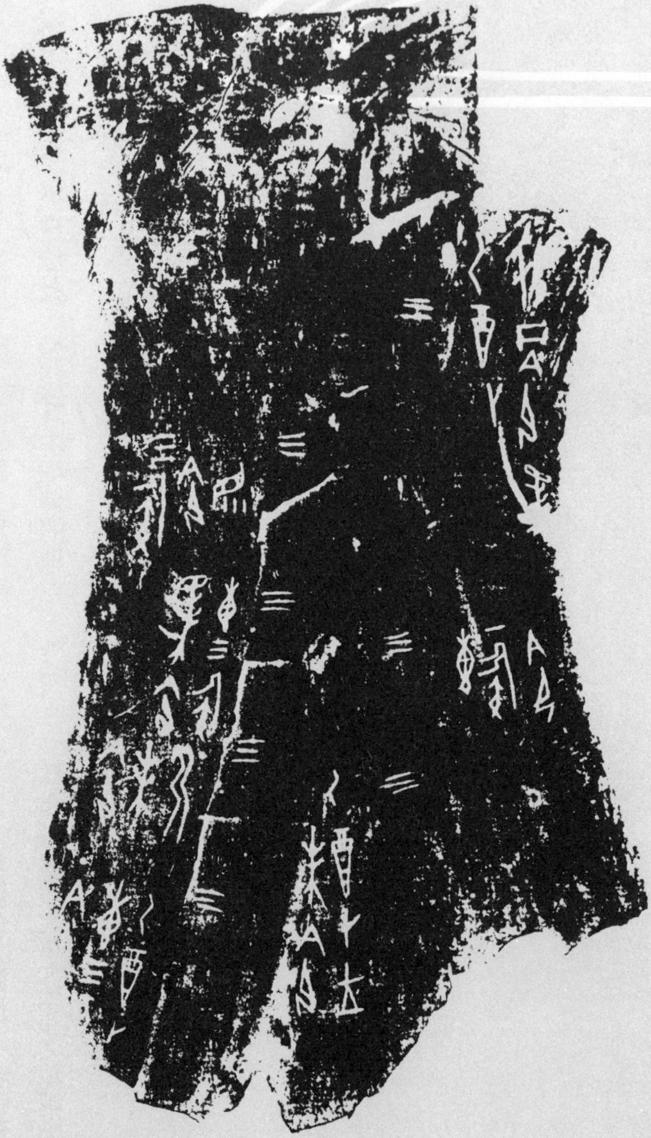

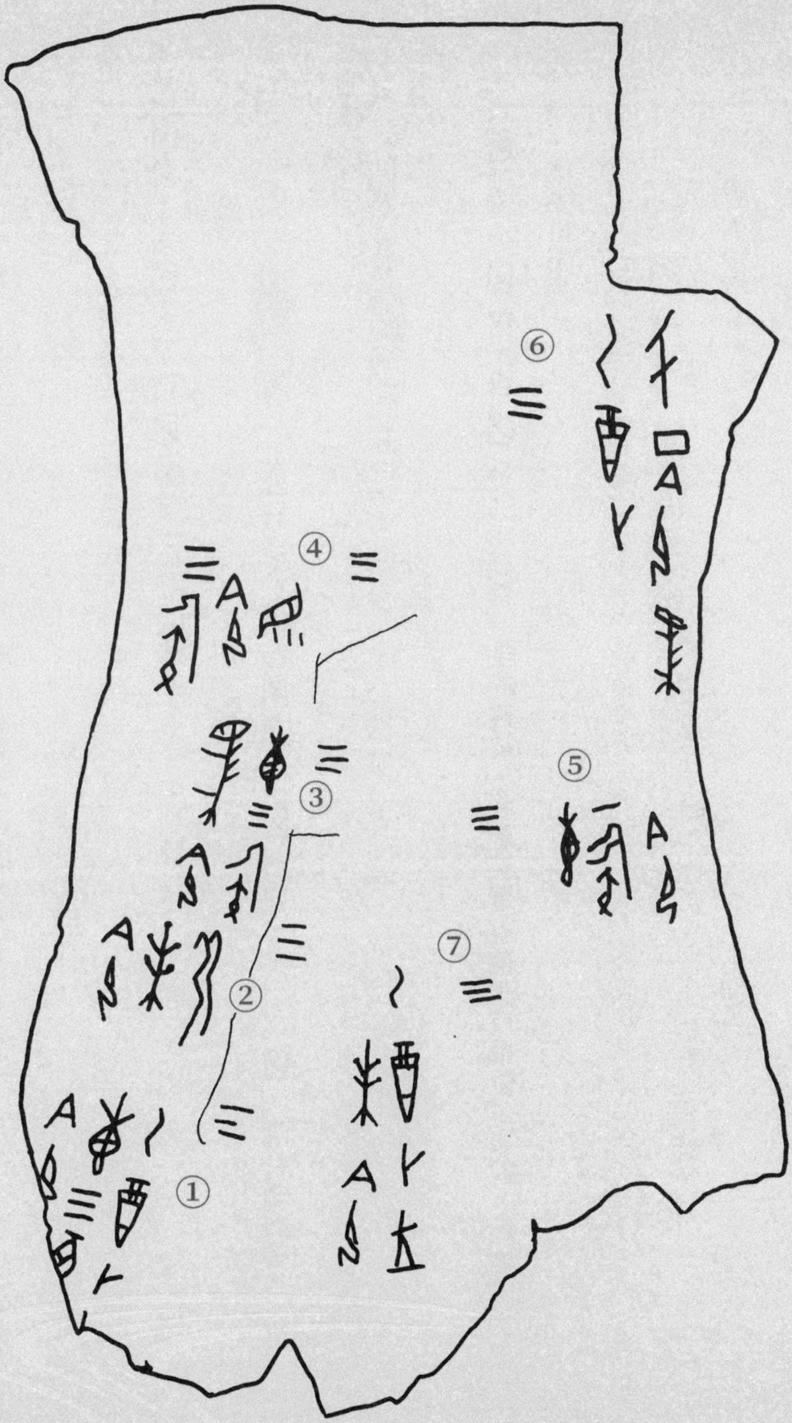
⑥
④
⑤
③
⑦
②
①

- 出處：《合》34136，骨。
- 斷代標準：書體、字形

①乙酉卜，「⧄叀三百⧄令？」三（序數）

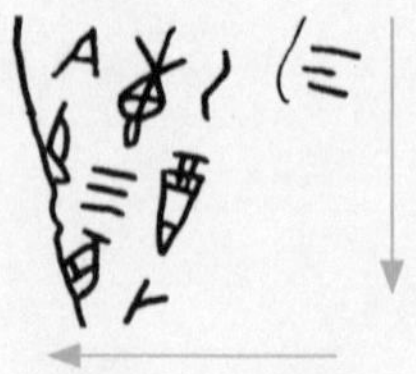

白話譯文　乙酉日占卜（，提問）：「⧄將要命令三百⧄，是合適的嗎？」第三次占卜。

閱讀方式　左行。

**貞辭部分：⧄叀三百⧄令。**「三百」後的殘辭，或是某軍事編制或單位，如射、馬等。「令」是命令、派遣的意思。

②「弜𣎆令？」三（序數）

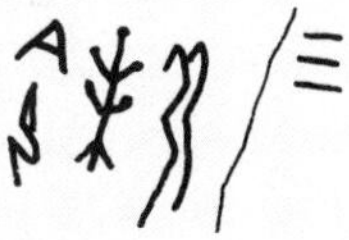

白話譯文 （提問：）「（王）不要命令𣎆族（執行某項任務），是合適的嗎？」第三次占卜。

閱讀方式 由右而左。

由第七卜可知此卜「弜𣎆令」是「弜王𣎆令」的簡省。「𣎆」不是「未」字，在這裡是氏族名。

③「叀三族馬令？」三（序數）

白話譯文 （提問：）「將要命令三族負責馬車的部卒，是合適的嗎？」第三次占卜。

閱讀方式 左行。

「族」是在同一個旗幟下、共同作戰的單位，是由具有相近血緣親屬或姻親關係，即同一宗族的成員所組成，約百人左右。此版第四卜提到「三族」，第五卜「一族」，可見在某一氏族的大單位之下還可分成數個更小的單位。至於「三族馬」或爲三族之下掌管駕馭馬車的組織，因爲商代的軍事行動還沒發展出騎馬作戰的能力，所以我們不認爲三族馬的馬是騎兵的編制。

## ④「眔令三族？」三（序數）

白話譯文　（提問：）「也命令第三族，是合適的嗎？」第三次占卜。

閱讀方式　左行。

「眔」在甲骨刻辭大多是作爲連接詞使用。像是〈202〉「母寵眔多母若」、〈310〉「眔叀小牢」的「眔」，都是表示「和」、「以及」。「三族」爲三族馬的省略，「一族」爲一族馬的省略。

⑤「叀一族令？」三（序數）

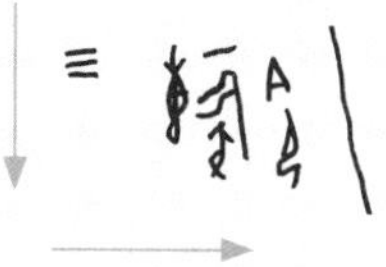

白話譯文 （提問：）「將要命令第一族，是合適的嗎？」第三次占卜。

閱讀方式 右行。

⑥乙酉卜，「于丁令馬？」三（序數）

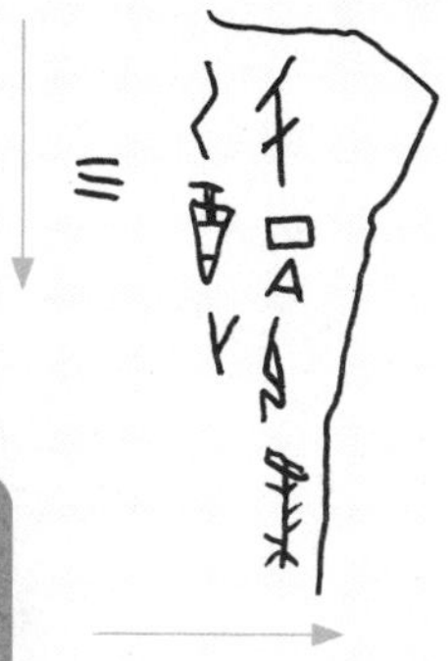

白話譯文 乙酉日占卜（，提問）：「在丁日命令負責馬車的部卒，是合適的嗎？」第三次占卜。

閱讀方式 右行。

⑦乙酉卜，「王□令?」三（序數）

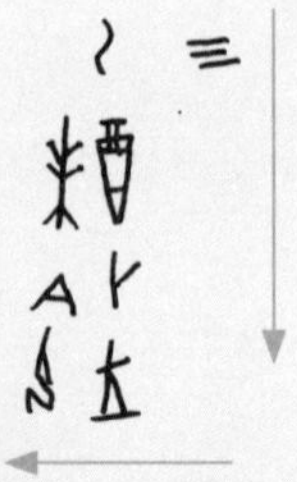

白話譯文

乙酉日占卜（，提問）：「王將要命令王的□族（執行某項任務），是合適的嗎?」第三次占卜。

閱讀方式

左行。

摹寫練習

## 437 問派王族支援多子族

- 出處：《合》34133，骨。
- 斷代標準：書體、字形。

①丁酉卜，「王族爰多子族，立于召？」

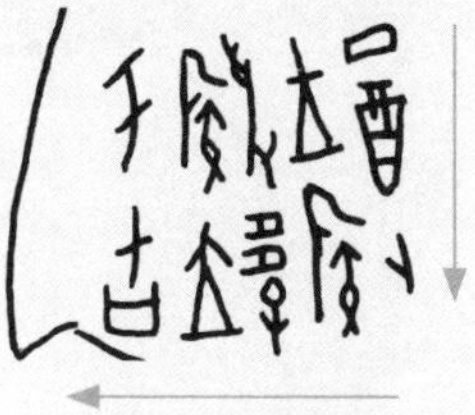

白話譯文

丁酉日占卜（，提問）：「（派遣）王族前往援助多子族，在召地會合，是合適的嗎？」

閱讀方式

左行。

**貞辭部分：王族爰多子族，立于召？**「王族」和「多子族」不同，王族是護衛商王的侍衛隊，多子族或是由商王同姓諸侯所組成的軍隊編制。「爰」則是救援的意思。「立」是指會合或聚集的意思，「召」在這裡作為地名。

# 438 問右旅的軍事行動

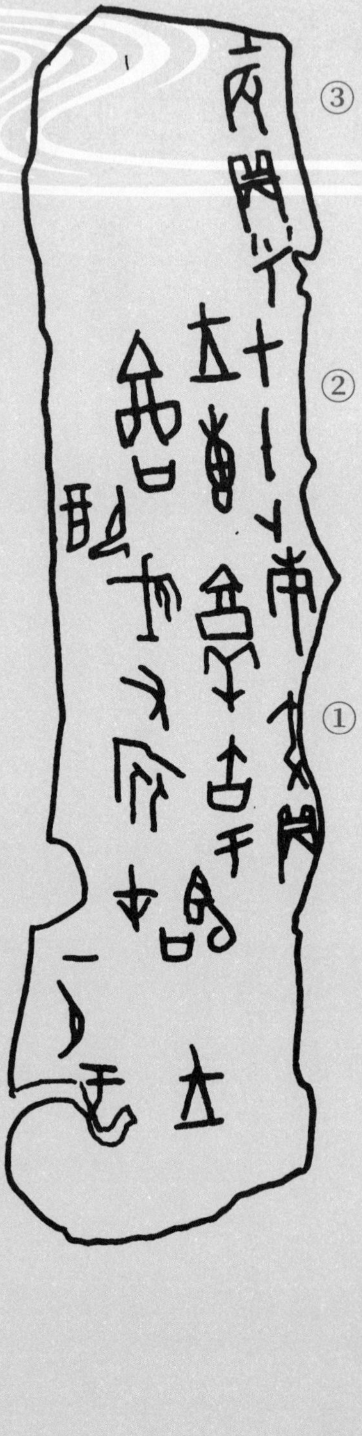

• 出處：《懷》1640，骨。

• 斷代標準：前辭、書體、字形。

①庚寅貞：「辜缶于蜀，𢦏又旅？」才□。一月。二（序數）

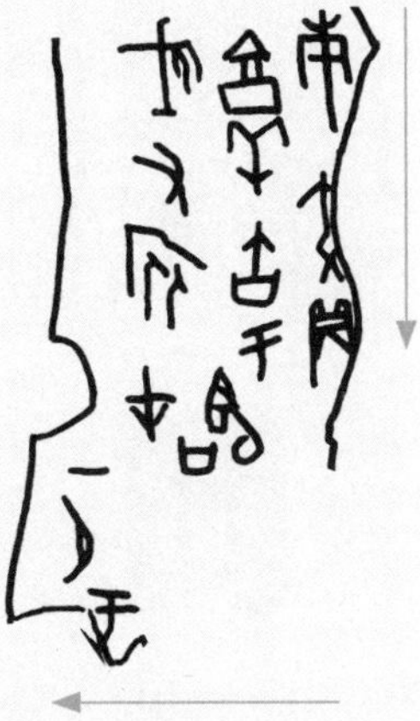

白話譯文

庚寅日提問：「在蜀這個地方對缶國進行辜伐，會對右旅造成災禍的，是嗎？」在□。占卜日期是一月。第二次占卜。

閱讀方式

左行。

**前辭部**分的「貞」字上半短劃筆勢方折圓轉、呈現稜角，是第四期「貞」字字形上的特點。

**貞辭部分：辜缶于蜀，𢦏又旅？**

「𦎫」爲「𦎫伐」，意謂進行深入長期的戰爭。「缶」爲被征伐的方國名；「蜀」是地名。

「」隸定爲「𢦏」，指造成災禍的意思，字形又可作「」。「又旅」就是「右旅」，「旅」應該是商代最高的軍隊單位，約是萬人左右的軍隊編制。

## ②甲午卜，「王叀稟配？」

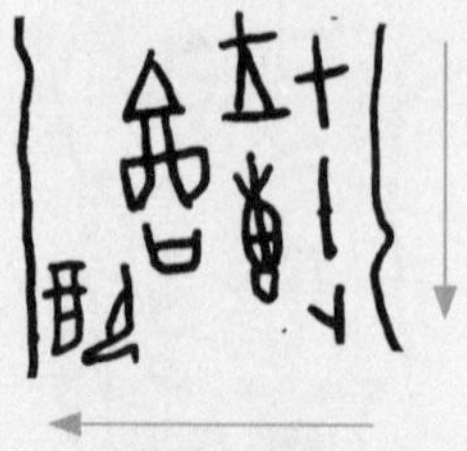

**白話譯文** 甲午日占卜（，提問）：「王將要稟配合（右旅），是合適的嗎？」

**閱讀方式** 左行。

**貞辭部分：王叀稟配？**「」字上面象儲藏米糧的倉廩之形，下爲無意義的裝飾符號，隸定爲「稟」（即廩字），在這裡是當作人名。「配」是一人配以一壺酒的會意字，如此可以自行調配酒的濃淡，在此指配合，可能是詢問是否配合上一卜的「又旅（右旅）」執行某項軍務。

## ③壬辰貞：「乎？」

**白話譯文** 壬辰日提問：「呼叫（某個對象），是合適的嗎？」

**閱讀方式** 由上而下。

## 439 問二事——派遣𢦏出任務、辰帶領射箭部隊出行

①
②
③
④

• 出處：《合》32996，骨。
• 斷代標準：前辭、書體。

①癸酉貞：「⧄祟⧄亡□」一（序數）

閱讀方式
左行。

②乙亥貞：「令戠于龜？」一（序數）

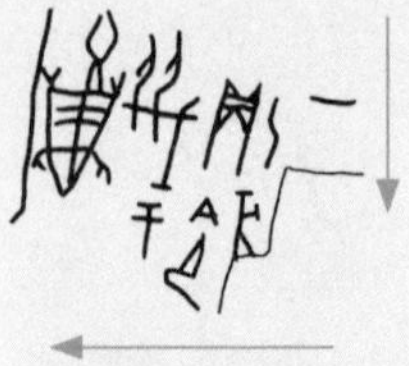

白話譯文
乙亥日提問：「命令戠在龜這個地方（進行某項任務），是合適的嗎？」第一次占卜。

閱讀方式
左行。

**貞辭部分：令戔于龜？**「」隸定爲戔，象長柄上有特殊裝置的除草工具，在這裡是作爲人名。「」象龜類的動物形，暫隸定作「龜」，是作爲地名。

**③乙亥貞：「令辰以新射于瞿？」一**（序數）

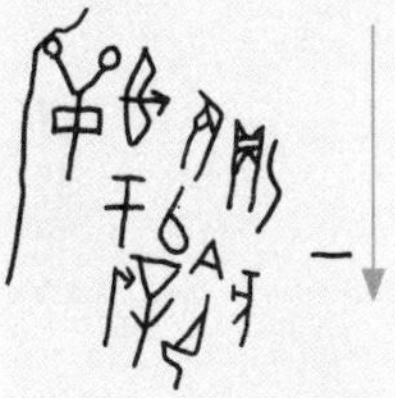

白話譯文

乙亥日提問：「命令辰帶領新成立的射隊到瞿這個地方，是合適的嗎？」第一次占卜。

閱讀方式

左行。

**貞辭部分：令辰以新射于瞿？**「射」是軍隊中負責射箭的編制，「新射」意謂在原先編制外新成立負責射箭的部隊。

④癸未貞：「王令戠？」一（序數）

白話譯文

癸未日提問：「王要命令戠（進行某項任務），是合適的嗎？」第一次占卜。

閱讀方式

右行。

**貞辭部分：**王令戠？可能與「辰」是帶領新射的人員選擇。

摹寫練習

## 440 問二事——帶領多馬的將領、又祭牲品

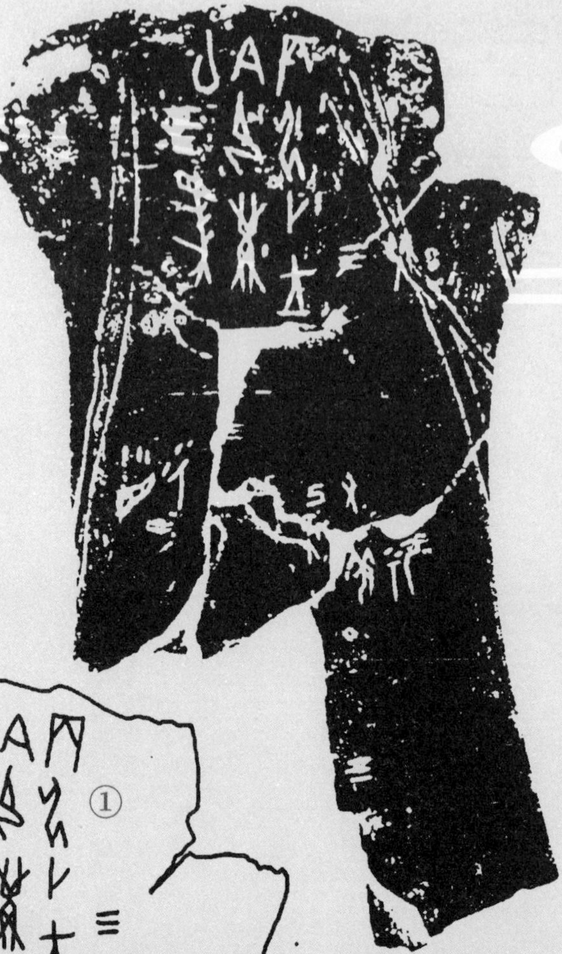

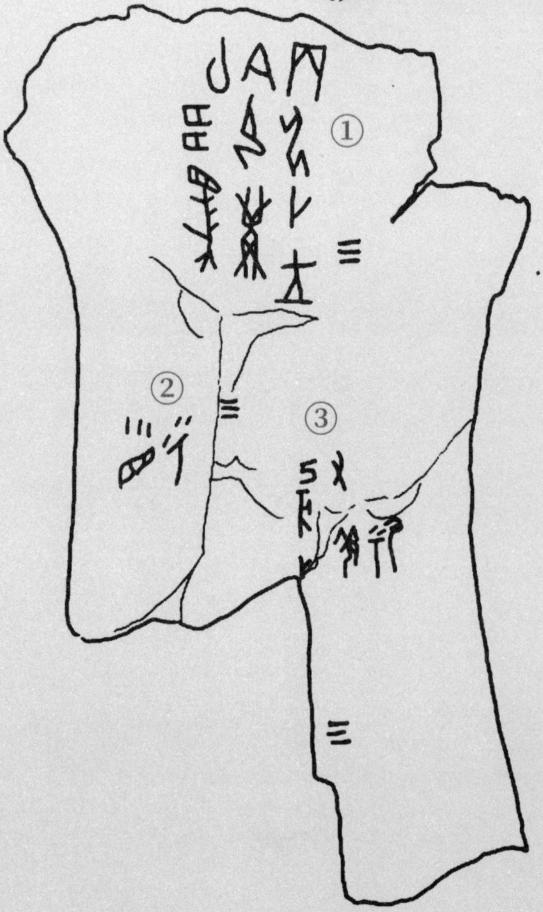

• 出處：《合》32994，骨。

• 斷代標準：書體、字形。

①丙申卜，「王令冓以多馬？」三（序數）

白話譯文

丙申日占卜（，提問）：「王將要命令冓帶領諸多負責馬車的部卒，是合適的嗎？」第三次占卜。

閱讀方式

左行。

**貞辭部分：王令冓以多馬**。「冓」在此是作爲人名；「多馬」或是軍隊中主掌駕馭馬車的編制，可能包含負責保護馬車的部卒。馬車是指揮官的移動司令臺。

② 「乎眔？」三（序數）

**白話譯文** （提問：）「召喚眔前來（帶領多馬），是合適的嗎？」第三次占卜。

**閱讀方式** 由右而左。

「乎」是呼叫、召喚遠地的人前來。「眔」字象流淚不止的樣子，而「」的三點在眼睛之上，不知是否爲「眔」的倒書，還是那三點是代表頭髮，是首字；暫時隸定爲「眔」，在這裡是作爲人名。

③ 己亥卜，「又羌礿？」三（序數）

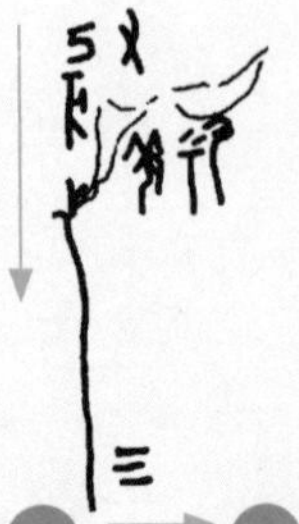

**白話譯文** 己亥日占卜（，提問）：「以羌人爲牲品舉行又祭，在礿地，是合適的嗎？」第三次占卜。

**閱讀方式** 右行。

**貞辭部分：又羌礿？**「」很少見，該字右邊偏旁近似〈435〉「于卜勺土」的「勺」，不知是否爲同一字，暫隸定爲「礿」字。目前意義不明，應該不是神靈之名，或可能是地名。

摹寫練習

# 441
# 問冊伐

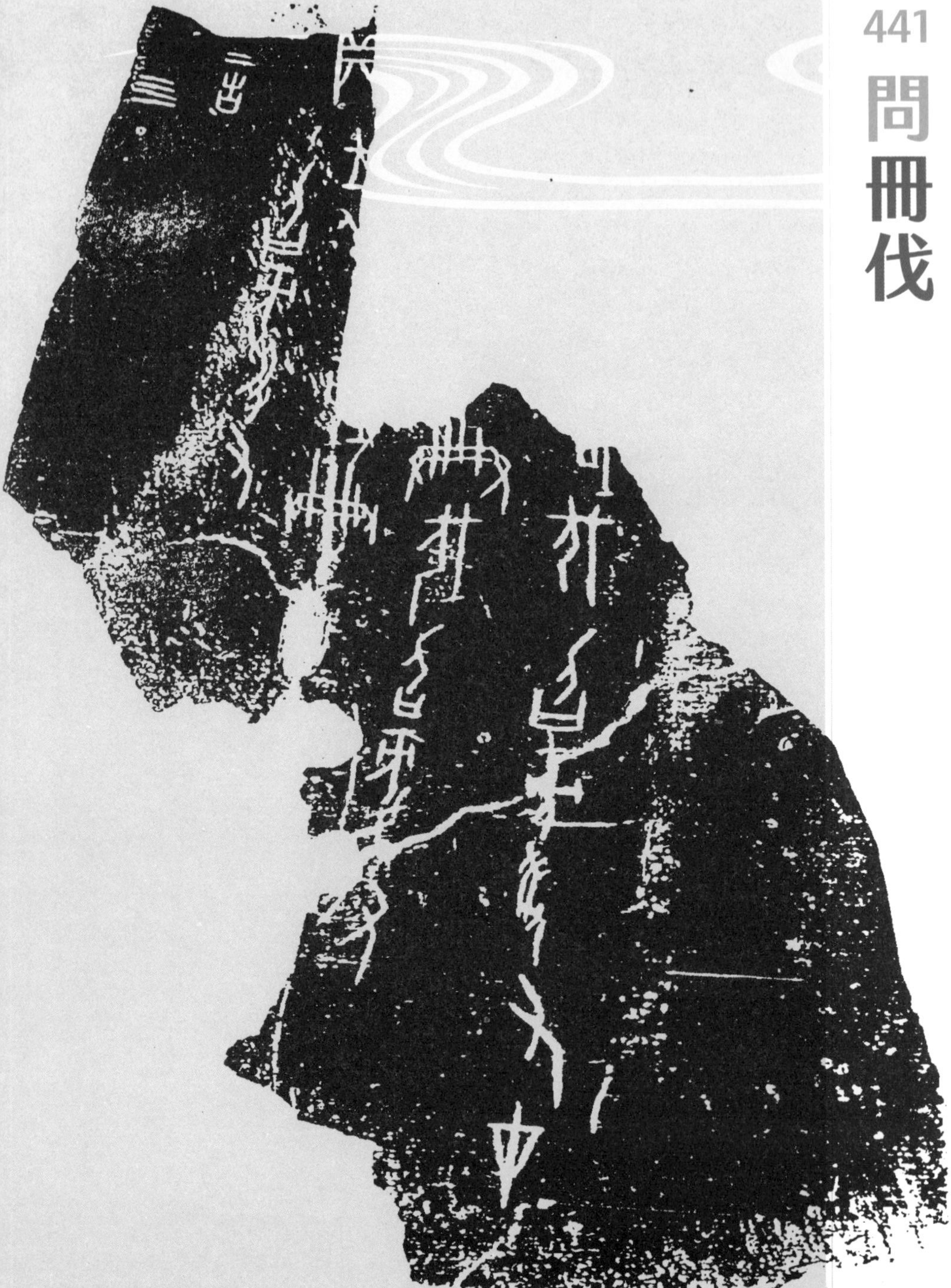

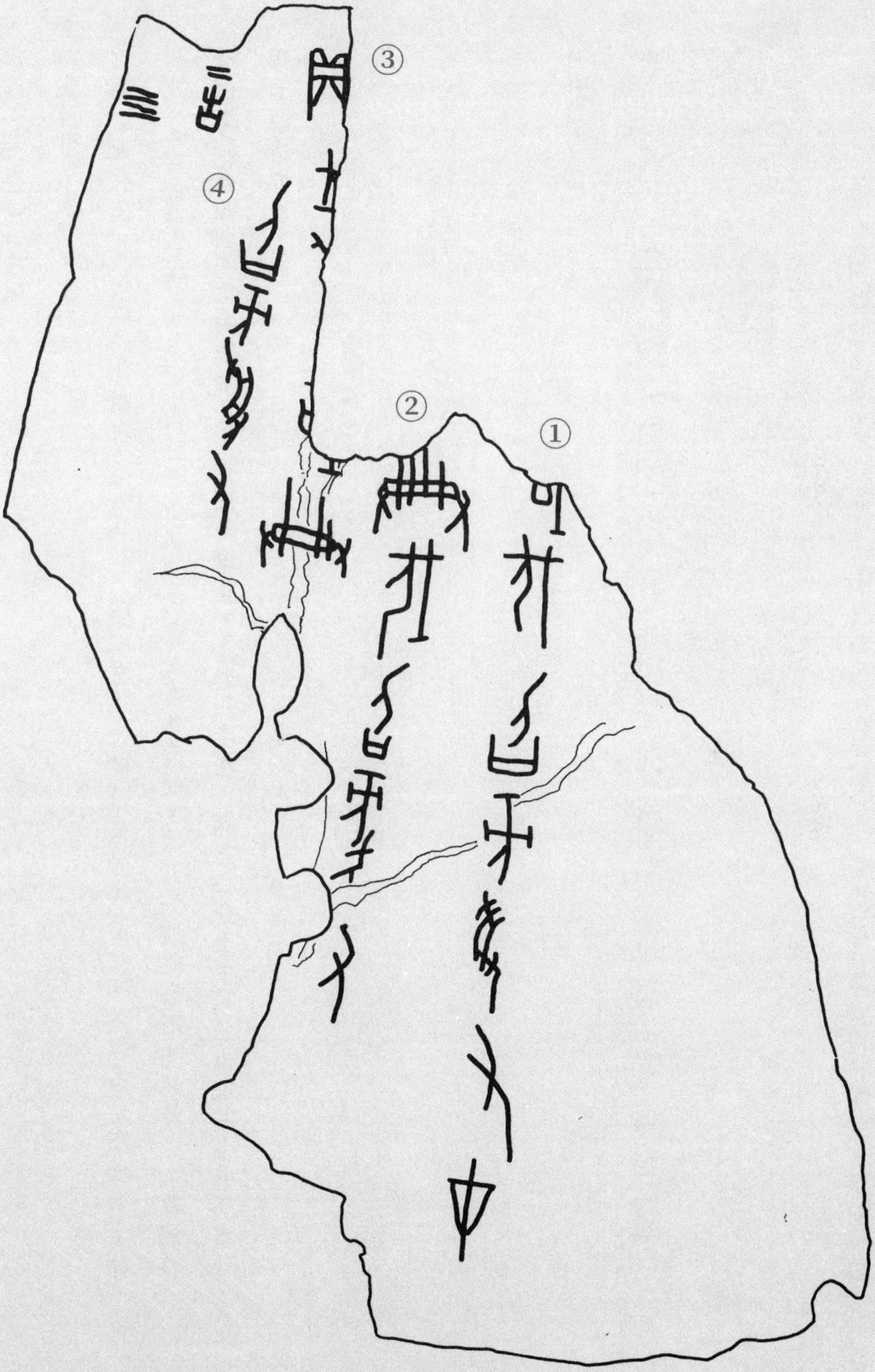
①
②
③
④

• 出處：《合》33020，骨。

• 斷代標準：書體、字形。

• 說明：此版因為出現兆側刻辭「上吉」，所以有學者將時代歸於第一期，但第一期的吉字作「」，此版的吉字作「」，上半的兩劃是有曲度的，並且根據鑽鑿形態的特點，我們將時代歸於第四期，第四期常在甲骨正面鑽鑿，鑽鑿長度在一點五公分上下，並出現將占辭刻寫於背面的情形。

① 「⧄□伐召方，受又？」才□

白話譯文 「⧄□（沒有寫成討伐典冊就要開始）征伐召方，會受到上天的福祐的，是嗎？」在□

閱讀方式 由上而下。

就字形來看，□應是「肇」。「肇」字象以磨刀石磨利銅戈，藉此表示經磨利的銅戈才能夠「開始」使用。第二卜有「冊伐」，意思是把即將對敵國的征伐寫成典冊等文書宣告，類似後代「檄」之類的官方聲討文書，因為古代講求師出有名，要先申明、指摘敵方的罪責，再進行討伐。這一卜「肇伐」，加上第二卜「冊伐」，是詢問要選擇哪一種的攻打形式。「肇伐」或是不經寫成文書宣告、加以聲討就進行征伐；「冊伐」是經過寫成文書宣告、加以聲討後才加以征伐。

史書記載武乙征召方卻因為被暴雷打死，所以無功而返。在第四期貞問方國的事類中，貞問召方的次數最多。

② 「☐冊伐召方，受又？」

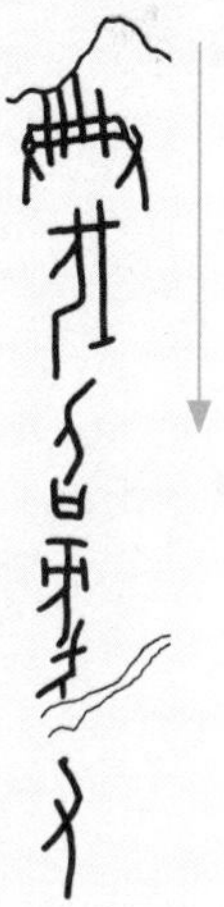

**白話譯文** 「☐寫成典冊然後征伐召方，會受到上天的福祐的，是嗎？」

**閱讀方式** 由上而下。

「[illegible]」象兩手捧著典冊，隸定作「冊」。「[illegible]」在下方加上兩短劃，隸定作「典」。

**③☐貞：「王☐冊☐召方，受又？」**

閱讀方式 左行。

**④四**（序數）。**上吉**。

閱讀方式 由左而右。

此卜出現**序數**四，這時期的甲骨應是左右各貞問三次，或許是把早期的甲骨當作廢骨，重新拿來刻寫。

# 摹寫練習

442

# 問王族追擊召方並向康丁祈禱

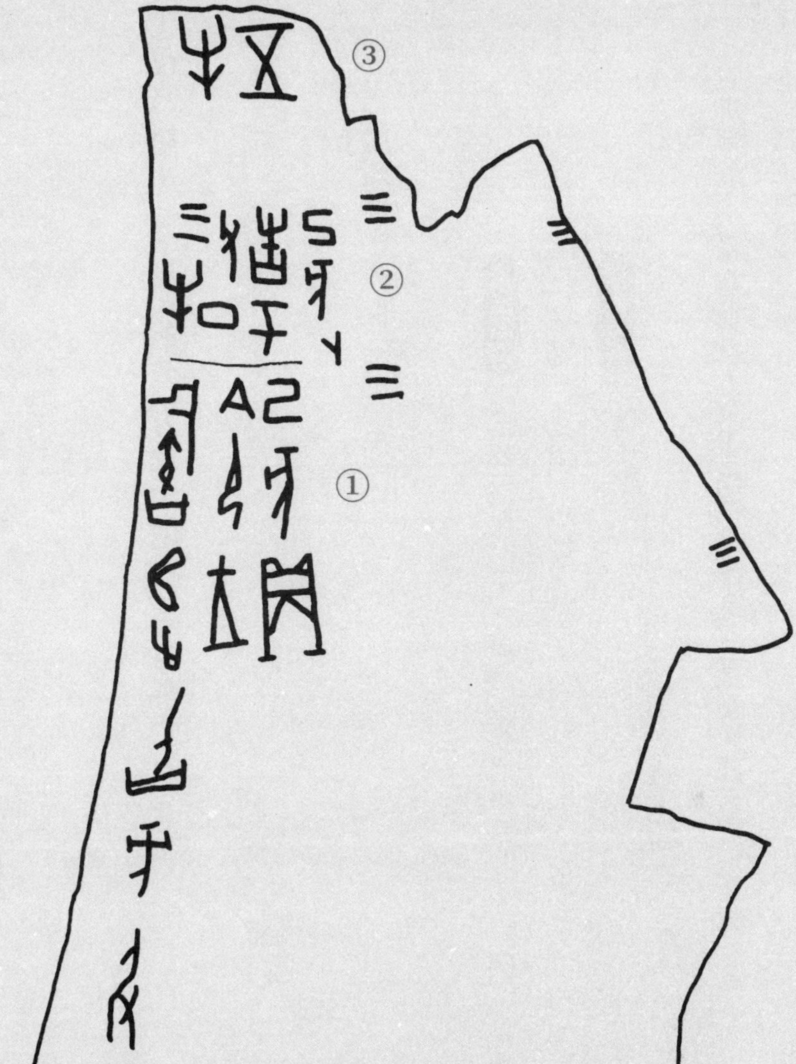
③
②
①

• 出處：《合》33017，骨。

• 斷代標準：稱謂、前辭、書體、字形。

①己亥貞：「令王族追召方及于☐」三（序數）

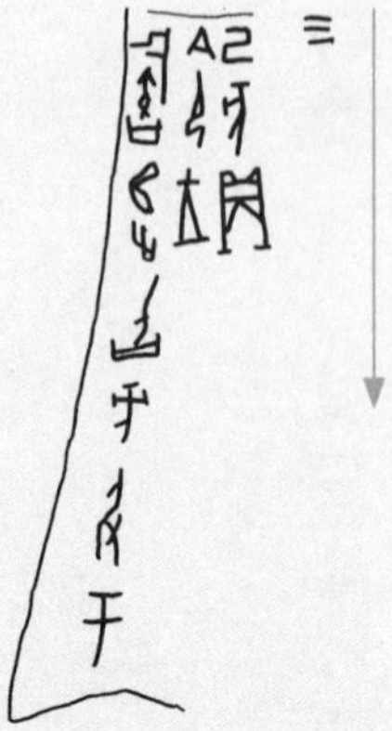

**白話譯文** 己亥日提問：「命令王族追擊召方追到☐，是合適的嗎？」第三次占卜。

**閱讀方式** 左行。

**貞辭部分：令王族追召方及于☐。**「王族」是護衛商王的侍衛隊。此卜的「族」字於字形下方加了一個似口的無意義符號。

## ②己亥卜，「告于父丁，三牛？」三（序數）

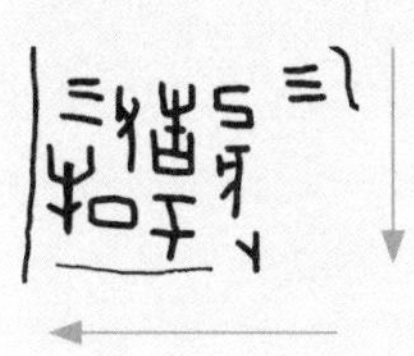

**白話譯文** 己亥日占卜（，提問）：「向父丁報告並請求保佑，牲品使用三頭牛，是合適的嗎？」第三次占卜。

**閱讀方式** 左行。

**貞辭部分：告于父丁，三牛？**意謂上告父丁追擊召方之事，請求祖先神靈保佑。這裡的父丁是指康丁。

根據拙作〈武乙征召方日程〉一文，「四月時就有關於召方的報告，五月時確實得到召方出動的報告。王接著就向大甲、父丁等神靈報告并供牲祭祀。同時問以沚馘、畢爲主將，王應不應該跟著去，……首次的接觸，商大概得到勝利，在茲地時見到敵蹤，……六月底決定重用子畫的人員追伐召方，……七月中大概決定以畢爲徵召的主帥，……從八月底的一些貞問，可看出最後的陣容是畢帶領子畫將渡黃河攻擊召方的腹地，……九月初王在詩地時有意親征，……從沒有留下以召方的人俘祭祀祖先的貞辭這一點看，很可能戰果不佳，……看不到九月之後有與召方明顯有關的貞辭。」此版被歸在六月，另有「己亥，歷貞：三族王其令追召方及于▨」。

## ③「五牛？」

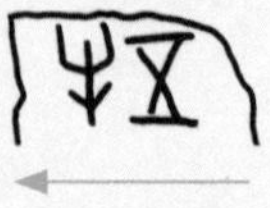

**白話譯文**　（提問：）「牲品使用五頭牛，是合適的嗎？」

**閱讀方式**　由右而左。

摹寫練習

# 443 問太陽黑子異常

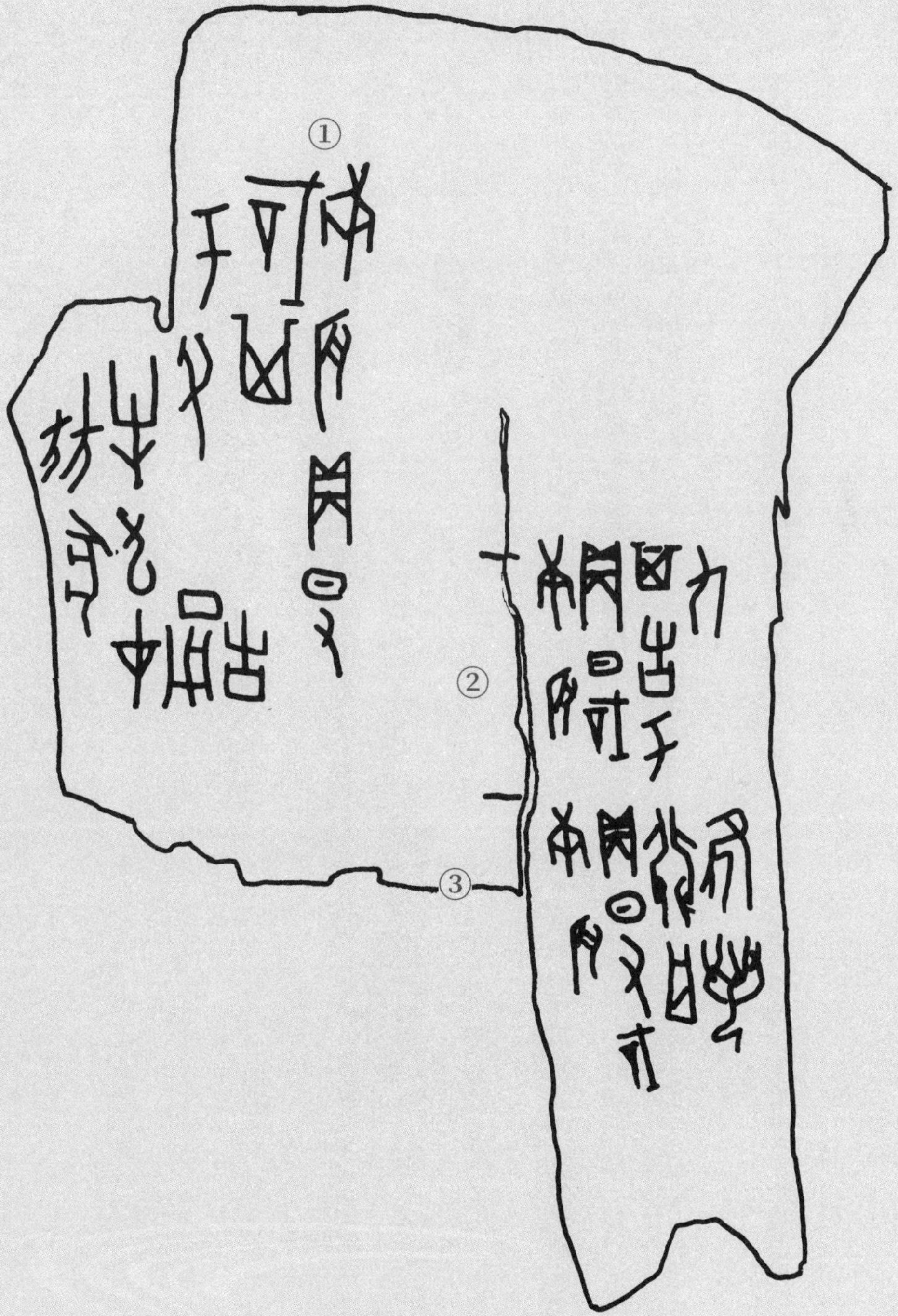
①
②
③

• 出處：《合》33698，骨。
• 斷代標準：稱謂、前辭、書體。

① 庚辰貞：「日又戠，其告于父丁？」用牛九，才⿱⿰耒耒⿰犬犬。

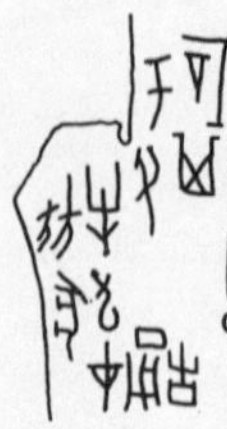

白話譯文

庚辰日提問：「太陽黑子有異常發生，將要向父丁報告並請求保佑，是合適的嗎？」用九頭牛祭祀，在⿱⿰耒耒⿰犬犬地。

閱讀方式

左行。

**貞辭部分：日又戠，其告于父丁？**「戠」字形原先是以用戈砍下三角形作爲標識，「日又戠」是指太陽有黑子，隨著太陽週期，黑子會有大小的變化與差異；另有「月又戠」。有學者認爲「日又戠」是說發生日蝕的現象，但甲骨已有「日又食」的日蝕記載，所以「日又戠」應是與日蝕不同的天象紀錄。

**驗辭部分：用牛九，才⿱⿰耒耒⿰犬犬。**「⿱⿰耒耒⿰犬犬」是一個字，雖然上半和下半偏旁相距稍遠，字形表示牛隻協同拉犁的樣子，下半的偏旁原作兩頭牛，但刻寫牛的側面字形卻似犬，在金文中，有時字形下面出現三頭牛的形象作「、」，隸定爲「協」，在此是作爲地名。

②庚辰貞：「日戠，其告于河？」一（序數）

**白話譯文** 庚辰日提問：「太陽黑子發生異常，將要向河神報告並請求保佑，是合適的嗎？」第一次占卜。

**閱讀方式** 右行。

③庚辰貞：「日又戠，非禍，隹若？」一（序數）

**白話譯文** 庚辰日提問：「太陽黑子有異常發生，不會是災禍，會是順利的事，是嗎？」第一次占卜。

**閱讀方式** 右行。

**貞辭部分：日又戠，非禍，隹若？**由貞問的內容來看，「日又戠」已是發生的事實，「非禍」表示不一定就是會造成災禍，情況也可能會是「若」、會是平順的。「非禍」即「若」。

# 444 問狩獵收穫

• 出處：《合》33384，骨。
• 斷代標準：書體、字形。

①甲寅☒禽□☒允☒

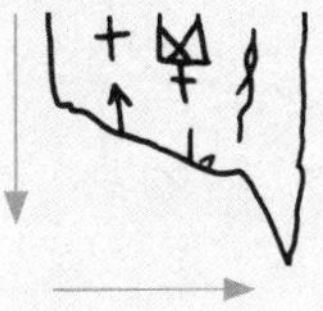

閱讀方式

右行。

②丙辰卜，「王獸[illegible]，禽？」允允不禽。

白話譯文

丙辰日占卜（，提問）：「王在[illegible]地狩獵，會有所擒獲的，是嗎？」確實沒有擒獲。

閱讀方式

右行。

**貞辭部分：王獸□，禽？**「□」是地名。「王」字最上方有一橫劃是新派的寫法，該字形在甲骨第四期少見。

**驗辭部分：允允不禽**。其中的一個「允」字是羨文，「允不禽」意謂確實沒有擒獲獵物，是否表示原先預示顯示不適合田獵，王不該去田獵，可是王卻違抗預示，決意去田獵，所以最後無所得，才出現這麼奇怪的一段事後追記。又或許應是下一卜「弗禽」的驗辭。

③[丙]辰卜，「[王]獸□，弗禽？」

**白話譯文**

[丙]辰日占卜（，提問）：「[王]在□地狩獵，不會有所擒獲的，是嗎？」

**閱讀方式**

右行。

摹寫練習

445

# 問田獵事——天氣、收穫

正面

背面

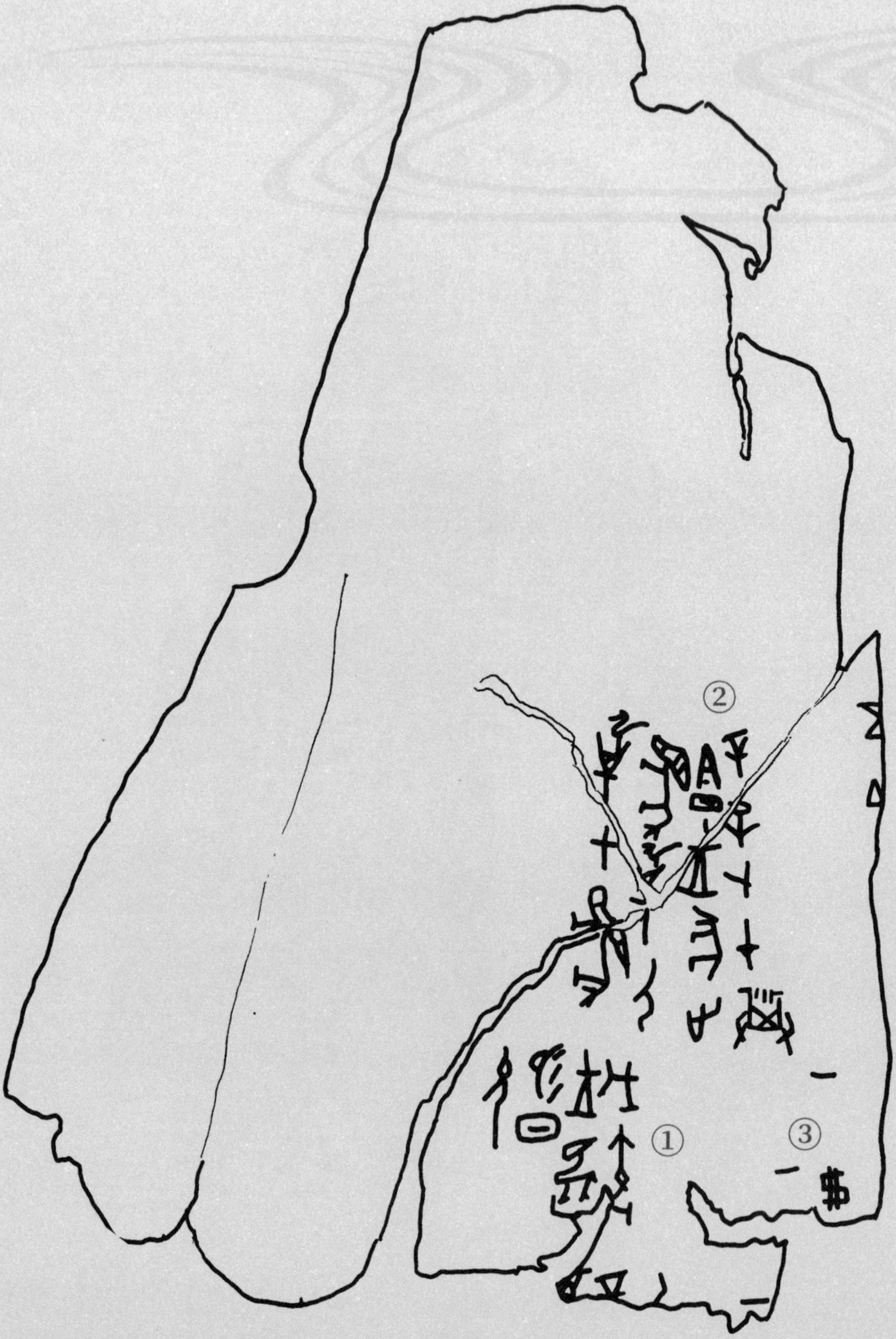


背面

- 出處：《合》33374，骨。
- 斷代標準：書體、字形。
- 說明：此版於骨的正面中下部位鑽鑿，刻辭卻出現在背面，是第四期的特色，尤其是文武丁時代。

①（背面）戊寅卜，「王阱，易日？」允。

**白話譯文** 戊寅日占卜（，提問）：「王前往查看陷阱、田獵，會是晴天的，是嗎？」確實（是晴天）。

**閱讀方式** 左行。

**貞辭部分：王阱，易日**。「阱」和下一卜的「逐」都是進行田獵的方式，「阱」是指查看陷阱、捕捉獵物，「逐」意謂從後方追捕獵物。「易日」是晴天的意思。「允」是**驗辭**。

② (背面) 辛巳卜，「才[illegible]，今日王逐兕，禽？」允禽七兕。

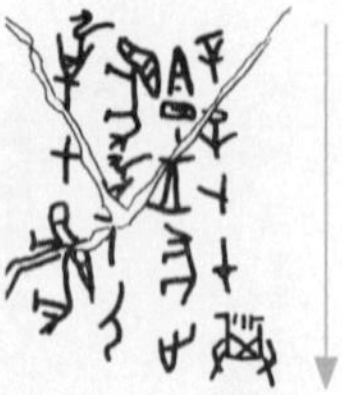

**白話譯文** 辛巳日占卜（，提問）：「今日王在[illegible]地（田獵），從後方追逐犀牛，會有所擒獲的，是嗎？」確實擒獲到七頭犀牛。

**閱讀方式** 左行。

**貞辭部分：才[illegible]，今日王逐兕，禽？**

「[illegible]」象兩手將簸箕中的東西加以傾倒，應是「棄」字，但與加上「子」偏旁的棄字「[illegible]」稍有不同，有學者隸定爲「箕」。

「禽」原作有柄的田網之形，此字呈現出以羅網捕捉到鳥禽的樣子，使得捕捉、擒獲的意思更加明確。

③ (背面) 弗☐一 (序數)

**閱讀方式** 由右而左。

摹寫練習

# 問本旬占卜運勢準確度

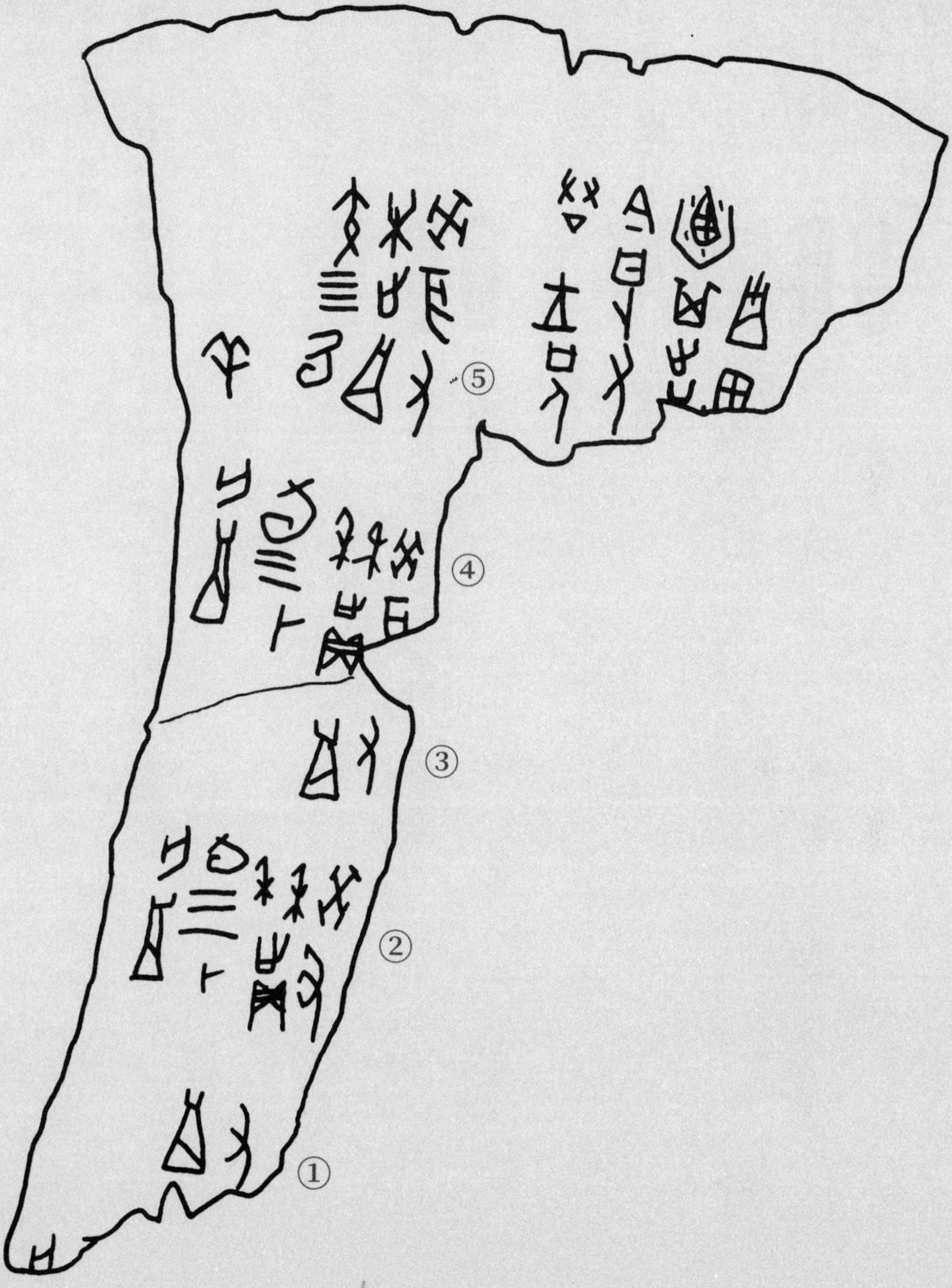
⑤
④
③
②
①

- 出處：《懷》1621，骨。
- 斷代標準：書體、前辭。
- 說明：此版為歷組卜辭，通常在牛左右肩胛骨分別卜問三次。

① 「又禍？」

**白話譯文** （提問：）「會有災禍的，是嗎？」

**閱讀方式** 由右而左。

② 癸丑，歷貞：「旬三卜亡禍？」

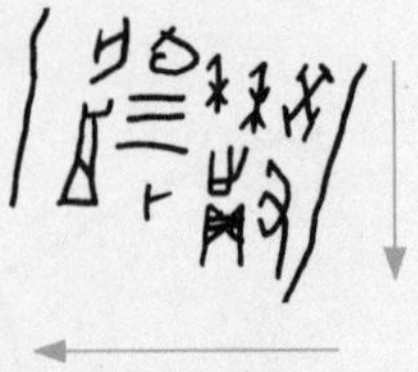

**白話譯文** 癸丑日，貞人歷提問：「這一旬三次占卜是沒有災禍的嗎？」

**閱讀方式** 左行。

### ③「又禍？」

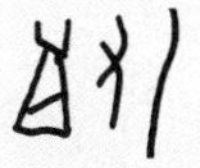

**白話譯文**（提問：）「會有災禍的，是嗎？」

**閱讀方式** 由右而左。

### ④癸亥，歷貞：「旬三卜亡禍？」

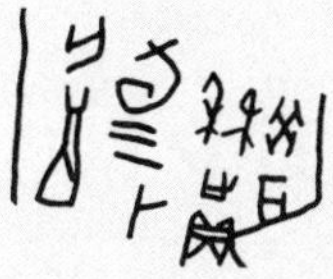

**白話譯文** 癸丑日，貞人歷提問：「這一旬三次占卜是沒有災禍的嗎？」

**閱讀方式** 左行。

## ⑤「又禍？」

**白話譯文** （提問：）「會有災禍的，是嗎？」

**閱讀方式** 由右而左。

這一卜除了「又禍」兩字，其他都是**僞刻**，不但旬字有誤，而且文句、辭例極爲不通。

摹寫練習

# 447 問下一旬運勢——在外地

• 出處：《合》33145，骨。

• 斷代標準：前辭、書體。

• 說明：就干支日期來看，此版由下往上刻寫。

①癸巳貞：「旬亡禍？」三（序數）

白話譯文　癸巳日提問：「下旬不會有災禍的，是嗎？」第三次占卜。

閱讀方式　右行。

②癸卯貞：「旬亡禍？」才□旬。三（序數）

白話譯文　癸卯日提問：「下旬不會有災禍的，是嗎？」在□地這旬。第三次占卜。

閱讀方式　右行。

從第二卜到第五卜，可知此版是在安陽以外的外地——「□」、「誶」、「□」、「食」地出巡時，進行卜旬的紀錄。

### ③癸丑貞：「旬亡禍？」才誶[旬]。三（序數）

**白話譯文** 癸丑日提問：「下旬不會有災禍的，是嗎？」在誶地［這旬］。第三次占卜。

**閱讀方式** 右行。

「誶」字象兩個盾牌相對以表示混亂之意，因爲軍隊集合時士兵手持的盾牌沒有同一方向，場面就會混亂。《說文》收錄的籀文作「□」，小篆發展成从言孛聲的形聲字。

④癸亥貞：「旬亡禍？」才□〔旬〕。

白話譯文

癸亥日提問：「下旬不會有災禍的，是嗎？」在□地〔這旬〕。

閱讀方式

右行。

⑤〔癸〕酉〔貞〕：「旬亡禍？」〔才〕食旬。

白話譯文

〔癸〕酉日〔提問〕：「下旬不會有災禍的，是嗎？」〔在〕食地這旬。

閱讀方式

右行。

# 448 問祭祀

## ——地點、祭品、儀式

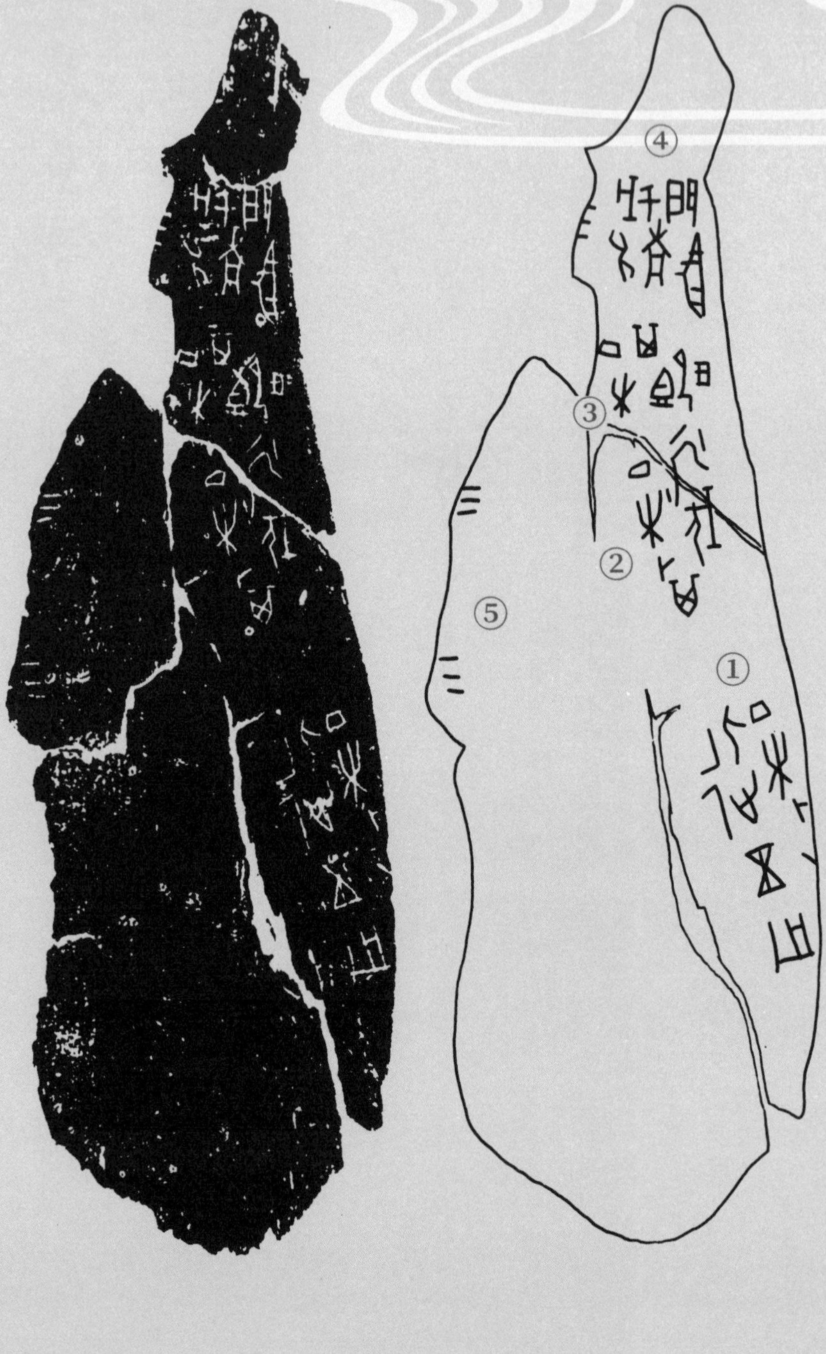

• 出處：《合》32256，骨。

• 斷代標準：書體。

• 說明：此版書體具有文武丁時代的特點——書體軟弱，字體凌亂。前三卜同樣干支日，卻照樣刻寫、沒有省略前辭形式，這也是文武丁時代的特色。

①丁未卜，「□⧄[字]⧖用？」

**白話譯文**

丁未日占卜（，提問）：「□⧄想要在[字]⧖舉行祭祀，是合適的嗎？」

**閱讀方式**

左行。

**貞辭部分：□⧄[字]⧖用？**〈405〉有「叀北⧖用」，甲骨還有「新⧖」、「父丁⧖」等，甲骨記錄征戰歸來後，會在「學」進行報告和獻俘儀式，「⧖」或為相關用途的建築名稱或祭臺之類的祭祀設備。至於「[字]」字意義尚且不明。

②丁未卜，「其□伐？」

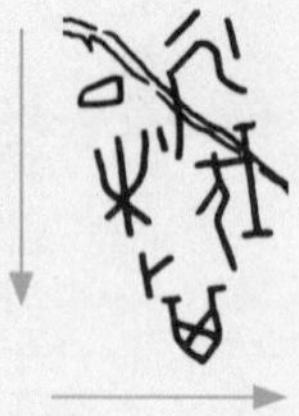

**白話譯文** 丁未日占卜（，提問）：「將以事先取血的祭品取代人牲，是合適的嗎？」

**閱讀方式** 右行。

**貞辭部分：其□伐？**「血」是在祭祀現場自牲體取血的祭儀，與「□」不同，「□」於祭祀前預先取血的方式。「伐」是處理人牲的用牲法，人牲通常是羌俘。「□伐」是詢問用事先取血的祭品取代人牲是否恰當。如此只是取血，保留了俘擄的生命，可將人力充分利用。

③丁未，「其即戶？」

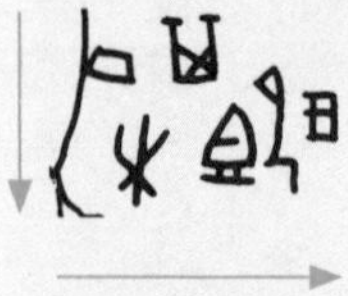

**白話譯文** 丁未日（，提問）：「將靠近門邊（取血來祭祀），是合適的嗎？」

**閱讀方式** 右行。

④戊申，「于南門尋？」

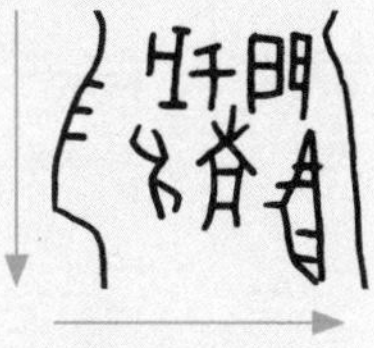

**白話譯文** 戊申日（，提問）：「在南門用尋的祭祀，是合適的嗎？」

**閱讀方式** 右行。

**貞辭部分：于南門尋？**「尋」在這裡是作爲祭祀名稱，這句可見當時大型建築物應該有好幾個門。

⑤三。三（序數）

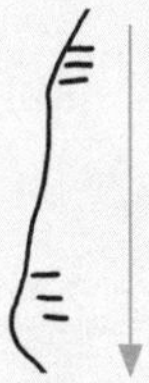

**閱讀方式** 由上而下。

449 問日食

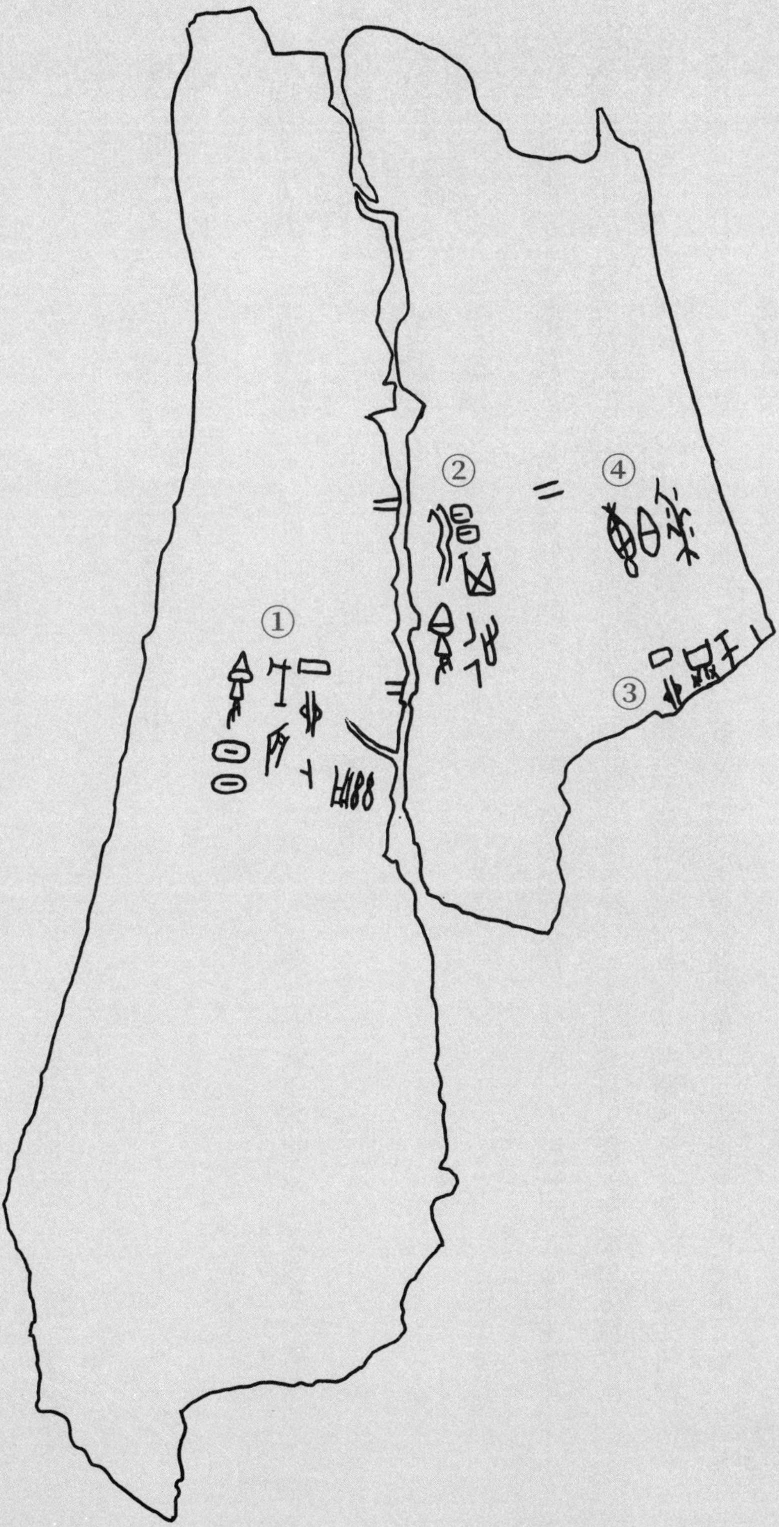

①
②
③
④

- 出處：《合》34601，骨。
- 斷代標準：書體。

①丁卯卜，「戊辰復昌？」二(序數)。茲用。

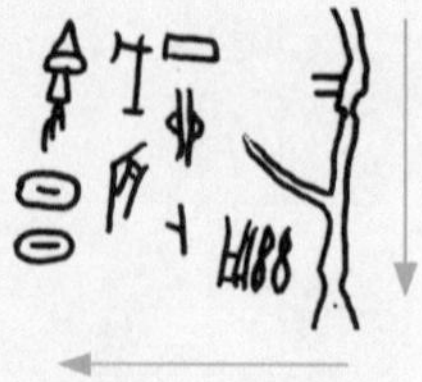

**白話譯文** 丁卯日占卜（，提問）：「第二天戊辰日會恢復光明的，是嗎？」第二次占卜。採用這一卜的預示。

**閱讀方式** 左行。

**貞辭部分：戊辰復昌？**「復」是恢復的意思。「昌」象太陽升起於海平面，大放光明之際。在這裡或是因爲出現日蝕或月蝕的現象，所以詢問是否會再恢復光明。第一期有「食日大星」表示發生流星出現，遮蔽了太陽的天象。由於是丁卯日占卜，詢問第二天戊辰日是否恢復，判斷應是丁卯夜晚發生日蝕的現象，因而詢問第二天戊辰太陽會恢復正常光亮嗎？而《漢書》還記載了白天出現月蝕異常天象，代表將發生大臣專擅的情況。

②「弜復昌，其征？」二（序數）

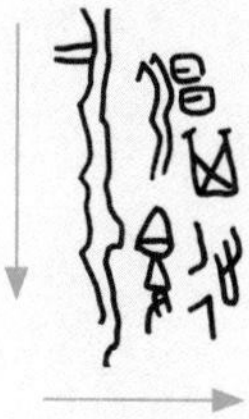

白話譯文 （提問：）「不會恢復光明，將會延續的，是嗎？」第二次占卜。

閱讀方式 右行。

③丁卯☐登☐于☐

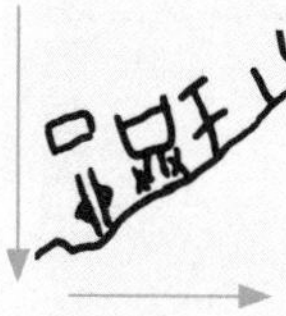

閱讀方式 右行。

④「叀白黍？」二（序數）

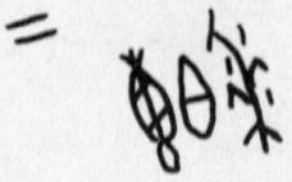

**白話譯文**（提問：）「將使用白黍當祭品，是合適的嗎？」第二次占卜。

**閱讀方式** 由左而右。

第三、四卜內容應該相關。甲骨文的白黍、黑黍是指黍顏色的深淺，白黍是顏色淺淡的黍，黑黍是顏色偏深的黍。

摹寫練習

# 450 問以又祭祭祀太陽

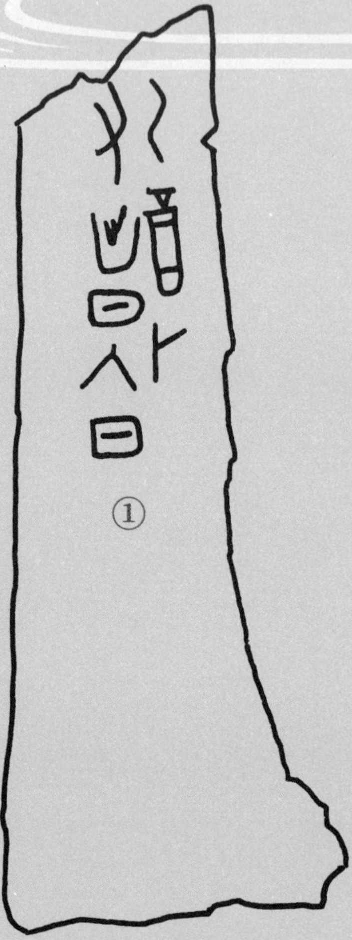

- 出處：《懷》1569，骨。
- 斷代標準：書體。

①乙酉卜，「又出日、入日？」

白話譯文 乙酉日占卜（，提問）：「使用又祭迎接太陽、恭送太陽，是合適的嗎？」

閱讀方式 左行。

**貞辭部分：又出日、入日？**《尚書．堯典》記錄「寅賓出日，平秩東作」、「寅餞納日，平秩西成」，此卜「出日」、「入日」應該就是〈堯典〉所說的「出日」、「納日」，意謂在太陽出現、隱沒時，分別迎接、恭送太陽的意思。

## 451 問太陽黑子異常向上甲祭祀的牲品

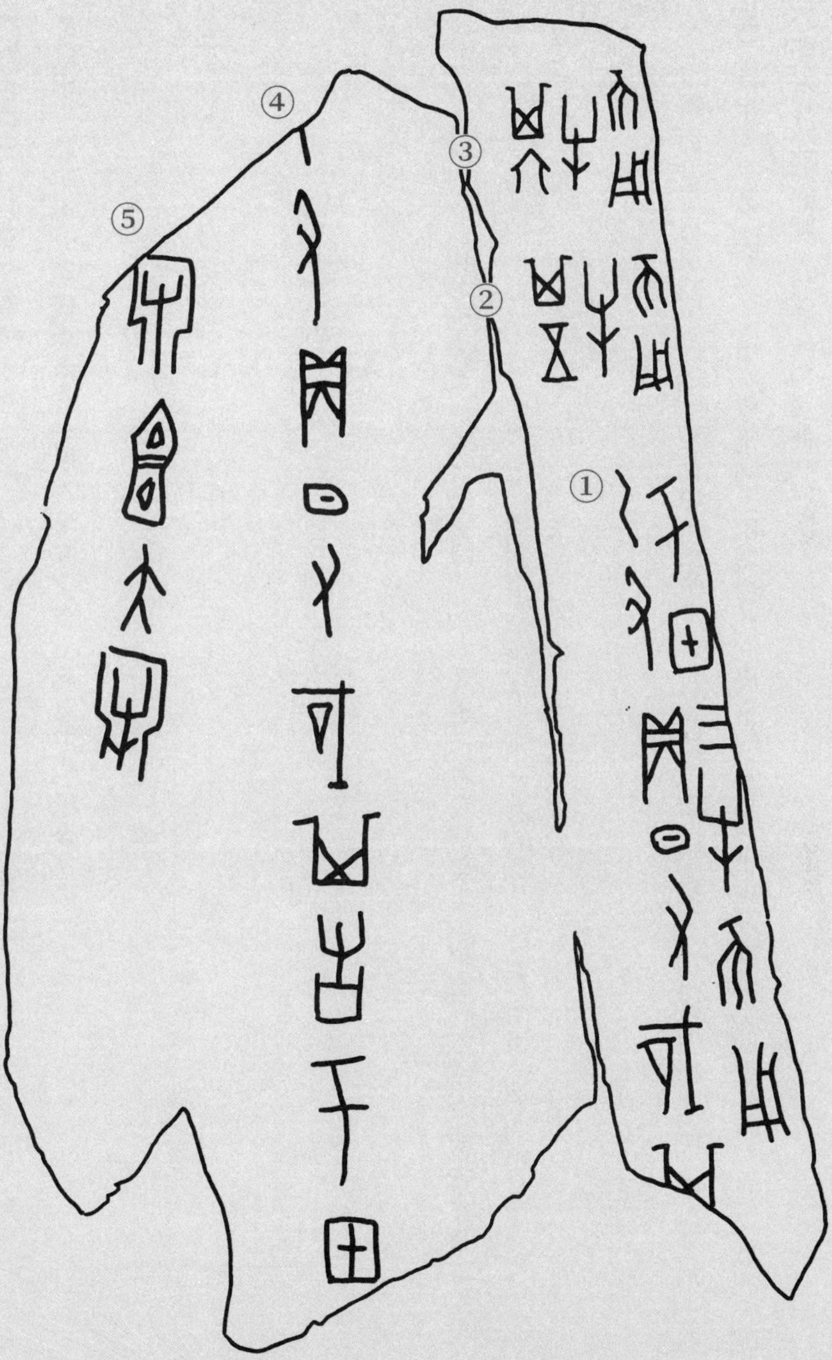
①
②
③
④
⑤

- 出處：《合》33697，骨。
- 斷代標準：前辭、書體。
- 說明：此版由骨頭邊緣來看，因為沒有密合，應該不能綴合。

① 乙丑貞：「日又戠，其☐于上甲，三牛？」不用。

**白話譯文**

乙丑日提問：「太陽黑子有異常發生，將要向上甲（報告並請求保佑），牲品使用三頭牛，是合適的嗎？」不採用這一卜的預示。

**閱讀方式**

右行。

**貞辭部分：日又戠，其☐于上甲，三牛？**「日又戠」指太陽黑子，隨著太陽週期，產生大小上的異常變化。「其☐于上甲」應是向上甲報告此一異常的天象。小屯南地出土的甲骨有「月又戠」，就不知道月亮的記號、標識所指爲何。

「不用」是說不採用這一卜預示。第一到第三卜的「不用」都出現在文末，此形式開啓第五期**兆側**

**刻辭**出現在文末的發端。

②「其五牛？」不用。

白話譯文　（提問：）「牲品將使用五頭牛，是合適的嗎？」不採用這一卜的預示。

閱讀方式　右行。

③「其六牛？」不用。

白話譯文　（提問：）「牲品將使用六頭牛，是合適的嗎？」不採用這一卜的預示。

閱讀方式　右行。

④乙丑貞：「日又戠，其告于上甲☐」

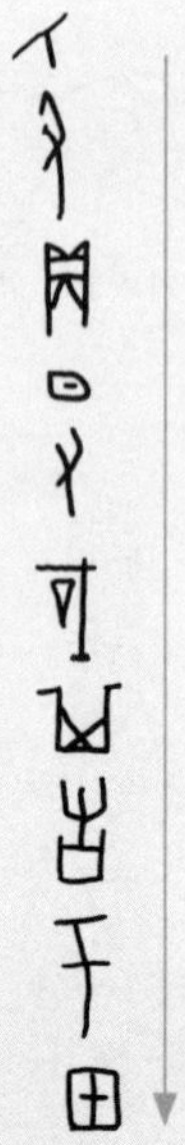

白話譯文 乙丑日提問：「太陽黑子有異常發生，將要向上甲報告並請求保佑☐，是合適的嗎？」

閱讀方式 由上而下。

⑤「☐牢，俎大牢？」

白話譯文 （提問：）「以☐牢，和處理成肉塊的大牢爲牲品，是合適的嗎？」

閱讀方式 由上而下。

「俎」是祭儀，是將牲品切成肉塊的處理方式。

摹寫練習

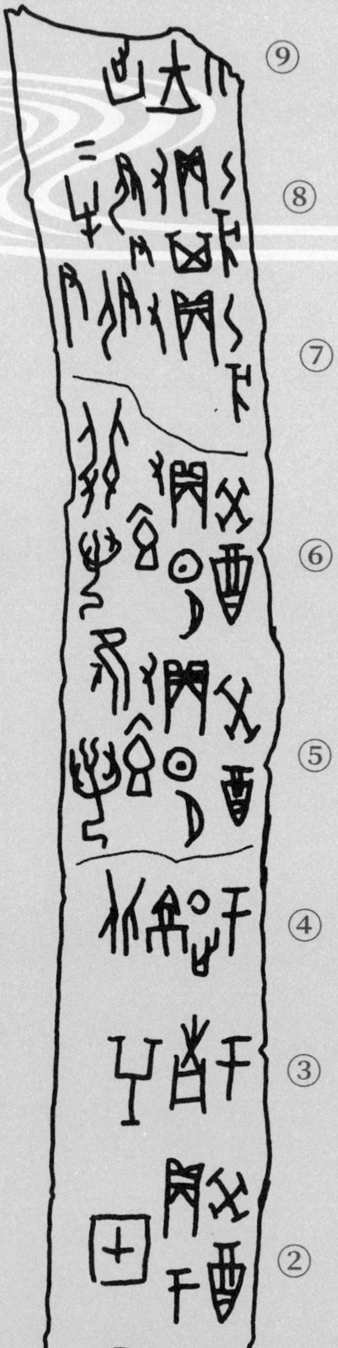


## 452 問三事——祭祀上甲地點、白日月食、祭祀伊尹

• 出處：《合》33694，骨。

• 斷代標準：前辭、書體。

• 說明：出現相同的干支日期，還是刻寫出前辭形式而沒有省略，這是第四期文武丁時代的特點。

①☒貞☒三□☒

閱讀方式　由右而左。

②癸酉貞：「于上甲？」

白話譯文　癸酉日提問：「在上甲（的宗廟），是合適的嗎？」

閱讀方式　左行。

③「于南兮？」

白話譯文 （提問：）「在（正京的）南邊，是合適的嗎？」

閱讀方式 由右而左。

「兮」字意義不明，在這裡或是指界線、邊界。綜合第二、三和第四卜來看，是在詢問要選擇哪一個地點，要在祭祀上甲的宗廟，還是要在「正京」的南邊或北邊。「正京」應是某種建築物的名稱。

④「于正京北？」

白話譯文 （提問：）「在正京的北邊，是合適的嗎？」

閱讀方式 由右而左。

**⑤癸酉貞：「日月又食，隹若？」**

**白話譯文** 癸酉日提問：「白天發生月蝕，會順利的，是嗎？」

**閱讀方式** 左行。

**貞辭部分：日月又食，隹若？**不是指相繼發生日蝕和月蝕的現象，而是說白天發生月蝕的異常天象。因爲甲骨文的文例是將時間副詞放在前面，也就是「月又食」是主格，而「日」是表明發生月蝕的時間。

**⑥癸酉貞：「日月又食，非若？」**

**白話譯文** 癸酉日提問：「白天發生月蝕，不會順利的，是嗎？」

**閱讀方式** 左行。

與上一卜正反**對貞**。

⑦乙亥貞：「又伊尹？」

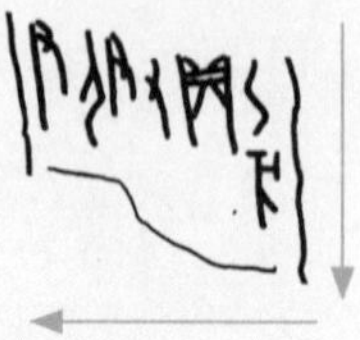

白話譯文

乙亥日提問：「對伊尹舉行又祭，是合適的嗎？」

閱讀方式

左行。

⑧乙亥貞：「其又伊尹，二牛？」

白話譯文

乙亥日提問：「將對伊尹舉行又祭，牲品使用二頭牛，是合適的嗎？」

閱讀方式

左行。

## ⑨⧄□⧄王⧄出？

**閱讀方式**

由右而左。

# 453 問本旬占卜運勢的後續發展

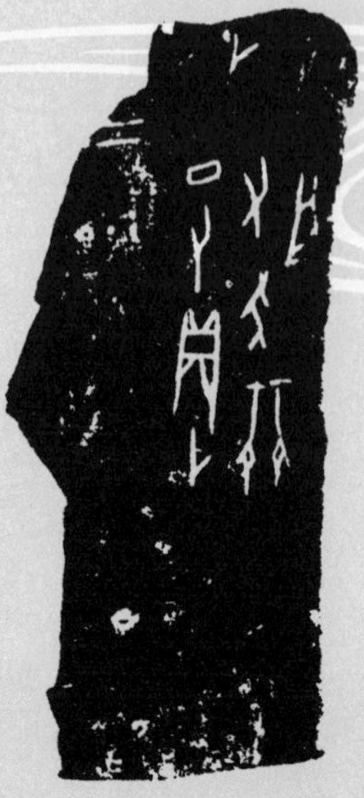

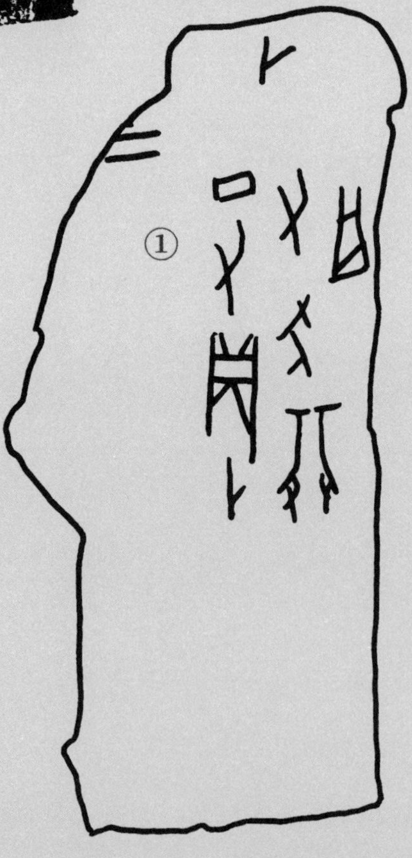

- 出處：《合》34708，骨。
- 斷代標準：前辭、書體。

①丁丑貞：「卜又祟，非禍？」二（序數）

**白話譯文**

丁丑日提問：「這旬的占卜顯示有災祟，不會有災禍的，是嗎？」第二次占卜。

**閱讀方式**

右行。

**前辭部分**的「丑」字漏刻了筆劃，寫成「又」字。

**貞辭部分：卜又祟，非禍？**預示顯示有災祟，還又詢問會不會有災禍發生，可見「祟」、「禍」並不相同，「禍」是較大的範疇和較嚴重的程度，「祟」則是包含在「禍」中的細項，程度較輕微。

454

# 記乞求甲骨

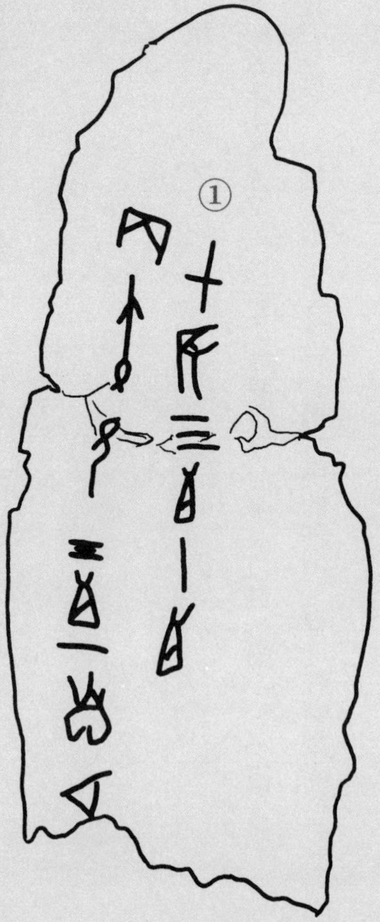

• 出處：《合》35211，骨。
• 斷代標準：書體、事類。

①甲辰乞骨十骨。丙寅允乞骨一自⊕。

白話譯文

甲辰日求取甲骨十骨。（二十三日後的）丙寅日確實從⊕（地名）求取了甲骨一骨。

閱讀方式

左行。

此版甲骨的內容非常特別，**前辭形式**不使用卜或貞問，直接敘述甲辰這天乞求進貢甲骨十骨，後來確實有進貢，但只有一骨，單單一骨還是記錄，反映出商代甲骨材料的珍貴。這版是**記事刻辭**，記載進骨的紀錄。

# 455 問祭祀祖乙的儀式

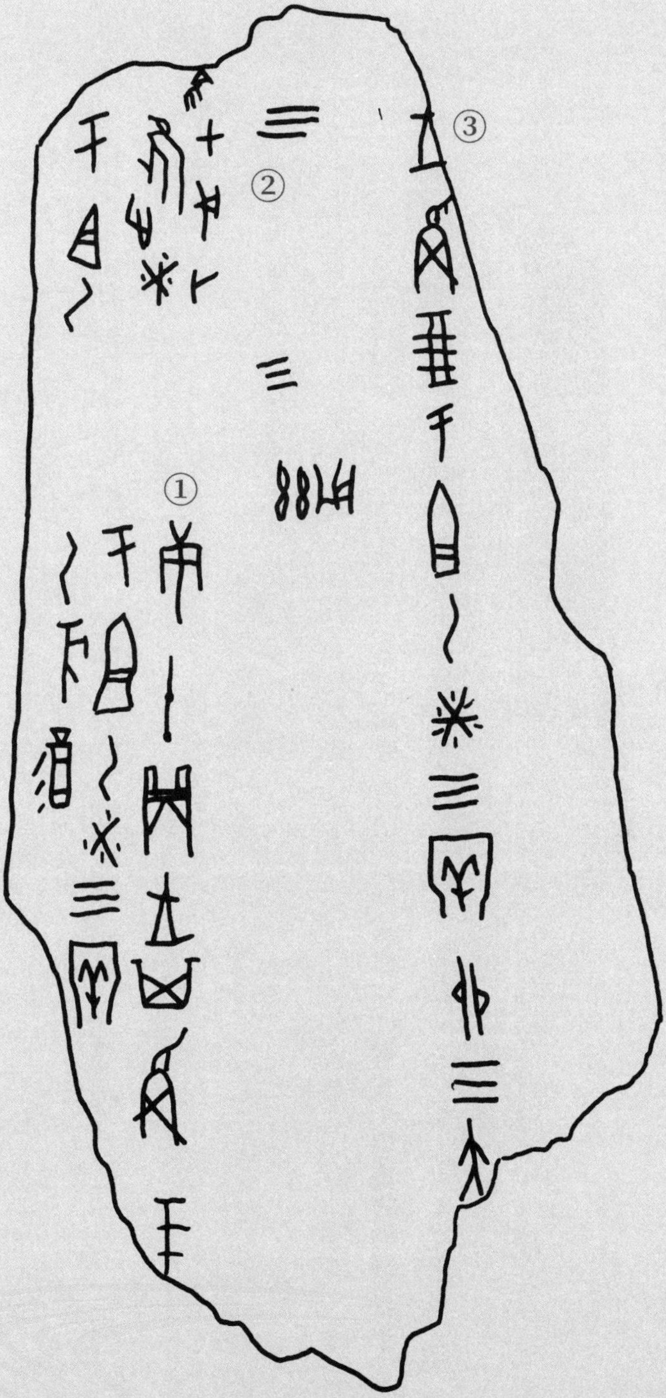
①
②
③

• 出處：《合》32535，骨。

• 斷代標準：前辭、書體、兆辭、字形。

**①庚午貞：「王其稱珏于祖乙，燎三宰☐」乙亥酒。三（序數）。茲用。**

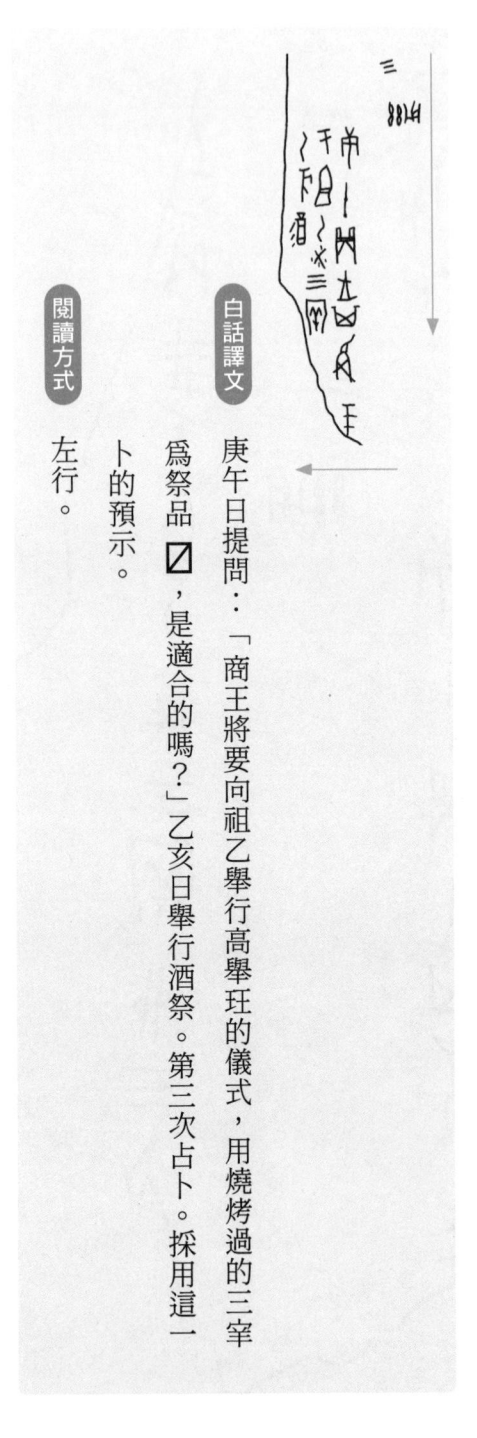

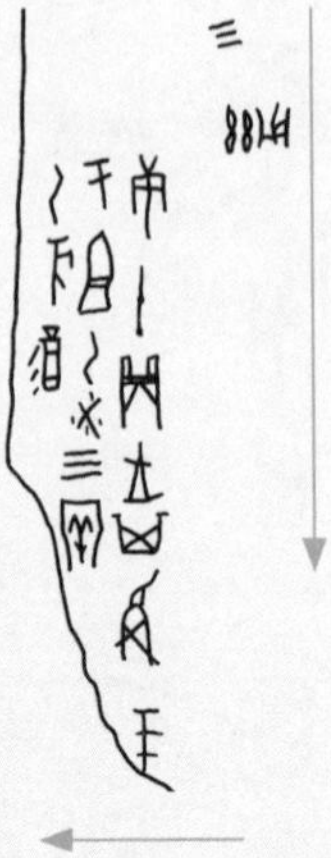

**白話譯文**

庚午日提問：「商王將要向祖乙舉行高舉珏的儀式，用燒烤過的三宰為祭品☐，是適合的嗎？」乙亥日舉行酒祭。第三次占卜。採用這一卜的預示。

**閱讀方式**

左行。

**貞辭部分：王其稱珏于祖乙，燎三宰☐**。「稱」是將祭品高舉、奉上之意。

**驗辭部分：乙亥酒**。追記乙亥日舉行酒祭，酒祭是商代連祭領銜的祭祀名稱，所以「燎」在此不當祭名，而是附屬於酒祭之下，表示將牲品加以燒烤的祭祀儀式。

②甲戌卜，「進燎于祖乙？」三（序數）

**白話譯文**

甲戌日占卜（，提問）：「向祖乙進獻燎祭，是適合的嗎？」第三次占卜。

**閱讀方式**

左行。

**貞辭部分：進燎于祖乙？**「進」是指呈獻、呈上。

③▨「王稱玨于祖乙，燎三宰、卯三大▨」

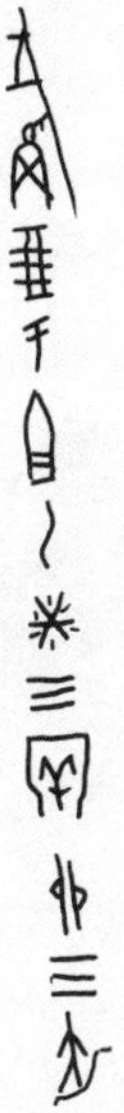

**白話譯文**

▨（提問：）「商王要向祖乙舉行高舉玨的儀式，用燒烤過的三宰，以及用卯的方式處理的三大▨爲祭品，是適合的嗎？」

**閱讀方式**

由上而下。

「大▨」大半是「大牢」。

456

# 問二事

——王前往大邑商、舉行帝祭

⑧
⑨
⑦
⑥
⑤
④
③
②
①

‧出處：《合》34153，骨。

‧斷代標準：書體、前辭。

①庚子貞。一（序數）

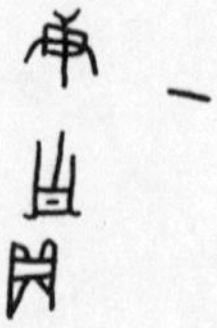

白話譯文 庚子日提問。第一次占卜。

閱讀方式 由上而下。

②辛丑貞。

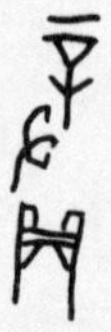

白話譯文 辛丑日提問。

閱讀方式 由上而下。

③庚辰卜，「王弜入？」一（序數）

**白話譯文** 庚辰日占卜（，提問）：「王不要進入（大邑商），是合適的嗎？」第一次占卜。

**閱讀方式** 左行。

此卜**貞辭部分**記錄「王弜入」應是「王弜入商」的簡省，詢問要不要進入鄭州二里崗的大邑商，第九卜「王入若，[亡]禍」也是詢問進入大邑商是否順利，是否會有災禍發生。

④癸[亥卜]，「帝南？」一（序數）

**白話譯文** 癸[亥日占卜]（，提問）：「向南舉行帝祭，是合適的嗎？」第一次占卜。

**閱讀方式** 左行。

**貞辭部分：帝南？**「帝」是祭祀名稱，此卜「帝南」、下一卜「帝北」，可知帝祭是一種對四方的祭祀。第四期有關祭祀的卜辭，沒有第一期多。

⑤癸亥卜，「帝北？」一（序數）

**白話譯文** 癸亥日占卜（，提問）：「向北舉行帝祭，是合適的嗎？」第一次占卜。

**閱讀方式** 左行。

⑥庚辰卜，「弜帝？」一（序數）

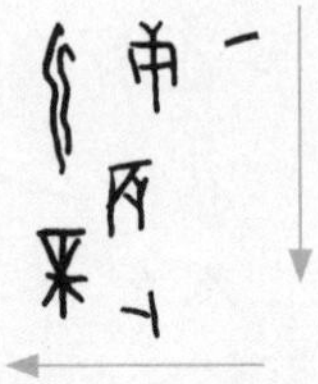

**白話譯文** 庚辰日占卜（，提問）：「不要舉行帝祭，是合適的嗎？」第一次占卜。

**閱讀方式** 左行。

⑦ ⧄貞：「⧄亡禍？」

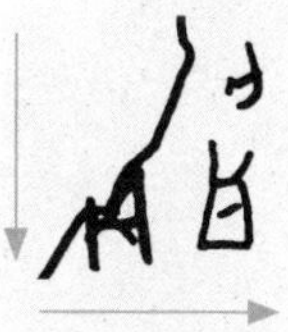

**白話譯文** ⧄（提問）：「⧄不會有災禍的，是嗎？」

**閱讀方式** 右行。

⑧ 庚辰卜⧄帝⧄

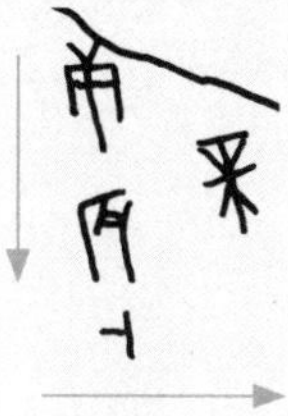

**閱讀方式** 右行。

⑨ 庚辰卜，「王入若，[亡]禍？」一（序數）

**白話譯文** 庚辰日占卜（，提問）：「王進入（大邑商）會順利，[不會]有災禍的，是嗎？」第一次占卜。

**閱讀方式** 右行。

# 457 問向夔祭祀

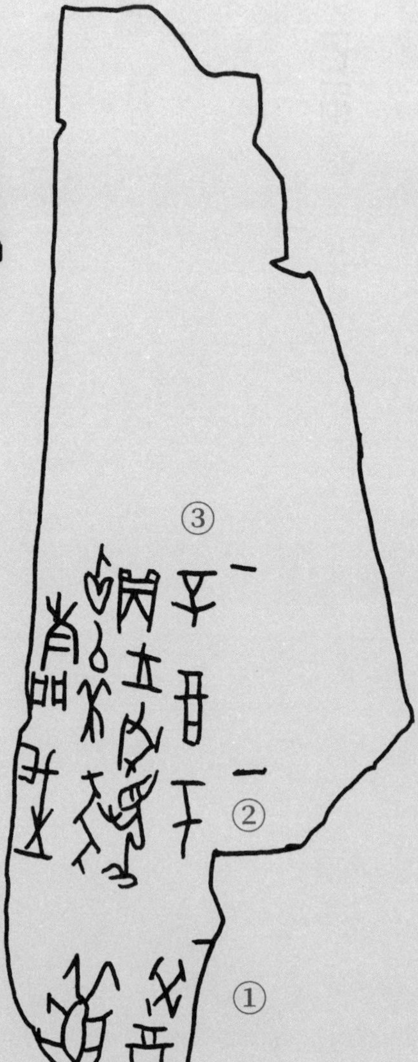

• 出處：《懷》1571，骨。
• 斷代標準：書體、前辭。
• 說明：此版的書刻較為草率拙劣，是文武丁時代的刻辭。

①癸酉☐秋☐

閱讀方式 左行。

②「于夔，祟我？」一（序數）

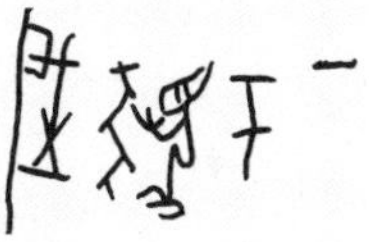

白話譯文 （提問）：「對夔祈求，祂將會對我商造成災祟的，是嗎？」第一次占卜。

閱讀方式 由右而左。

「夔」是自然神靈之名。此版的「我」字下方字形特別，是較爲繁複的寫法，而不是「我王」兩個字。

③辛酉貞：「王尋畢以羌，南門？」一（序數）

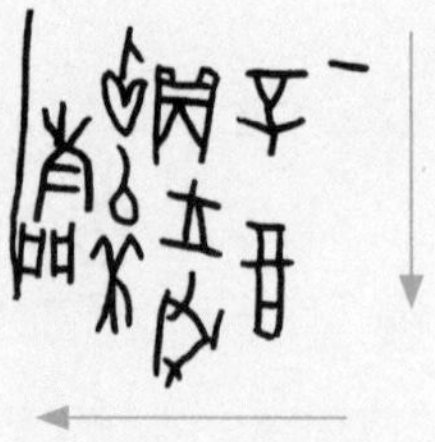

**白話譯文** 辛酉日提問：「王將用畢所提供的羌人爲牲品舉行尋祭，在南門，是合適的嗎？」第一次占卜。

**閱讀方式** 左行。

**貞辭部分：王尋畢以羌，南門？**「尋」是一種祭祀名稱。「畢」是人名，「畢以羌」是指用畢所提供的羌人爲牲品。

# 458 問成湯是否帶來災祟

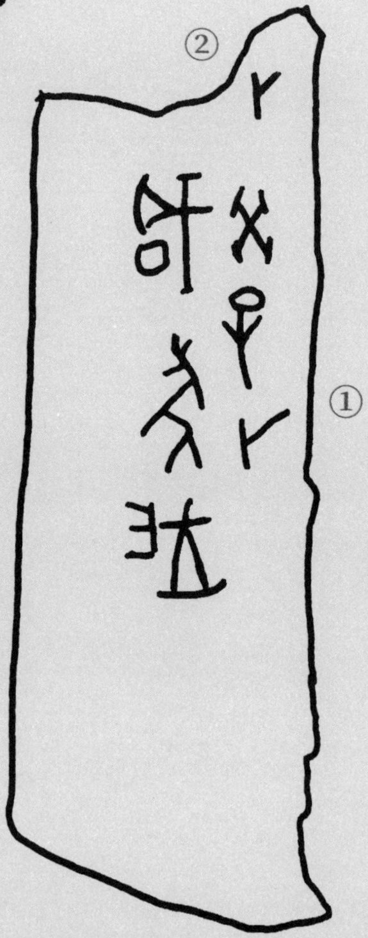

- 出處：《合》32444，骨。
- 斷代標準：書體。
- 說明：此版呈現文武丁時代的書體特點，刻寫草率、不嫻熟。

①癸巳卜，「成祟我？」

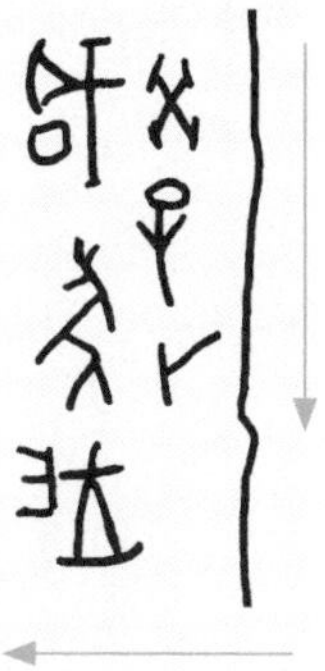

白話譯文

癸巳日占卜（，提問）：「成湯（大乙）會對我商造成災祟的，是嗎？」

閱讀方式

左行。

**貞辭部分：成祟我？**「成」就是成湯。第一期稱成湯爲成或唐，新派則改稱爲大乙。

此版的「我」字字形特殊，卜辭的「我」不專指商王，而是包括整個商王朝。此版的「我」不是「我王」兩個字，卜辭是王所占卜，「我王」是臣屬對商王的稱呼，商王不會自稱爲我王。

② ☐卜☐

閱讀方式

單一字。

摹寫練習

# 459 問缶國派遣中行出征

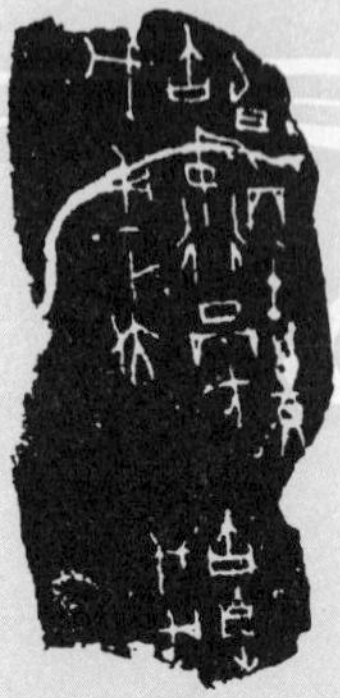

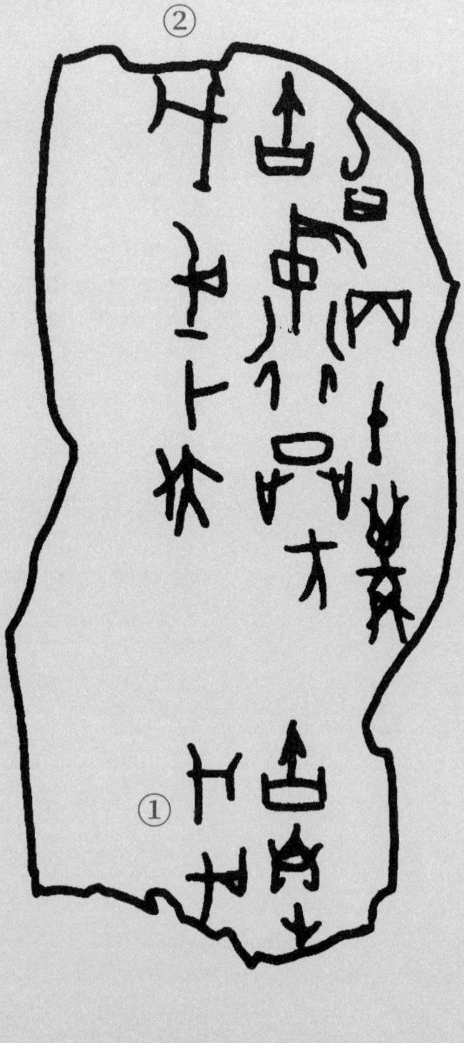

- 出處：《懷》1504，龜腹甲。
- 斷代標準：貞人、書體。

①戊戌⧄缶自□⧄

閱讀方式

右行。

②戊戌卜，扶：「缶中行显方？」九日丙午冓。

白話譯文

戊戌日占卜，貞人扶（提問）：「缶國派遣中行征伐敵對的方國，是適合的嗎？」九天後丙午日（缶國與敵方）相遇。

閱讀方式

右行。

**前辭部分**的「」隸定爲「扶」，是𠂤組卜辭中重要的貞人之一。此版的貞人名後省略了「貞」字。

**貞辭部分：缶中行𤴓方**。「缶」是方國名。商代軍隊編制是以三爲單位，行分上、中、下或左、中、右（西、中、東），「中行」的軍隊編制常出現在第三、四期。「𤴓」是征伐，第一期的「𤴓」大都是用在敵方對我商的攻擊。

# 460 問缶國追蹤敵方

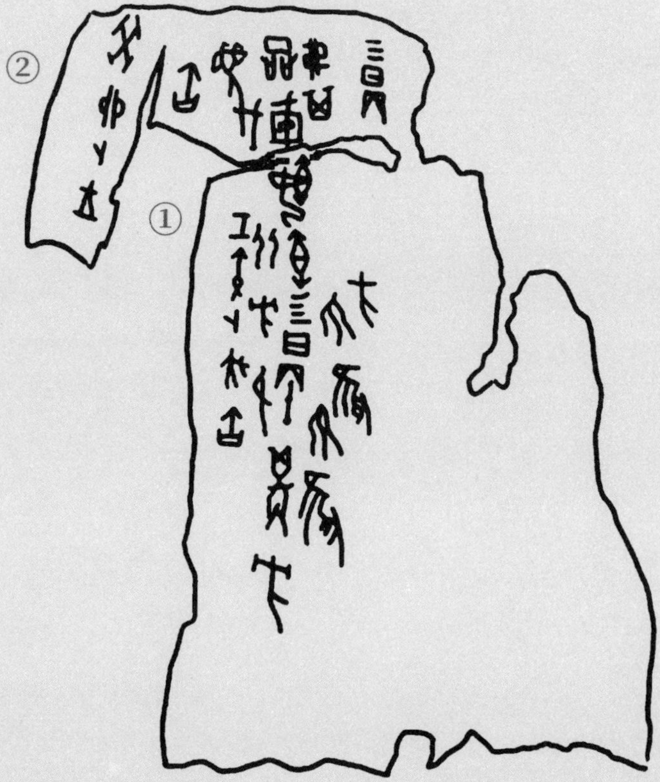

• 出處：《合》20449，骨。

• 斷代標準：貞人、書體。

• 說明：此版由學者綴合，原先兩版雖然內容相關，但綴合處的齒縫不合，應該還是不能綴合成一版。

**①壬寅卜，扶：「缶從方？」允執夲，四日丙午冓方，不獲不獲方。**

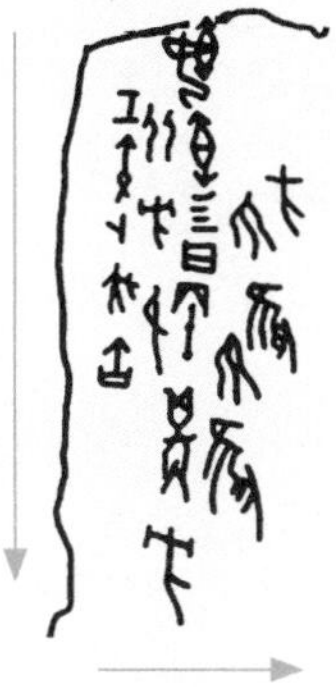

**白話譯文** 壬寅日占卜，貞人扶（提問）：「缶國追蹤敵對的方國，是適合的嗎？」確實追上敵方，四天後丙午日與敵方相遇，沒有俘獲敵方。

**閱讀方式** 右行。

**驗辭部分：允執夲，四日丙午冓方，不獲不獲【方】。**「執」象一人雙手爲刑具所束縛的樣子，「夲」爲刑具之形。當中「不獲」重複，應是羨文。這整段話後面說沒有擒獲敵方的俘虜，所以「執夲」不應是捕獲的意思，或是表明確實追上敵方，但與敵方相遇後，雙方戰況膠著、僵持不下，這也是對沒有擒獲敵方的一種委婉的說辭。

此版的日期與上一版〈459〉都是丙午日與敵方相遇，但上一版計算天數是從占卜當天算起，這一版卻是從占卜第二天算起。這與商代日子計算的習慣不符合，而且行款紊亂，或是**習刻**。

---

## ②癸卯卜，王：「缶⧄蔑⧄显盾⧄弗其⧄」三日丙⧄

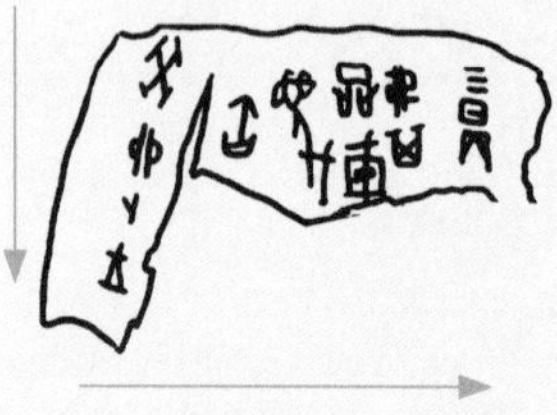

閱讀方式

右行。

此卜王親自貞問。「蔑」象統治階層的人物（特別畫出眉毛）其足爲戈所傷，所以有頹廢、委靡的意思。

癸卯的第三日應是乙巳，此處作「丙」，有可能三是四的誤刻。此卜行款紊亂，有可能是**習刻**，或不是一條刻辭。

摹寫練習

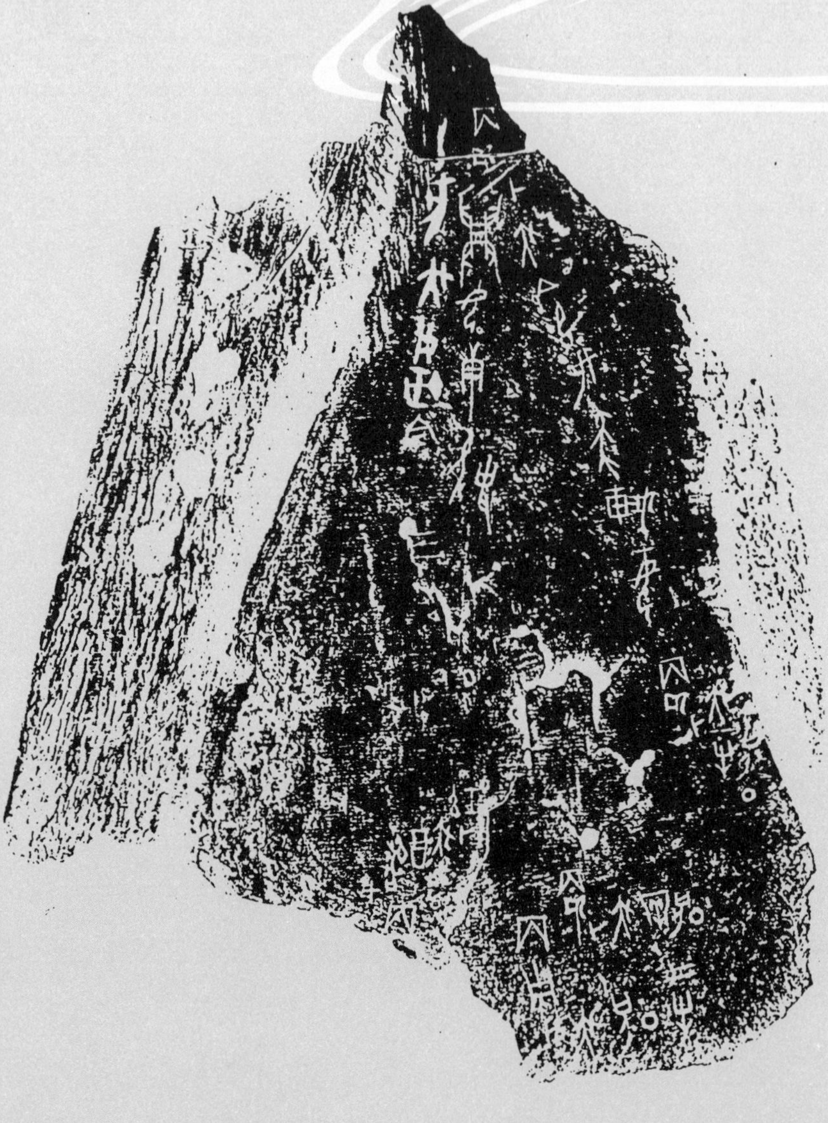

拓本原寸長 22 公分、寬 17.2 公分，圖為原寸 65%。

# 461 問祭祖——牲品、儀式、入祀譜

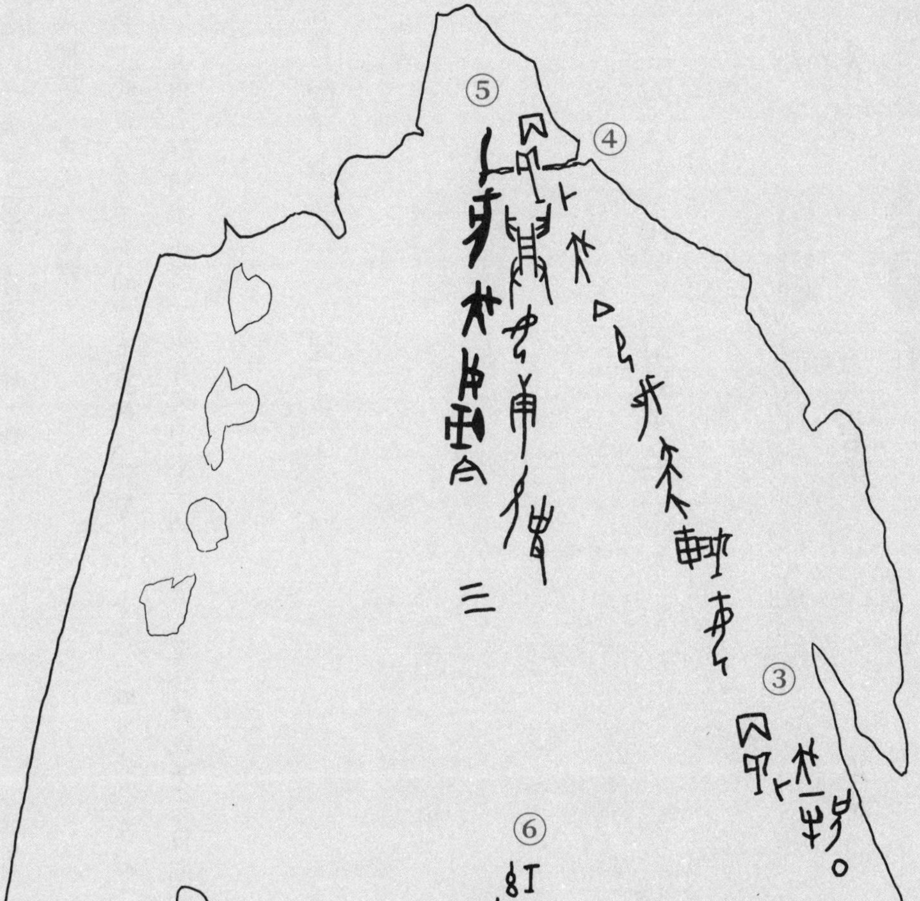

①
②
③
④
⑤
⑥
⑦

• 出處：《合》19907背面刻辭，骨。

• 斷代標準：貞人、書體。

• 說明：此版於骨正面的中下方施以鑽鑿，大小在一點五公分左右，第一期不具有這種形式的鑽鑿。王族卜辭的字在同一版有大小不一的情況。至於此版干支日期的戌字，則寫得非常寫實。

①（背面）丙子卜，扶：「兄丁二牛？」

**白話譯文** 丙子日占卜，貞人扶（提問）：「用二牛祭祀兄丁，是適合的嗎？」

**閱讀方式** 右行。

②（背面）丙戌卜，扶：「宰兄丁？」

**白話譯文** 丙戌日占卜，貞人扶（提問）：「用宰（圈養的羊）祭祀兄丁，是適合的嗎？」

**閱讀方式** 右行。

③ （背面）丙戌卜，扶：「一牛兄丁？」

白話譯文

丙戌日占卜，貞人扶（提問）：「用一牛祭祀兄丁，是適合的嗎？」

閱讀方式

右行。

前三卜在詢問要用一牛、二牛還是宰對兄丁舉行祭祀。

④ （背面）丙戌卜，扶：「令何祟[illegible]母？」

白話譯文

丙戌日占卜，貞人扶（提問）：「命令何向[illegible]母舉行去除災祟的儀式，是適合的嗎？」

閱讀方式

由上而下。

**貞辭部分：令何祟[?]母？**「何」是人名。「[?]母」是先母未完成撿骨儀式前，仍以其生前私名稱之；等到完成撿骨儀式、成爲眞正的神靈，寫入祭祀祀譜，才以母的稱謂加上干名稱之。「祟」意思不是指降下災祟，而是去除災祟。

⑤ (背面) 乙亥，扶：「用巫，今興母庚？」允史。三 (序數)

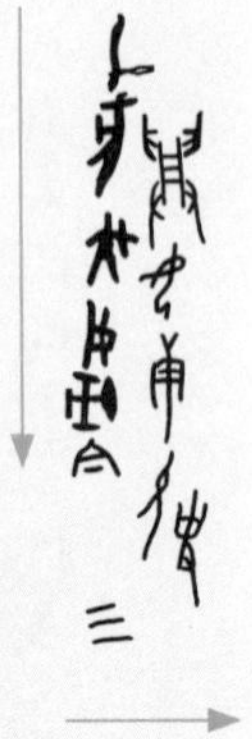

白話譯文

乙亥日（占卜），貞人扶（提問）：「派遣巫，今天提升母庚的地位（爲正式的受祭者），是適合的嗎？」確實寫入祭祀祀譜。第三次占卜。

閱讀方式

右行。

**貞辭部分：用巫，今興母庚？**「[?]」暫時隸定爲「用」。「興」是提高的意思，在這裡是指正式提升母庚的地位，爲其豎立牌位，寫入祭祀祀譜，接受後代子孫的祭祀。

此卜的前五字是用雙鉤刀刻寫成的，所以書體較粗，甲骨上有的用雙鉤刀刻寫的字，還會在當中塡入硃砂。

⑥（背面）壬午卜，扶：「酒陽甲⧄」

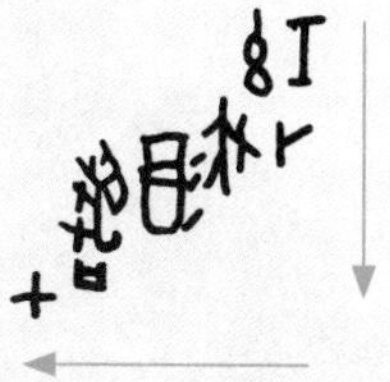

**白話譯文** 壬午日占卜，貞人扶（提問）：「對陽甲舉行酒祭⧄，是適合的嗎？」

**閱讀方式** 左行。

**貞辭部分：酒陽甲⧄。**「甲」我們透過比對《史記．殷本紀》的商王世系，認為是「陽甲」，「酒陽甲」是指對陽甲舉行酒祭。如果此版王族卜辭是第一期，依理來說，武丁應稱陽甲為父甲，由此逆推，此版時代並非第一期。後代商王要使用干名的諡號稱呼先祖，至少要距離三代以上。

⑦（背面）丙⧄

**閱讀方式** 單一字。

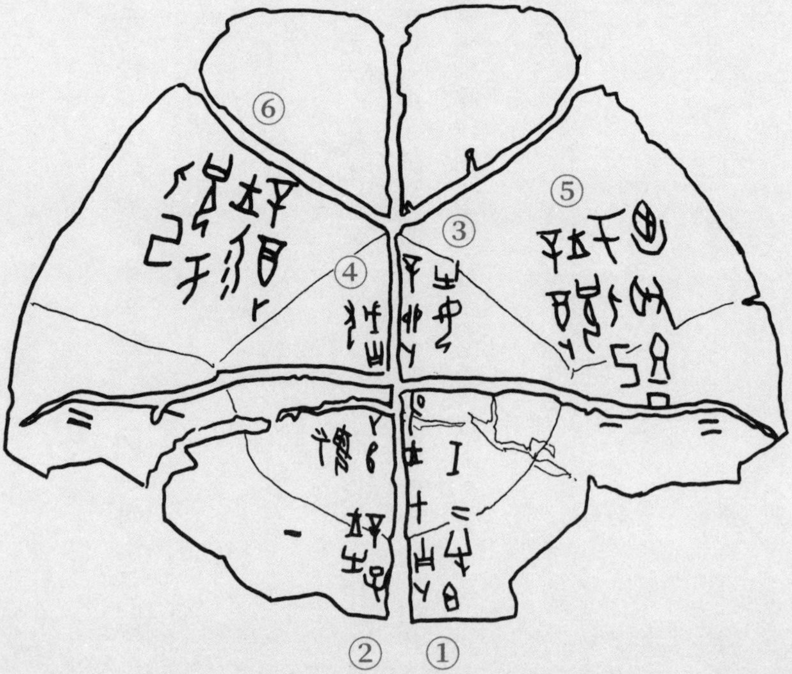
⑥
⑤
③
④
②
①

• 出處：《合》19890，龜腹甲。

• 斷代標準：貞人、書體。

• 說明：此版卜辭的書體粗細、大小各有不同，具有文武丁時代的特點。

①甲子卜，「☐二牛祖☐」

白話譯文　甲子日占卜（，提問）：「☐用二牛祭祀祖☐，是適合的嗎？」

閱讀方式　右行。

②辛巳☐王㞢☐

閱讀方式　左行。

③辛卯卜，勹：「王㞢母壬？」一（序數）

**白話譯文** 辛卯日占卜，貞人勹（提問）：「王將對母壬舉行㞢祭，是適合的嗎？」第一次占卜。

**閱讀方式** 右行。

**前辭部分的**「」，暫時隸定爲「勹」，是𠂤組卜辭中少數的貞人之一。

④戊子卜，𠂤：「九母乎？」一（序數）

**白話譯文** 戊子日占卜，貞人𠂤（提問）：「呼喚九位母親的神靈向她們祈求，是適合的嗎？」第一次占卜。

**閱讀方式** 左行。

**貞辭部分：九母乎**。「乎」是指呼喚。商王不知因爲何事，呼喚九位母親的神靈，祈求她們幫忙。

⑤辛酉卜，「王兄于妣己，迺取祖丁？」二（序數）

**白話譯文** 辛酉日占卜（，提問）：「王將要向妣己祝禱，然後向祖丁舉行取祭，是適合的嗎？」第二次占卜。

**閱讀方式** 右行。

**貞辭部分：王兄于妣己，迺取祖丁？**「兄」是指祝禱。「迺」作爲連接詞，表示然後的意思。「取」是一種祭祀名稱。

⑥辛酉卜，「王勿兄于妣己？」二（序數）

**白話譯文** 辛酉日占卜（，提問）：「王不要向妣己祝禱，是適合的嗎？」第二次占卜。

**閱讀方式** 左行。

# 463 問二事——渡河、天氣

拓本原寸長 22 公分、寬 11.4 公分，圖為原寸 75%。

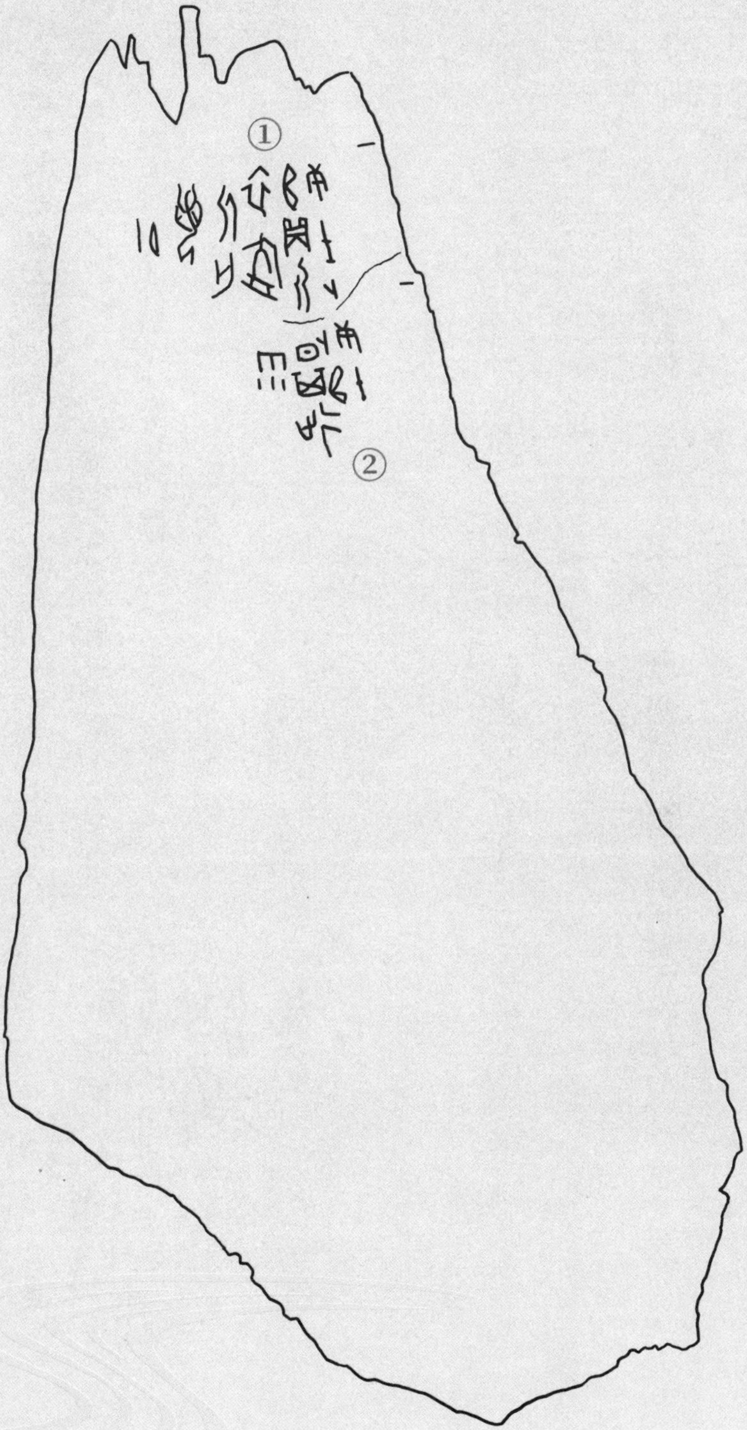
①
②

• 出處：《合》20611，第四期王，骨，

• 斷代標準：貞人、書體。

• 說明：《京都大學人文科學研究所藏甲骨文字》所收錄有關此版的釋文與插圖——編號3220（下圖），除了以下兩卜，還出現較纖細的「不若，見□。一。上吉」等字。

①庚午卜，𠂤貞：「弜衣□（渡）河，亡若？」十月。一（序數）

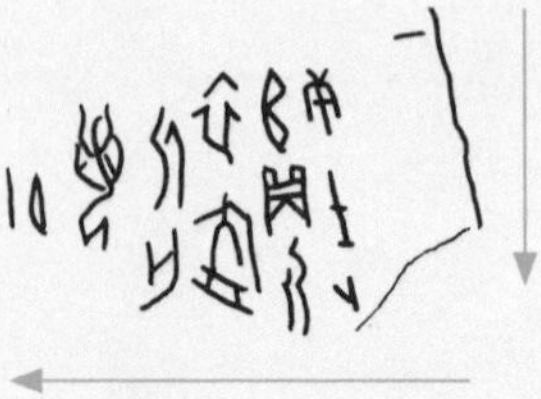

白話譯文

庚午日占卜，貞人𠂤提問：「不要大規模渡河（黃河），不會順利的，是嗎？」占卜日期在十月。第一次占卜。

閱讀方式

左行。

第一期有一版的**前辭部分**也出現「貞人𠂤」，但那版的鑽鑿是典型第一期圓鑽包長鑿的形態，推論有可能第一期也有貞人名字叫𠂤，另外也有可能是到了第四期，又把第一期的骨頭拿出來刻寫，將廢骨再利用。因爲只有一例，所以不可以視爲常態。此版的「貞」字上半兩劃方折，是「貞」字在第四期的字形特點。

**貞辭部分：弜衣（渡）河，亡若？**「」象一人在舟上撐篙以渡河的樣子，應是「渡」的表意字。如同「衣逐」是爲「殷逐」，「衣渡」就是「殷渡」，指大規模地渡過黃河。第四期武乙也曾準備船渡過河攻打召方。

## ②庚午卜，𠂤：「日其祉雨？」

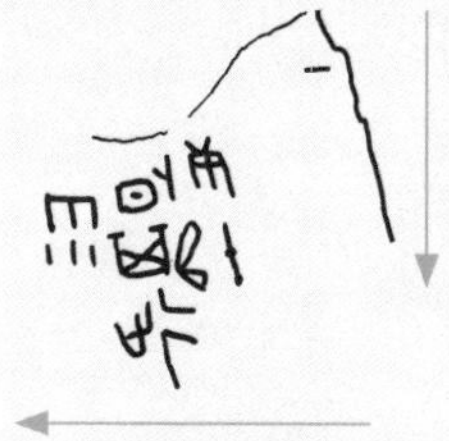

**白話譯文** 庚午日占卜，貞人𠂤（提問）：「白天將會延續下雨的，是嗎？」

**閱讀方式** 左行。

**貞辭部分：日其祉雨？**「日」是時間副詞，表示白天的時候。

# 464
# 問婦順產

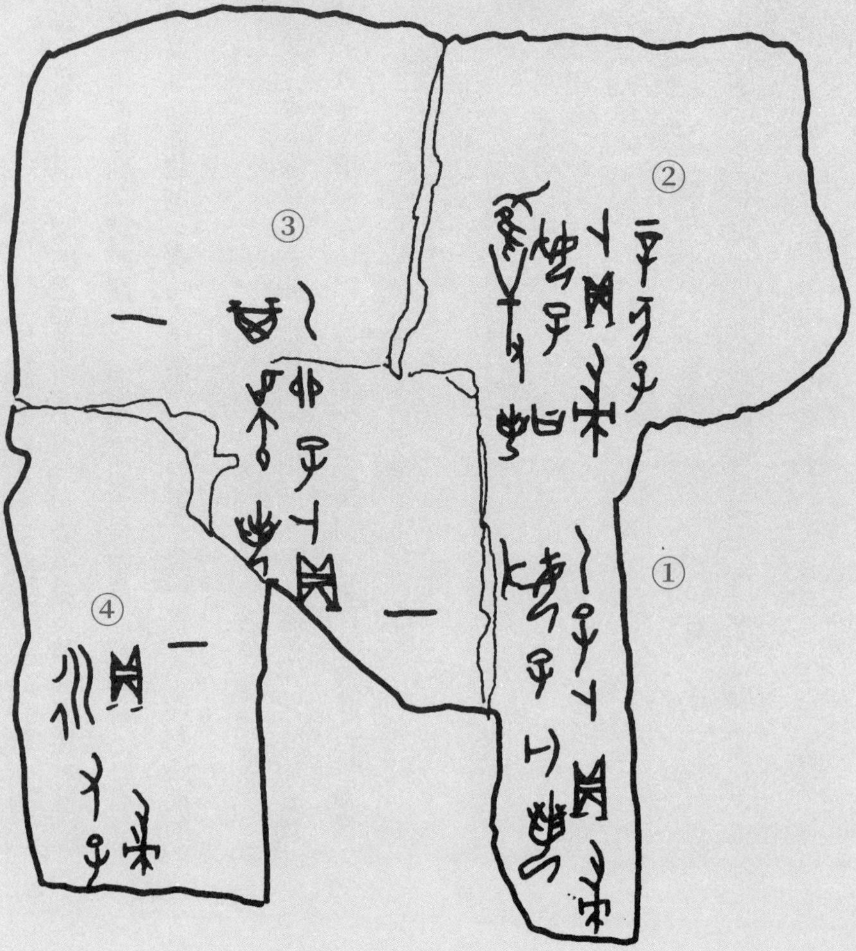

- 出處：《合》21793＋21795，龜腹甲。
- 斷代標準：貞人、書體。
- 說明：𠂤組卜辭又稱為王族卜辭、或多子族卜辭。此版字體纖細而柔順，書體整齊，為多子族卜辭的特點。多子族卜辭的書體和第四期貞人（扶）、貞人𠂤的皆不同，有自己的特色。「子」或是對王子的稱呼，或是人名。「貞」字下方多兩橫短劃，是第四期特殊的寫法。

① 乙巳卜，貞：「婦妥子，亡若？」一（序數）

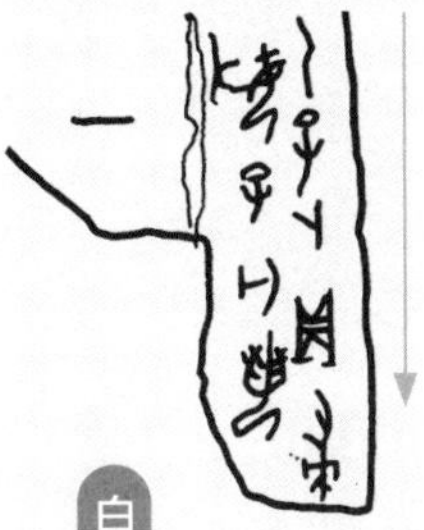

**白話譯文** 乙巳日占卜，提問：「婦妥生產孩子，不會順利的，是嗎？」第一次占卜。

**閱讀方式** 左行。

**貞辭部分：婦妥子，亡若？**「婦」是稱呼商王女眷外嫁的諸侯稱謂。「妥」字象以手控制女性俘虜，使之無法抵抗、表現安定的樣子，在這裡是作爲人名。「子」是指生孩子，與第一期的用詞「冥」不同。

②辛亥子卜，貞：「婦妥子曰禽，若？」

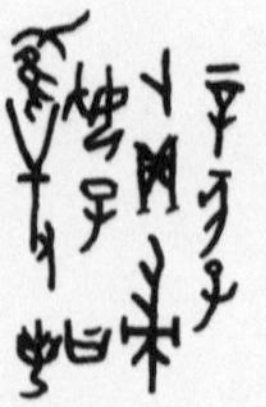

白話譯文

辛亥日子占卜，提問：「婦妥所生產的孩子命名爲禽，會順利的，是嗎？」

閱讀方式

左行。

③乙卯子卜，貞：「其，若？」一（序數）

白話譯文

子卯日子占卜，提問：「將要（生產？），會順利的，是嗎？」第一次占卜。

閱讀方式

左行。

貞辭部分：其，若？「」應是作爲動詞，從上下卜推測，或是有關生產的意思。

④貞：「婦𢓊又子？」一（序數）

**白話譯文** 提問：「婦𢓊（或順利）會有孩子的，是嗎？」第一次占卜。

**閱讀方式** 左行。

**貞辭部分：婦𢓊之子？**「𢓊」與第一卜的「妥」，都在「婦」之後，或許也是當作人名，但在〈467〉版是假借作爲順利的意思，所以有可能不是當作人名。若是如此，卜辭是詢問婦會不會順利有孩子。

# 465 問祭妣己牲品

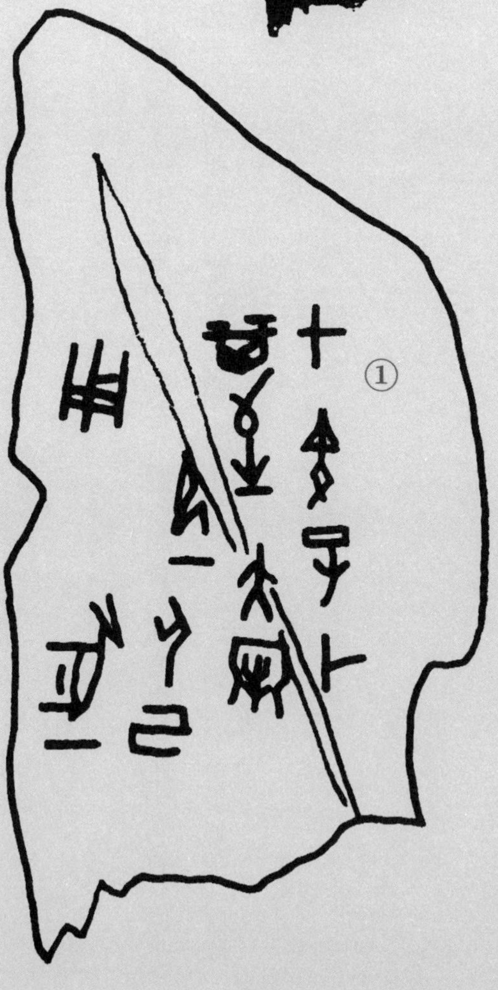

• 出處：《合》21548，龜腹甲。

• 斷代標準：貞人、書體。

①甲寅子卜，「其至大牢☐叏一妣己豕一？」用。

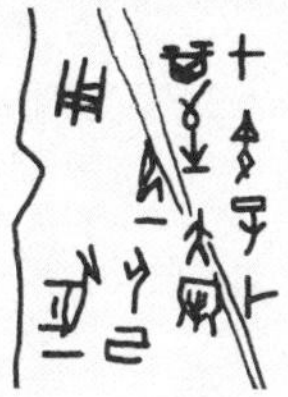

**白話譯文** 甲寅日子占卜（，提問）：「將至，用大牢☐用一個俘虜加上一頭閹割過的豬為牲品來祭祀妣己，是適合的嗎？」採用這一卜的預示。

**閱讀方式** 左行。

此卜**前辭形式**省略了「貞」字。

**貞辭部分：其至大牢☐叏一妣己豕一？**無法了解「至」在此所表達的意義。「」隸定為「叏」，是指俘虜、戰俘。「豕」是遭閹割的豬。

**兆側刻辭：用**。意謂採用這一卜的預示。

## 466 問祭妣己

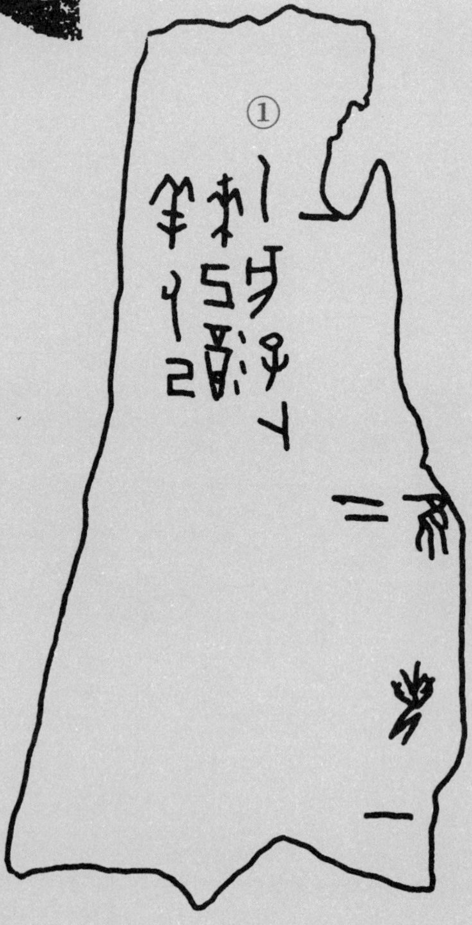

- 出處：《合》21547，骨。
- 斷代標準：貞人、書體。

## ①乙亥子卜，「來己酒羊妣己？」一二（序數）。隹若。

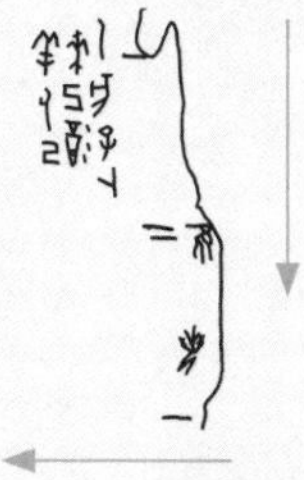

白話譯文

乙亥日子占卜（，提問）：「未來的己日對妣己舉行酒祭，用羊爲祭品，是適合的嗎？」第一次占卜。第二次占卜。

閱讀方式

左行。

**貞辭部分：來己酒羊妣己？**「來」指較遠的將來，通常是下一旬的日子。「酒」在此是祭名兼祭儀。

「隹若」有人以爲是**兆側刻辭**，並以之爲理由將時代歸於第一期，但第三期也出現兆側刻辭，因此不應作爲判斷時代的證據。〈463〉的《京都大學人文科學研究所藏甲骨文字》版本的貞辭有「不若，見☐。一。上吉」。「不若」、「隹若」或許不是兆側刻辭，有可能是另一卜的刻辭，「不若」詢問「不會順利的嗎」，「隹若」詢問「將會順利的嗎」。

467
# 問商的運勢

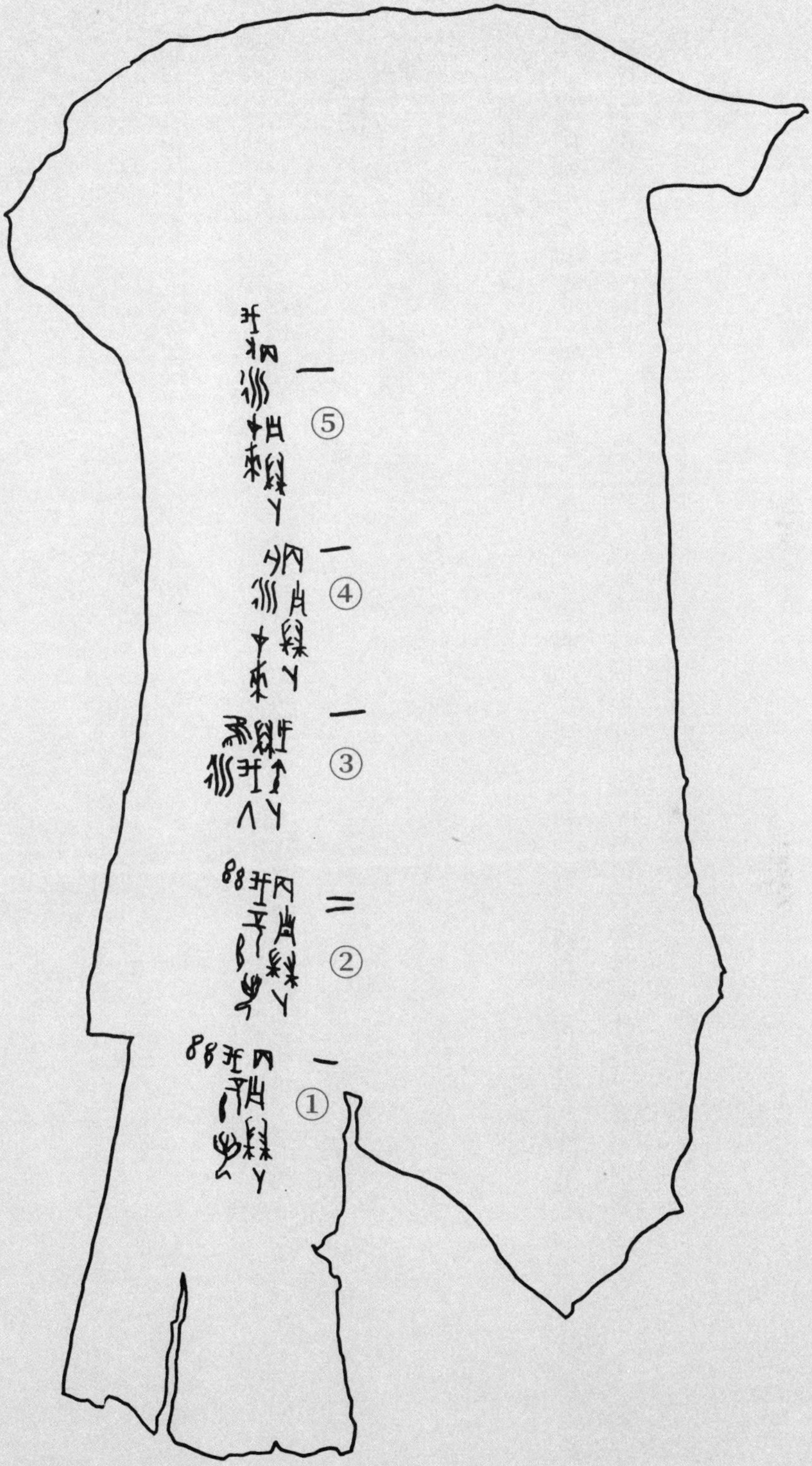
⑤
④
③
②
①

- 出處：《合》21739＋《東文研》970，骨。
- 斷代標準：貞人、書體。

①**丙子歸卜：「我孽若茲？」一**（序數）

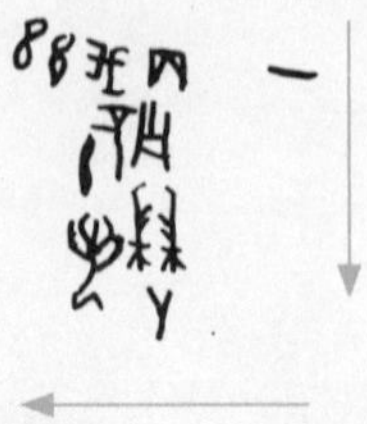

**白話譯文** 丙子日歸占卜（，提問）：「我商的災孽會順利的，是嗎？」第一次占卜。

**閱讀方式** 左行。

**前辭部分**的「歸」是貞人名字。

**貞辭部分：我孽若茲**。「孽」是災孽、災禍的意思。「若」意指順利，也就是詢問這次的災禍是否能順利度過。「茲」字後一般有名詞，此處沒有接其他字詞，所以具體是指什麼災禍不清楚。

②**丙子歸卜：「我孽若茲？」二**（序數）

二

白話譯文 丙子日歸占卜（，提問）：「我商的災孽會順利的，是嗎？」第二次占卜。

閱讀方式 左行。

③戊寅卜，歸：「我入隹㣧？」一（序數）

一

白話譯文 戊寅日占卜，貞人歸（提問）：「我入商將會順利的，是嗎？」第一次占卜。

閱讀方式 左行。

此卜的**前辭形式**與其他幾卜不同。

**貞辭部分：我入隹㣧？**《小屯》的「順」字作「」，西周金文作「」，「㣧」或是假借指順利的意思。

④丙子帚卜：「亡𢓊才來？」一（序數）

白話譯文

丙子日帚占卜（，提問）：「在來這個地方，不會順利的，是嗎？」

第一次占卜。

閱讀方式

左行。

⑤丙子帚卜：「我又𢓊才來？」一（序數）

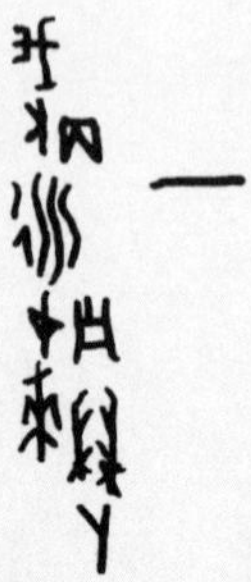

白話譯文

丙子日帚占卜（，提問）：「我商在來這個地方，會順利的，是嗎？」

第一次占卜。

閱讀方式

左行。

摹寫練習

## 468 使用第一期版習刻

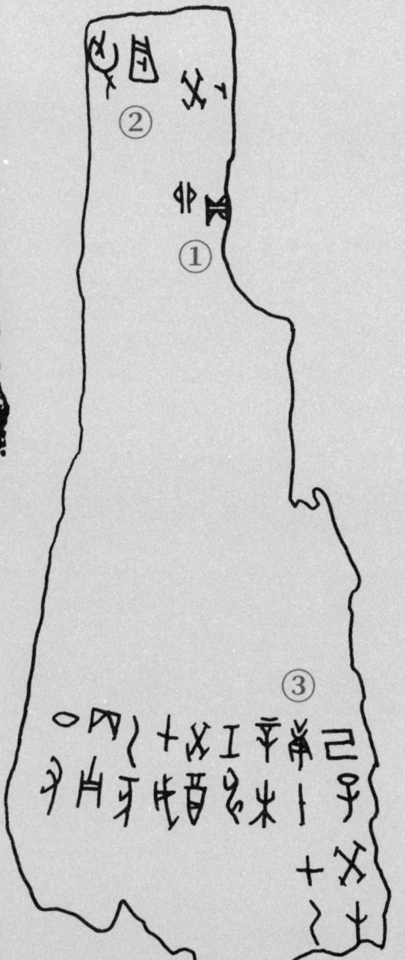

- 出處：《合》21784，骨。
- 斷代標準：貞人、書體。
- 說明：貞人爭是第一期的貞人，此版出現利用第一期廢棄的骨頭練習刻字的情況，第三卜所刻是干支表，干支表經常是習刻的內容，書體明顯和第一、二卜不同。

①癸卯卜，貞。

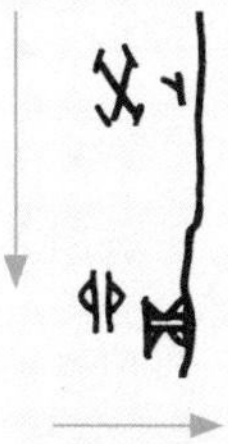

白話譯文　癸卯日占卜，提問。

閱讀方式　右行。

②[癸□卜]，爭[貞：「旬亡]禍？」

白話譯文　[癸□日占卜]，貞人爭[提問：「這旬不會]有災禍的，是嗎？」

閱讀方式　由右而左。

③己巳庚午辛未壬申癸酉甲戌乙亥丙子丁丑癸未甲申。

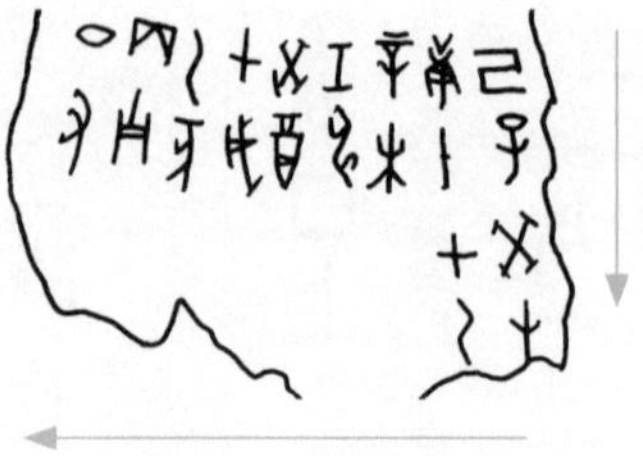

白話譯文

（干支表）己巳日、庚午日、辛未日、壬申日、癸酉日、甲戌日、乙亥日、丙子日、丁丑日、癸未日、甲申日。

閱讀方式

左行。

摹寫練習

# 469 問對先祖舉行㞢祭的祭品

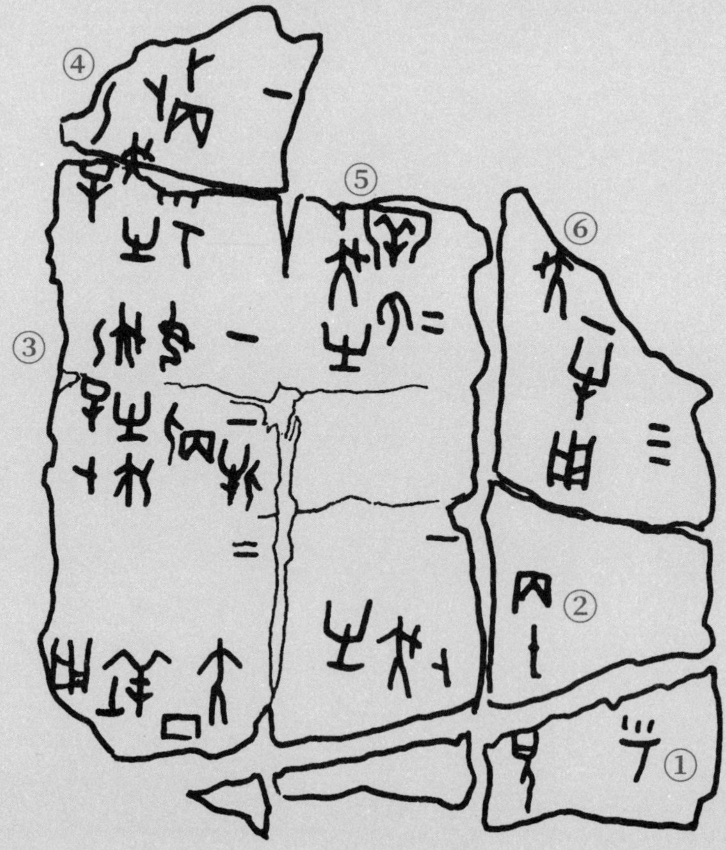

- 出處：《合》19817，龜腹甲。
- 斷代標準：貞人、書體。

①〼乎兄〼

閱讀方式 由右而左。

②丙午卜，扶：「㞢大丁，羖？」一二（序數）。用。

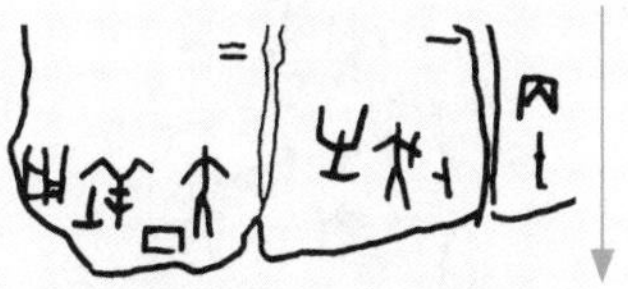

白話譯文 丙午日占卜，貞人扶（提問）：「對大丁舉行㞢祭，牲品使用羖（公羊），是適合的嗎？」第一次占卜。第二次占卜。採用這一卜的預示。

閱讀方式 左行。

③乙巳卜，扶：「㞢大乙母妣丙，一牝？」一（序數）

**白話譯文** 乙巳日占卜，貞人扶（提問）：「對大乙的配偶妣丙舉行㞢祭，牲品使用一牝（母牛），是適合的嗎？」第一次占卜。

**閱讀方式** 右行。

**貞辭部分：㞢大乙母妣丙，一牝？**「母」在此是作爲配偶、妻子的意思。

④乙巳卜，扶：「㞢卜丙，乎⧄」一（序數）

**白話譯文** 乙巳日占卜，貞人扶（提問）：「對外丙舉行㞢祭，乎⧄，是適合的嗎？」第一次占卜。

**閱讀方式** 右行。

**貞辭部分：㞢卜丙，乎⧄。**「卜丙」就是外丙。綜合前兩卜來看，在祭祀的順序上似乎存在一定的規律，合乎周祭祀譜的順序。祭祀先王先妣的日期是在其干名的前一天。

⑤⧄卜，扶：「虫⧄，宰？」二（序數）。不⧄

白話譯文　⧄占卜，貞人扶（提問）：「對⧄舉行虫祭，牲品使用宰，是適合的嗎？」第二次占卜。不採用這一卜的預示。

閱讀方式　右行。

⑥⧄扶：「⧄一牛？」三（序數）。用。

白話譯文　⧄貞人扶（提問）：「⧄牲品使用一牛，是適合的嗎？」第三次占卜。採用這一卜的預示。

閱讀方式　右行。

# 470 問本旬運勢——結果下雨、舉行祝禱

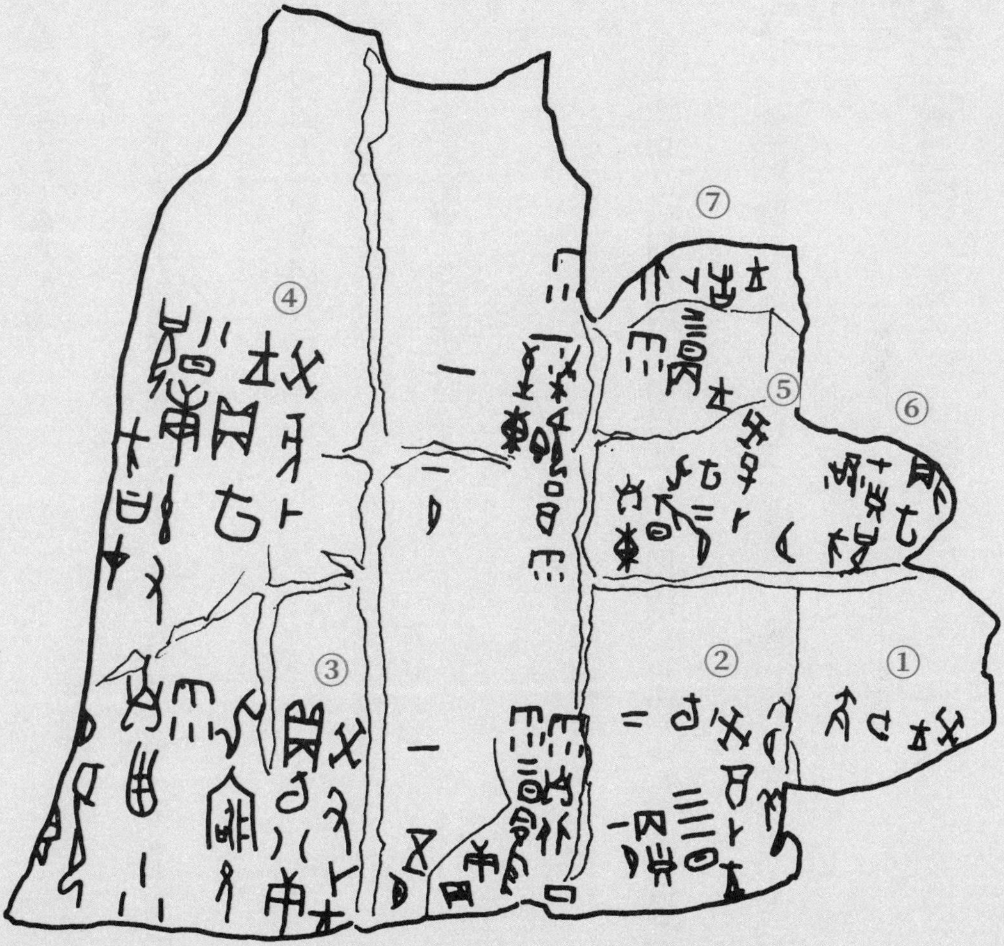
①
②
③
④
⑤
⑥
⑦

• 出處：《合》20966，龜背甲。

• 斷代標準：書體。

• 說明：此版使用龜背甲占卜，第四期常出現刻寫在龜背甲的卜辭，第五期則是最常使用龜背甲。

①癸☐王☐旬☐大☐羌☐六月。

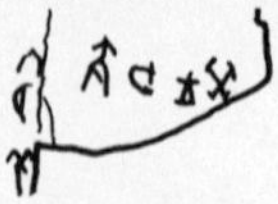

閱讀方式

由右而左。

②癸酉卜，王：「旬？」四日丙子雨自北，丁☐雨二日☐庚辰(陰)☐一月。二(序數)

白話譯文

癸酉日占卜，王（提問）：「這一旬（沒有災禍嗎？）」第四天的丙子日自北面下了雨，丁（丑）日下了兩天雨☐，庚辰日是陰天☐。占卜日期是一月。第二次占卜。

閱讀方式

左行。

**貞辭部分：旬**。此是「旬亡禍」的簡省。

**驗辭部分：四日丙子雨自北，丁☐雨二日☐庚辰[甲骨字形]（陰）☐一月**。記錄丙子（第十三）、庚辰（第十七），所以此卜的丁日應是丁丑（第十四）。

「陰」字在第一期作「[甲骨字形]」，第四期作「[甲骨字形]」，表現禽鳥被關在籠裡，不見陽光，藉以表達陰暗之意。「陰」應是接續在「庚辰」之後，可能是沒有空間了，所以行款又往回刻寫在「二日」之後。

**③癸丑卜，王貞：「旬？」八庚申[甲骨字形]，允雨自西小，夕既。五月。一**（序數）

白話譯文

癸丑日占卜，王提問：「這一旬（沒有災禍嗎？）」第八天的庚申日[甲骨字形]，確實自西面下了小雨，夕時（傍晚時）雨停。占卜日期是五月。第一次占卜。

閱讀方式

左行。

**驗辭部分：八庚申[甲骨字形]，允雨自西小，夕既。五月**。「[甲骨字形]」就字形看，象一人於家中臥病在床的樣子，但在句子中使用的意義不明。「既」在這裡是盡、結束的意思。

④癸亥卜，王貞：「旬？」八日庚午又兄。方曰：才☐一月。一（序數）

白話譯文

癸亥日占卜，王提問：「這一旬（沒有災禍嗎？）」第八天的庚午日進行祝禱。有方國報告說：在☐。占卜日期是一月。第一次占卜。

閱讀方式

左行。

⑤癸巳卜，王：「旬？」四日丙申昃雨自東，少采既。丁酉雨至東。二月。一（序數）

白話譯文

癸巳日占卜，王提問：「這一旬（沒有災禍嗎？）」第四天的丙申日下午自東面下了雨，少采時（接近傍晚時）雨停。丁酉日自東面下了雨。占卜日期是二月。第一次占卜。

閱讀方式

左行。

驗辭部分：四日丙申昃雨自東，少采既。丁酉雨至東。

「昃」、「少采」是商代的時間用語。「昃」是指日影偏斜之時，是一天下午時段。《國語．魯語》提到：「天子大采朝日，與三公、九卿祖識地德；日中考政，與百官之政事，師尹維旅、牧、相宣序民事；少采夕月，與大史、司載糾虔天刑。」當中大采在日中之前，在一天的上午；少采在日中之後，在一天下午快要傍晚時分。「丁酉雨至東」的「至」應是「自」的錯字。

此版第一、二和第五卜的**月份**都刻寫在卜辭中段，而不是出現在整段文句之後。我們按照語譯的條例，將月份都排列在貞辭或驗辭之後，序數之前。

⑥〔癸〕亥〔卜，王〕貞：「旬？」甲子兄☒㞷方☒。□月。

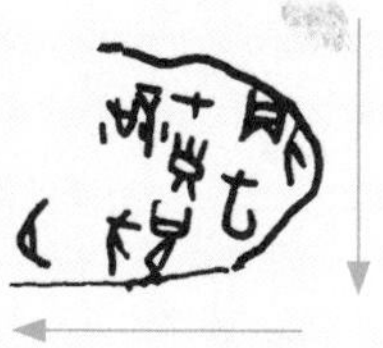

**白話譯文** 〔癸〕亥日〔占卜，王〕提問：「這一旬（沒有災禍嗎？）」甲子日祝禱☒㞷方☒。占卜日期是□月。

**閱讀方式** 左行。

⑦ ⍁王⍁告⍁卜⍁北⍁雨⍁

閱讀方式

由右而左。

摹寫練習

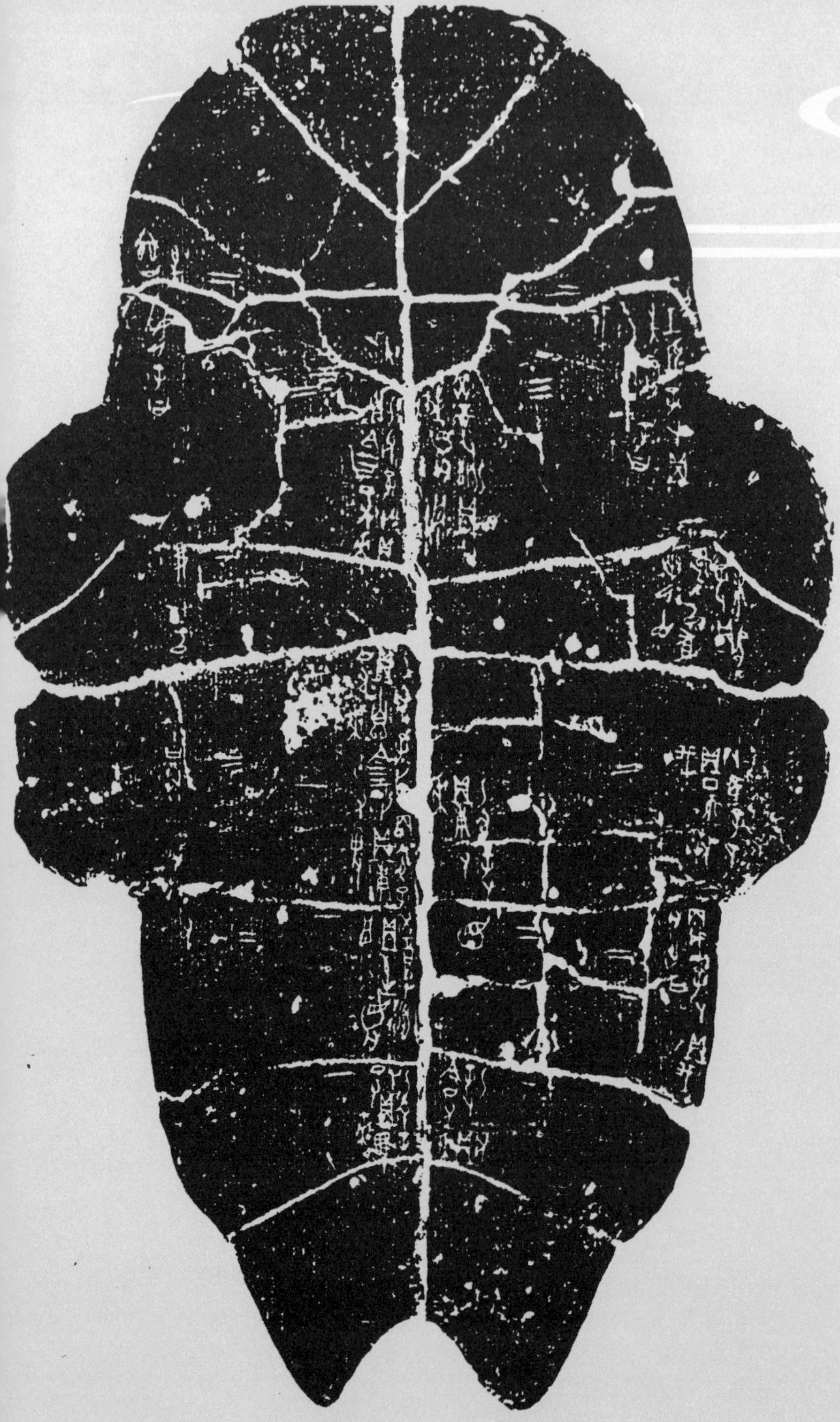

471

# 問四事

——送草料與建倉庫、至蜀運勢、提供豬隻、新生兒命名

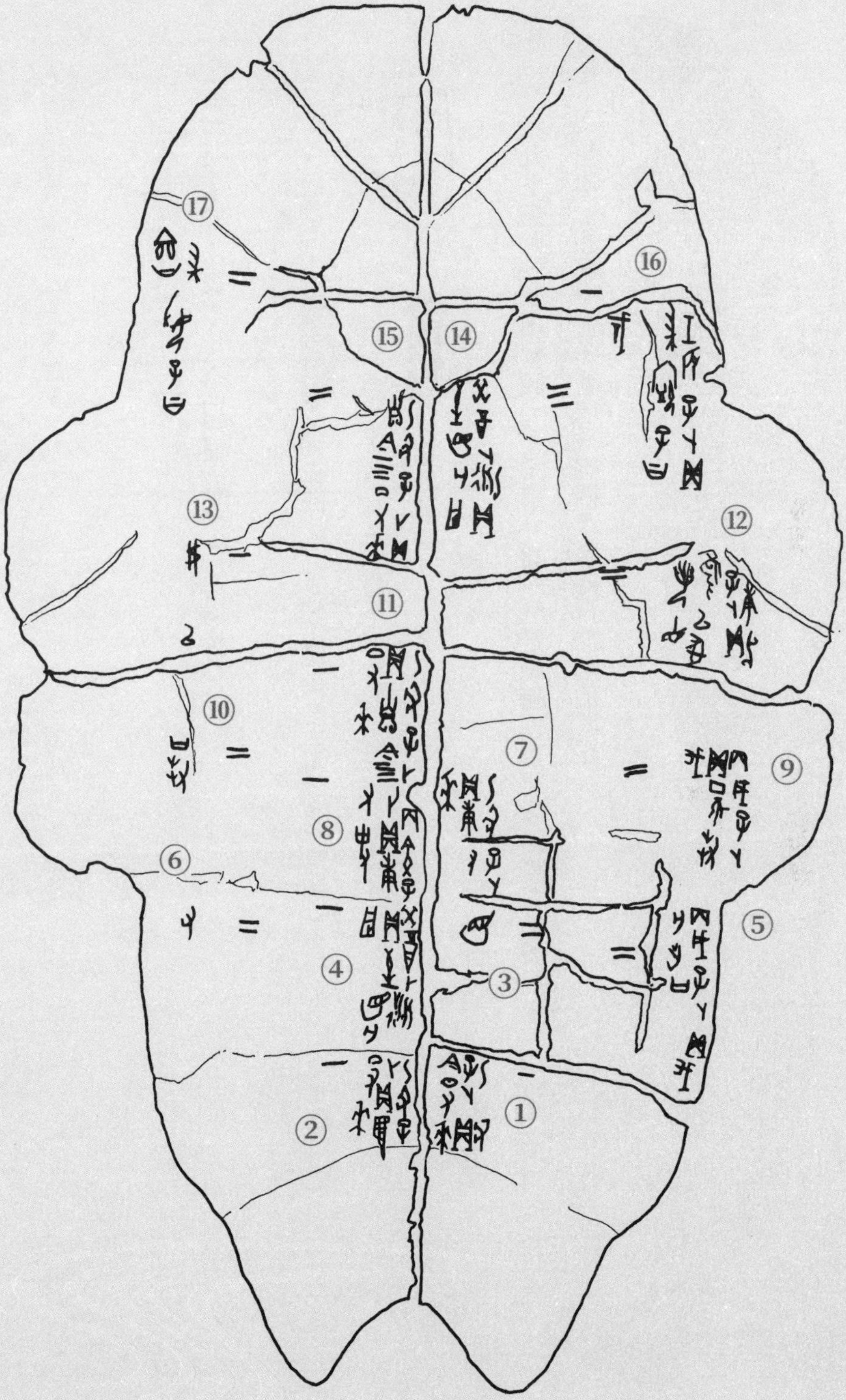
①
②
③
④
⑤
⑥
⑦
⑧
⑨
⑩
⑪
⑫
⑬
⑭
⑮
⑯
⑰

• 出處：《合》21727，龜腹甲。

• 斷代標準：貞人、書體。

①乙丑子卜，貞：「今日又來？」一（序數）

**白話譯文** 乙丑日子占卜，提問：「今天（草料）會送來的，是嗎？」第一次占卜。

**閱讀方式** 由外往內。

第九卜詢問「丁不芻我」，所謂「芻」應是飼養牲畜所需的草料，所以第一、第二、第七、第九、第十、第十一和第十五卜皆應是詢問草料能否送來的問題。

②乙丑子卜，貞：「羽丁又來？」一（序數）

白話譯文

乙丑日子占卜，提問：「三天後丁日（草料）會送來的，是嗎？」第一次占卜。

閱讀方式

由內往外。

③「蜀？」二（序數）

閱讀方式

由內往外。

從第四卜詢問到蜀地會不會有災難發生來看，第三卜「蜀」應該也是相關問題的卜問。

④癸酉卜，㣙貞：「至蜀，亡禍？」一（序數）

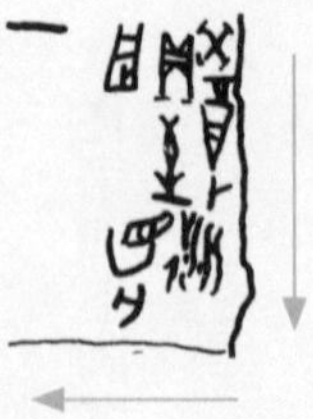

白話譯文

癸酉日占卜，貞人㣙提問：「到蜀地，不會有災禍的，是嗎？」第一次占卜。

閱讀方式

由內往外。

⑤丙戌子卜，貞：「我亡乍口？」二（序數）

白話譯文

丙戌日子占卜，提問：「我商不要建造飼養牲畜所需草料的倉庫，是嗎？」第二次占卜。

閱讀方式

由外往內。

**貞辭部分：我亡乍口？**綜合此版詢問草料等相關問題，而「乍」（作）在甲骨通常指建造某一建築物，第十卜又有「口芻」，推測「作口」或許是詢問是否建造儲存餵養牲畜所需草料的倉庫。

⑥「又？」二（序數）

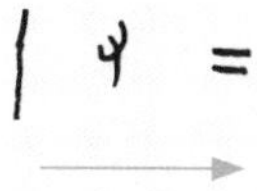

閱讀方式 由外往內。

第四期𠂤組卜辭的刻辭，在命辭的部分常常省略文句，導致語意不清，難以判讀。

⑦乙丑子卜，貞：「庚又來？」

白話譯文 乙丑日子占卜，提問：「庚日（草料）會送來的，是嗎？」

閱讀方式 由外往內。

⑧丙寅子卜，貞：「庚又事？」一（序數）

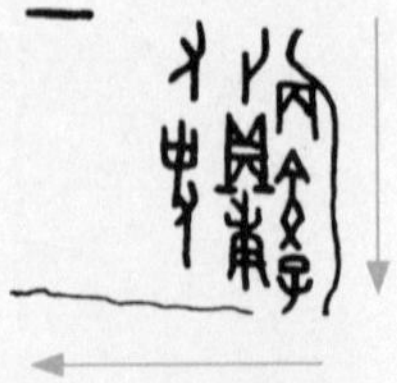

白話譯文 丙寅日子占卜，提問：「庚日會有事發生的，是嗎？」第一次占卜。

閱讀方式 由內往外。

⑨丙戌子卜，貞：「丁不芻我？」二（序數）

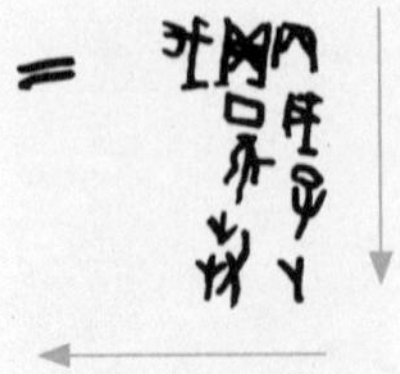

白話譯文 丙戌日子占卜，提問：「丁日不會送草料給我商的，是嗎？」第二次占卜。

閱讀方式 由外往內。

⑩「口芻？」二（序數）

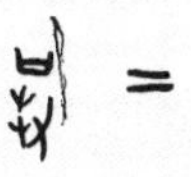

白話譯文 （提問：）「用倉庫的草料（？）飼養（牲畜），是合適的嗎？」第二次占卜。

閱讀方式 由上而下。

第五卜「乍（作）口」有可能是建造倉庫的意思，「口芻」或是指用倉庫的草料餵養牲畜的意思。

⑪乙丑子卜，貞：「自今四丁又來？」一（序數）

白話譯文 乙丑日子占卜，提問：「從今天算起，到第四天丁日，（草料）會送來的，是嗎？」第一次占卜。

閱讀方式 由內往外。

⑫ **庚申子卜，貞：「隹以㲋，若直？」二**（序數）

白話譯文 庚申日子占卜，提問：「將提供㲋，會順利、沒有曲折的，是嗎？」第二次占卜。

閱讀方式 由外往內。

**貞辭部分：隹以㲋，若直？**「以㲋」意謂提供㲋，「若」是說會順利的，「直」或指平順、沒有曲折的意思。

⑬ **「弗以？」一**（序數）

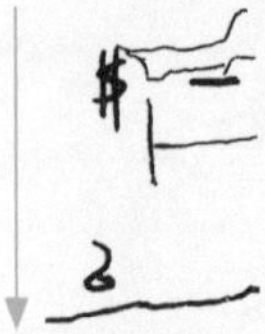

白話譯文 （提問：）「不要提供（㲋），是合適的嗎？」第一次占卜。

閱讀方式 由上而下。

此卜應與上一卜正反**對貞**。文句簡要，是說「不要提供」覍。

**⑭癸酉卜，徇貞：「至蜀，亡禍？」三（序數）**

白話譯文

癸酉日占卜，貞人徇提問：「到蜀地，不會有災禍的，是嗎？」第三次占卜。

閱讀方式

由外往內。

**⑮乙丑子卜，貞：「自今四丁又來？」二（序數）**

白話譯文

乙丑日子占卜，提問：「從今天算起，到第四天丁日，（草料）會送來的，是嗎？」第二次占卜。

閱讀方式

由內往外。

⑯壬辰子卜，貞：「婦□子曰戠？」二（序數）

白話譯文

壬辰日子占卜，提問：「婦□所生產的孩子命名爲戠，是合適的嗎？」第二次占卜。

閱讀方式

由外往內。

⑰「婦妥子曰稟？」二（序數）

白話譯文

（提問：）「婦妥所生產的孩子命名爲稟，是合適的嗎？」第二次占卜。

閱讀方式

由內往外。

摹寫練習

④
③
①
②

• 出處：《英》1767，龜腹甲。

• 斷代標準：書體。

①戊午卜，王貞：「勿御子辟，余弗其子？」二（序數）

白話譯文

戊午日占卜，王提問：「不要替子辟禳除病災，我將沒有這個兒子，是嗎？」第二次占卜。

閱讀方式

左行。

**貞辭部分：勿御子辟，余弗其子？**「御」指攘除病疾災禍的儀式。「余弗其子」意指我將沒有這個兒子，或許是子辟的病災太過嚴重，所以詢問子辟是否能存活下來。

②萑（舊）☐于☐

閱讀方式

由右而左。

③癸亥卜，𠂤：「叀少宰兄甲？」

白話譯文

癸亥日占卜，貞人𠂤（提問）：「將用少宰（祭拜）兄甲，是合適的嗎？」

閱讀方式

右行。

④「子□叀牛？」一月。一（序數）。用。

**白話譯文**

（提問：）「將用牛（祭拜）子□，是合適的嗎？」占卜日期是一月。第一次占卜。採用這一卜的預示。

**閱讀方式**

左行。

受祭者被稱爲「子□」，可能是因爲尚未完成撿骨儀式，故仍以生前名字加以稱呼之。牛角彎曲的字形是後期的寫法。

## 473

# 問王的個人事務

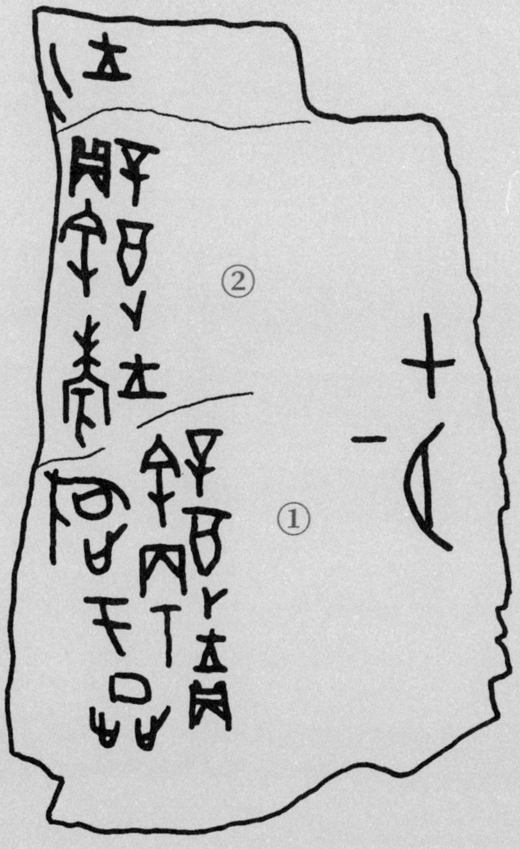

- 出處：《合》21482，骨。
- 斷代標準：書體。
- 說明：此版書體有大小不一的情況，是第四期的特點。

**①辛酉卜，王貞：「余丙示旋于𠯁☒」七月。一**（序數）

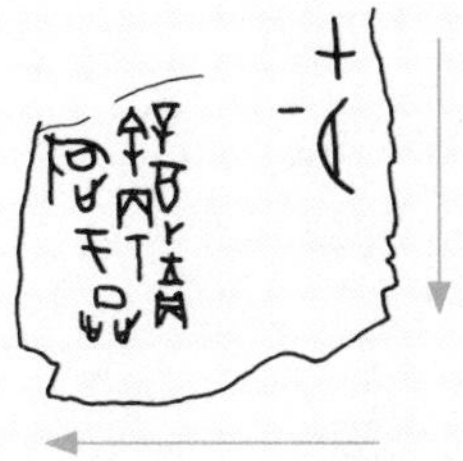

**白話譯文**

辛酉日占卜，王提問：「余在丙日在𠯁這個地方示旋，是合適的嗎？」占卜日期是七月。第一次占卜。

**閱讀方式**

左行。

**貞辭部分：余丙示旋于𠯁☒**。「余」在此作爲人名。「示旋」一詞在這裡的意思不明，是否是對於某種軍事行動或軍容的檢視。

②辛酉卜，王貞：「余⧄」

**白話譯文** 辛酉日占卜，王提問：「余⧄」

**閱讀方式** 左行。

貞辭部分：余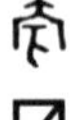⧄。「」字或是有關老人之事，本義不清，尚不可釋讀。

摹寫練習

# 474 問一事——敵軍動向、本旬運勢（結果下雨）

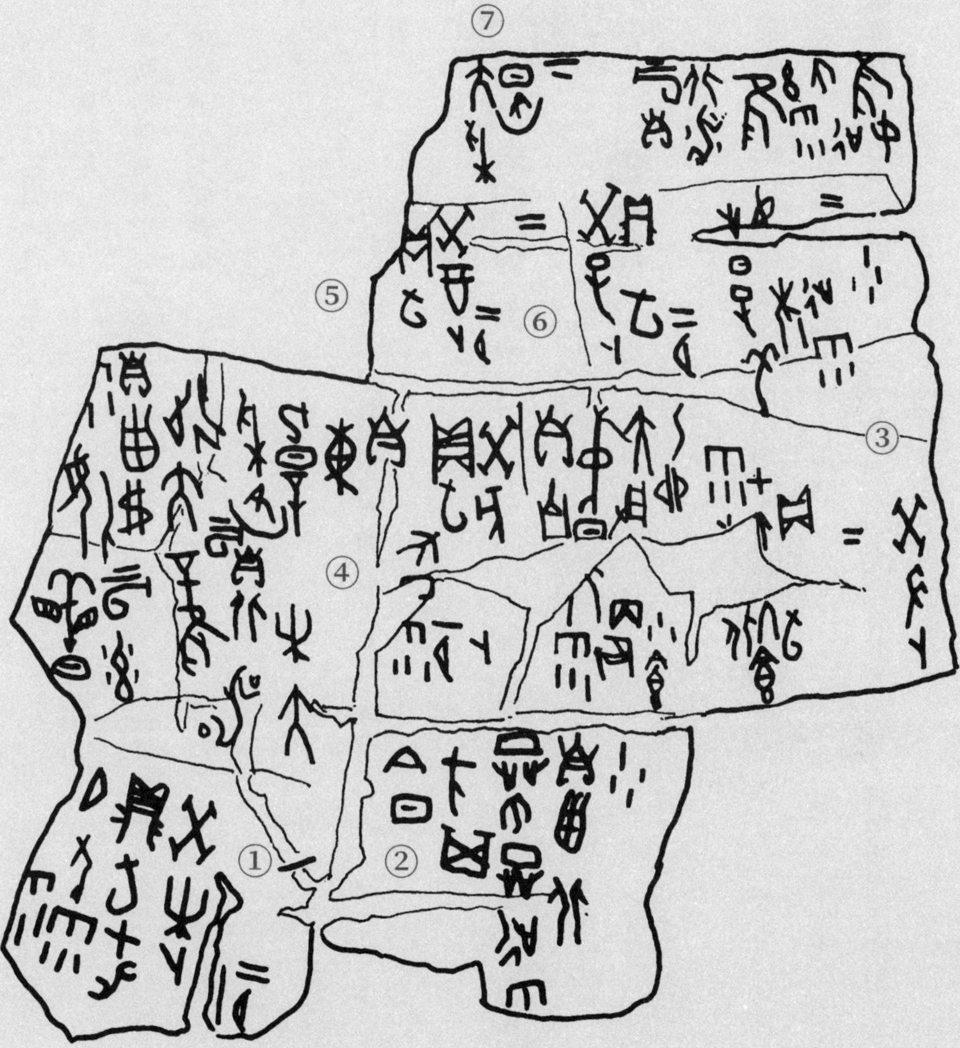
⑦
⑤
⑥
③
④
①
②

- 出處：《合》21021，龜背甲。
- 斷代標準：書體。
- 說明：第四期偶而出現刻寫在龜背甲的卜辭，開啟了第五期大量使用龜背甲的風氣。此外，第四期龜背甲的刻辭多關於風雨、氣象的內容。

**① 癸未卜，貞：「旬？」甲申夕企雨☐雨☐。十二月。**

**白話譯文** 癸未日占卜，提問：「這一旬（沒有災禍嗎？）」甲申日傍晚企雨☐雨☐。占卜日期是十二月。

**閱讀方式** 左行。

此卜**前辭部分**的「貞」字寫成「鼎」。而十二月前沒有使用「在」，本版第四到第六卜的月份前也沒有出現「在」，和第一期情況相同。

**驗辭部分：甲申夕企雨☐雨☐**。「企雨」大概有關於雨勢，具體意思不清楚。

②「今日方其𣥺？」不𣥺。征雨自西北少。

**白話譯文**

（提問：）「今天敵方將會來侵犯，是嗎？」沒有侵犯。連續自西北面下了小雨。

**閱讀方式**

右行。

此卜的行款走向與第一、第三、第四卜不同，可能無法綴合。「𣥺」表示征伐，第一期的「𣥺」大多用在敵方對我商的攻擊。

③癸丑卜，貞：「旬？」甲[寅]大食雨[自]北，乙卯小食大啓，丙辰中日大雨自南。二（序數）

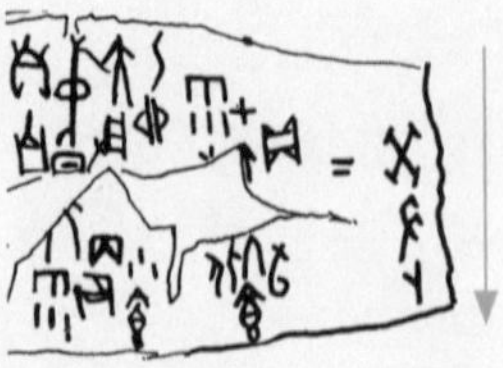

**白話譯文** 癸丑日占卜，提問：「這一旬（沒有災禍嗎？）」甲［寅］日上午大食的時候［自］北面下了雨，乙卯日下午小食的時候天氣大晴，丙辰日中午時刻自南面下了大雨。第二次占卜。

**閱讀方式** 左行。

**驗辭部分：甲［寅］大食雨［自］北，乙卯小食大啓，丙辰中日大雨自南。**「大食」約是上午七點至九點吃飯時間，「小食」約是下午三點至五點吃飯時間。

④癸亥卜，貞：「旬？」昃雨自東，九日辛未大采各雲自北，雷祉，大風自西，弗雲率雨毋祥日☐。一月。

白話譯文

癸亥日占卜，提問：「這一旬（沒有災禍嗎？）」下午自東面下了雨，九天後辛未日上午自北面飄來了雲，連續出現響雷，自西面颳來大風，白天沒有雲直接下雨。絕對的⧄。占卜日期是一月。

閱讀方式

左行。

**驗辭部分：昃雨自東，九日辛未大采各雲自北，雷祉，大風自西，弗雲率雨毋祥日⧄。**

「大采」在日中前，在一天上午；「昃」是日影偏斜之時，也是指稱一天下午時段；「少采」在黃昏前。這些都是商代的時間用語。「九日」是從癸亥（第六十）當天算起至辛亥（第八）共九天。

「」暫時隸定為「祥」，本義尚不可知，大都作否定方式，「毋祥」大致表示非常肯定的語氣，有絕對的意思。

⑤癸酉卜，貞：「旬？」☐二月。二（序數）

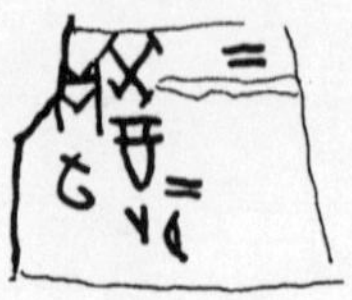

白話譯文

癸酉日占卜，提問：「這一旬（沒有災禍嗎？）」☐占卜日期是二月。第二次占卜。

閱讀方式

左行。

⑥癸巳卜，貞：「旬？」之日子羌母老。征雨少。二月。二（序數）

白話譯文

癸巳日占卜，提問：「這一旬（沒有災禍嗎？）」這一天子羌沒有老死。連續下了小雨。占卜日期是二月。第二次占卜。

閱讀方式

右行。

## ⑦大采日各雲自北，雷。隹茲雨不延，隹毋▢。二（序數）

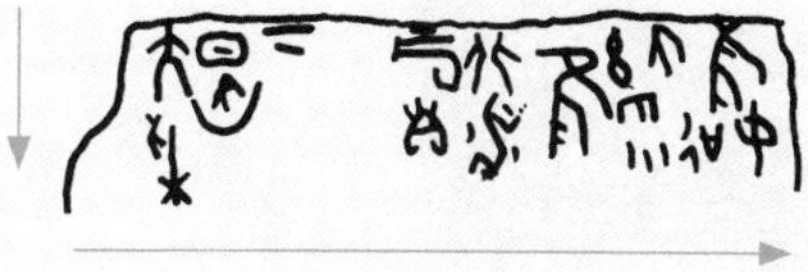

**白話譯文**

上午大采時刻自北面飄來了雲，有響雷。這場雨沒有延續，毋▢。

第二次占卜。

**閱讀方式**

右行。

這段話應是**驗辭**。「大采」是上午時段。

# 475 問諸侯運勢（習刻）

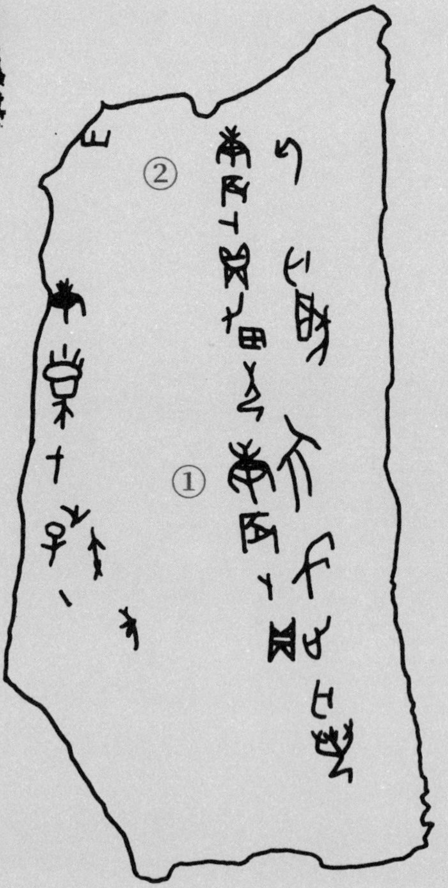

- 出處：《合》21954，骨。
- 斷代標準：書體。
- 說明：此版書體軟弱無力，應是習刻。

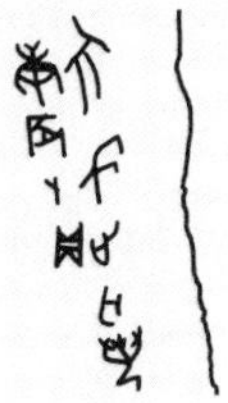

①庚辰卜，貞：「亡若？」

白話譯文 庚辰日占卜，提問：「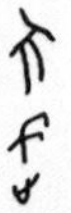不會安順的，是嗎？」

閱讀方式 右行。

**貞辭部分：**亡若？「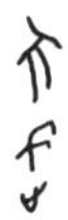」是國名。

②庚辰卜，貞：「男斤亡𡆥？」

白話譯文 庚辰日占卜，提問：「諸侯斤不會有災禍的，是嗎？」

閱讀方式 右行。

**前辭部分**干支的「庚」字具有晚期的特點。

**貞辭部分：男斤亡畎？**「男」就是「甸」，是對遠方外服諸侯的稱呼，非中央朝廷的屬官。「」象跪坐的人頭上有某種兩分岔的裝置，字義不明。「斤」是爲人名。而「亡畎」兩字字形爲第五期特有，只是從四期就有萌芽的態勢。王族卜辭的時代不會屬於第一期。

摹寫練習

背面

正面

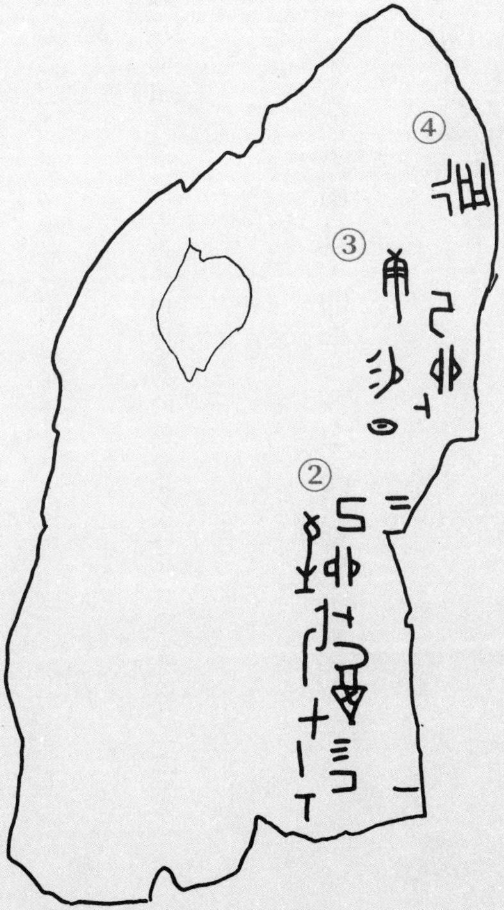


背面

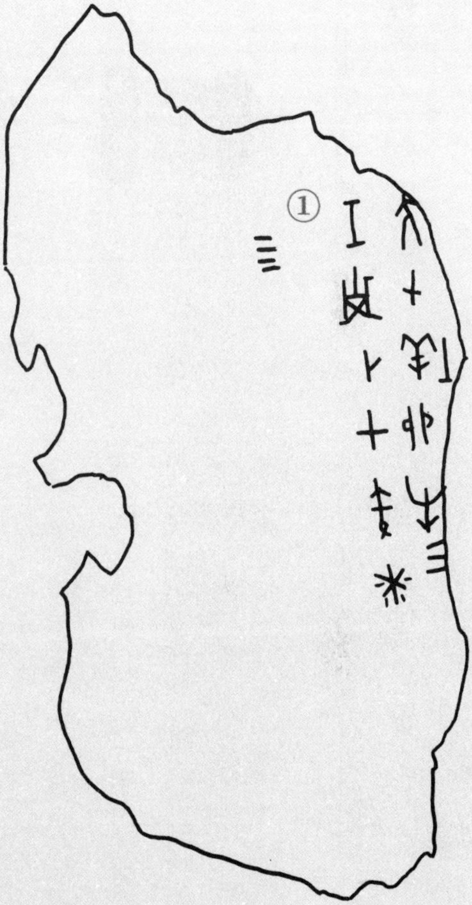


正面

• 出處：《合》22421 正面與背面刻辭，骨。

• 斷代標準：書體。

• 說明：此版正面出現鑽鑿，第四期後期的鑽鑿長度在一點五公分上下。

①壬子卜，「甲寅燎大甲𦍩，卯牛三？」四（序數）

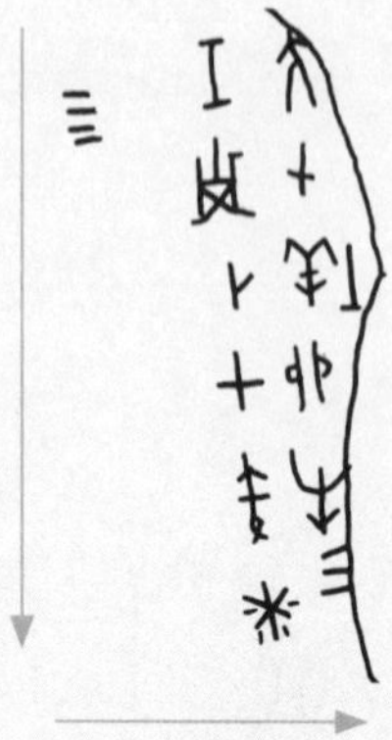

白話譯文

壬子日占卜（，提問）：「甲寅日祭祀大甲用燒烤過的𦍩（公羊），以及用卯的方式處理的三頭牛為牲品，是適合的嗎？」第四次占卜。

閱讀方式

右行。

**貞辭部分：甲寅燎大甲𦍩，卯牛三？**「燎」字刻寫許多火點，具有第四期的特色。

此卜的**序數**是四，在第四期中少見，大多在骨上左、右占卜各三次。

②（背面）己卯卜，「福三匚至戔甲十示？」一（序數）

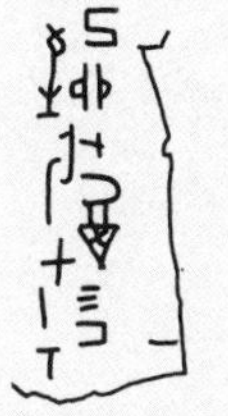

**白話譯文** 己卯日占卜（，提問）：「向三匚到戔甲十個世代的先王舉行福祭，是適合的嗎？」第一次占卜。

**閱讀方式** 左行。

**貞辭部分：福三匚至戔甲十示？**從匚乙、匚丙、匚丁三匚到戔甲（《史記．殷本紀》稱爲河亶甲）十個世代，是把「三匚」算成一個世代。「」象一種具有流（出水管道）的酒器，暫時隸定爲「福」字，在此是祭祀名稱。

③（背面）己卯卜，「庚易日？」二（序數）

**白話譯文** 己卯日占卜（，提問）：「庚日將會是晴天的，是嗎？」第二次占卜。

**閱讀方式** 左行。

**貞辭部分：庚易日。**「易日」意指晴天。

④（背面）⧄𢓊⧄

閱讀方式

單一字。

「𢓊」是第四期常出現的國名，有學者釋爲「通」。

摹寫練習

正面

背面

# 477 問二事——降雨、主導任務的對象

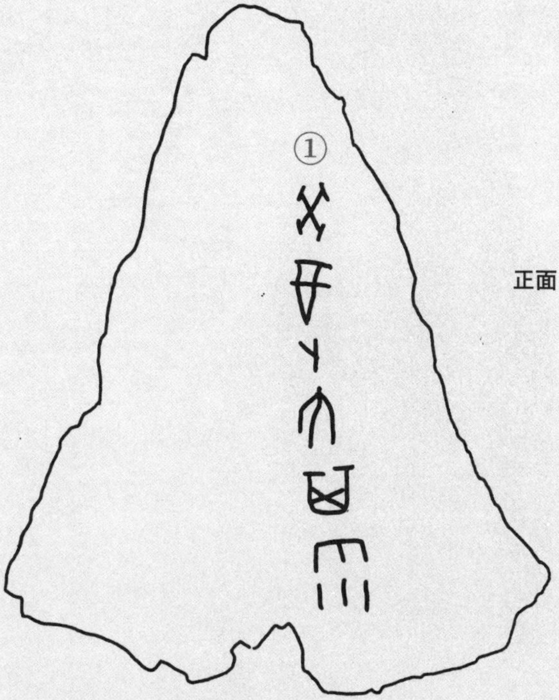


正面

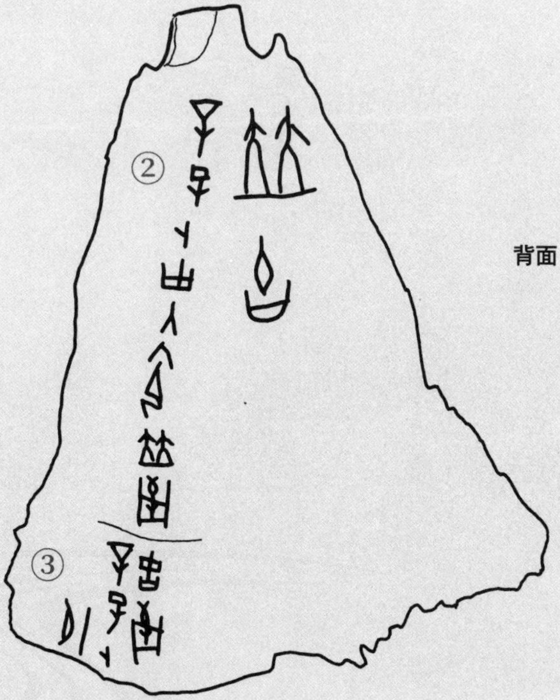


背面

● 出處：《合》20149，骨。

● 斷代標準：書體。

● 說明：此版正面出現鑽鑿。字體大小不一，為第四期的特點。

①癸酉卜，「不其雨？」

白話譯文

癸酉日占卜（，提問）：「將不會下雨的，是嗎？」

閱讀方式

由上而下。

②（背面）辛巳卜，「古入令並備？」並古。

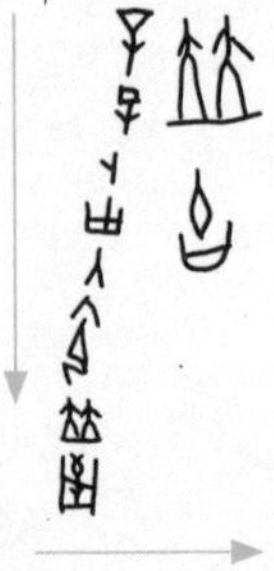

白話譯文

辛巳日占卜（，提問）：「古將進入都城，命令並準備相關事宜，是合適的嗎？」並完成了任務。

閱讀方式　右行。

**貞辭部分：古入令並備？**「古」在這裡是暫時隸定，指是外服諸侯的身分，所以才須「入」商王朝。

**驗辭部分：並古。**「並」是人名。貞辭的「古」和驗辭的「古」字，寫法稍有不同。「並古」即「並固」，表示並確實完成了任務或相關工作。

③（背面）辛巳卜，「𠙶備？」十月。

白話譯文　辛巳日占卜（，提問）：「（命令）𠙶準備相關事宜，是合適的嗎？」占卜日期是十月。

閱讀方式　右行。

**貞辭部分：𠙶備？**「備」字形象開口的箭囊，立刻可以取出使用。有些學者認為此版時代為第一期，理由是刻辭出現第一期常見的貞人𠙶。但由上下兩卜內容來看，卜辭在詢問要由「並」還是「𠙶」來負責準備相關事宜，「𠙶」並不是貞人的身分。

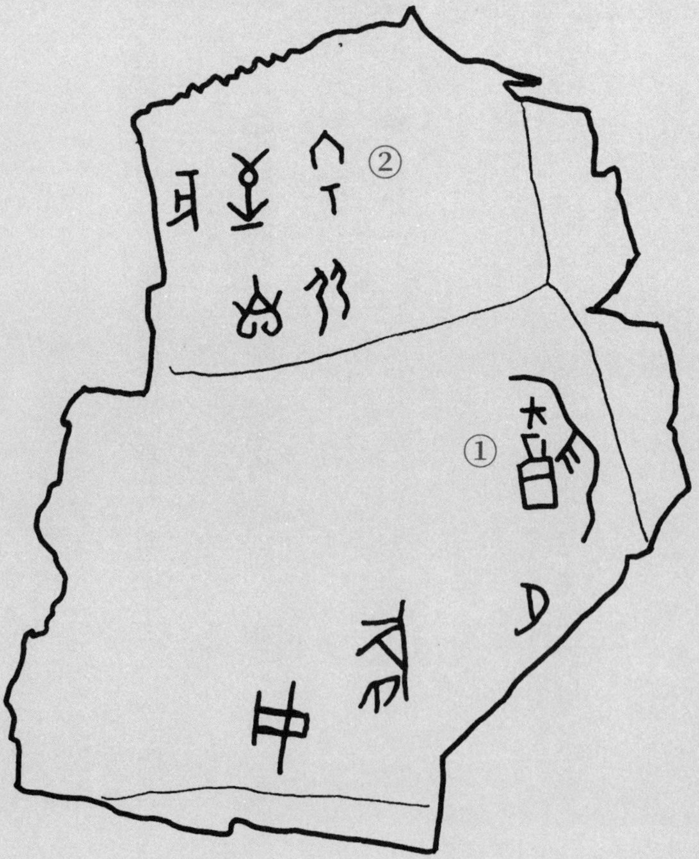
②
①

- 出處：《懷》1552，龜背甲。
- 說明：可能仿刻。

① 飲夕焉用

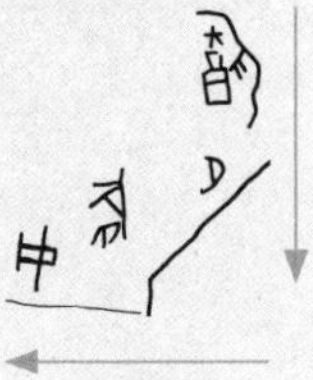

閱讀方式 左行。

② 六示弜至自亥

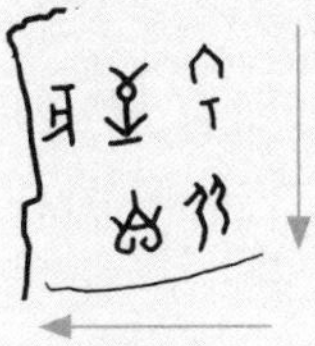

閱讀方式 左行。

此版是**僞刻**，第一卜內容也出現在《殷墟文字甲編》圖版編號205，《殷墟文字甲編》寫本於一九二八年出版，而此骨是在一九三一年入加拿大安大略省博物館收藏，所以應是出自仿刻。

## 479 問王夢見先祖

- 出處：《懷》1633，骨。
- 斷代標準：書體。

## ①貞：「余又夢，隹皂又蔑？」

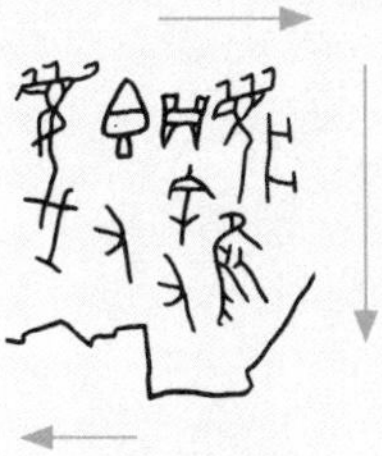

**白話譯文** （提問：）「我有作夢（夢見皂），皂將會降下病災的，是嗎？」

**閱讀方式** 先右行，再左行。

此版的行款走向非常特別，先右行再越過第一句「貞：余又」而左行。「貞」字上半筆劃方折，具有第四期的特點。「余」字兩撇下彎具有曲度，也是王族卜辭特有的寫法。

**貞辭部分：余又夢，隹皂又蔑？**「余」爲商王自稱。「皂」是過世的先人，因爲尚未完成撿骨儀式，所以沒有以正式的干名稱之，而是採用生前名字。「」隸定爲「蔑」，字形象貴族（特別畫出眉毛）的足部遭戈砍傷，因而表現頹廢的樣子，在這裡應指降下病殃的意思。商王作夢夢到過世先人，代表夢是祖先給予的一種警告或預示。

# 480 問祭祀

## ——牲品、儀式

拓本原寸長 18.6 公分、寬 18 公分，圖為原寸 60%。

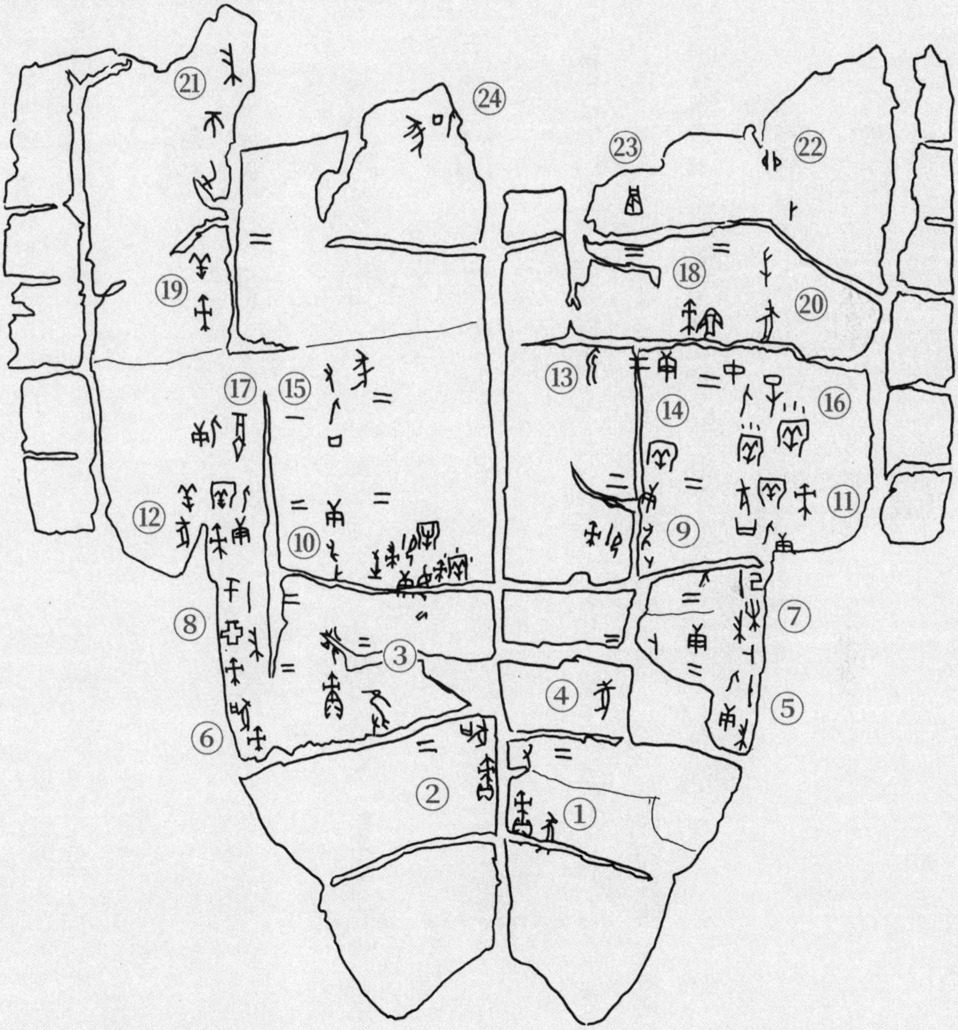
①
②
③
④
⑤
⑥
⑦
⑧
⑨
⑩
⑪
⑫
⑬
⑭
⑮
⑯
⑰
⑱
⑲
⑳
㉑
㉒
㉓
㉔

- 出處：《合》22226，龜腹甲。
- 斷代標準：書體。

① 「又責豕？」二（序數）

**白話譯文** （提問：）「對責舉行又祭，牲品使用豕，是合適的嗎？」第二次占卜。

**閱讀方式** 由內往外。

「」暫時隸定爲「責」，是受祭者。第六、第八、第九、第十到第十二卜，受祭者爲「」，字省略了下方的「貝」作「」，隸定爲「朿」；責、朿或是同一個字不同的寫法。第八卜稱爲「亞朿」，所以該受享者應是未完成撿骨儀式的過世祖先之名。

② 「豚責？」二（序數）

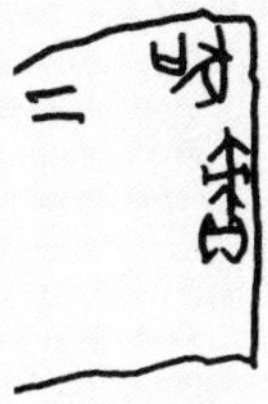

白話譯文

（提問：）「（祭拜）責，牲品使用豚，是合適的嗎？」第二次占卜。

閱讀方式

由上而下。

「」暫時隸定為「豚」，或是不同品種的豬。結合本版其他有關責或束的占卜，應是詢問祭拜品物要豖（第一、四卜）、豚（第二、六卜）、獲（第三卜）、小牢（第十卜）、牢（第十一卜）、羊和豖（第十二卜）、魚（第十八卜）還是羊（第十九卜）。

③「**獲延責？**」二（序數）

白話譯文

（提問：）「延續（祭拜）責，牲品使用捕獲的動物，是合適的嗎？」第二次占卜。

閱讀方式

由內往外。

④「豕？」二（序數）

白話譯文 （提問：）「牲品使用豕，是合適的嗎？」第二次占卜。

閱讀方式 單一字。

⑤「御婦妣庚？」二（序數）

白話譯文 （提問：）「向妣庚祈求對婦舉行攘除病災的儀式，是合適的嗎？」第二次占卜。

閱讀方式 由外往內。

表示攘除儀式的「御」字在第一期作「」，到了第四期作「」，此版有的「御」字還簡省作「」。

⑥「豚束？」二（序數）

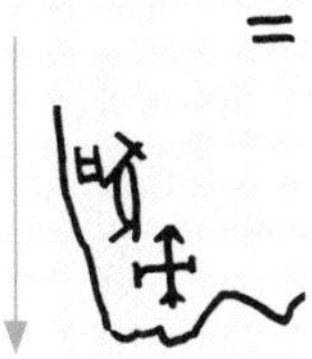

**白話譯文** （提問：）「（祭拜）束，牲品使用豚，是合適的嗎？」第二次占卜。

**閱讀方式** 由上而下。

⑦己未卜，「御婦妣庚？」二（序數）

**白話譯文** 己未日占卜（，提問）：「向妣庚祈求對婦舉行攘除病災的儀式，是合適的嗎？」第二次占卜。

**閱讀方式** 由外往內。

⑧「于亞束御婦？」二（序數）

**白話譯文** （提問：）「向亞束祈求對婦舉行攘除病災的儀式，是合適的嗎？」第二次占卜。

**閱讀方式** 由外往內。

⑨庚申卜，「御朿？」二（序數）

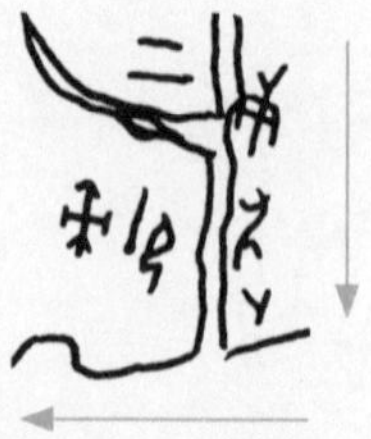

**白話譯文**

庚申日占卜（，提問）：「向東祈求舉行攘除病災的儀式，是合適的嗎？」第二次占卜。

**閱讀方式**

由外往內。

⑩庚申卜，「至，婦御母庚牢，朿小宰？」二（序數）

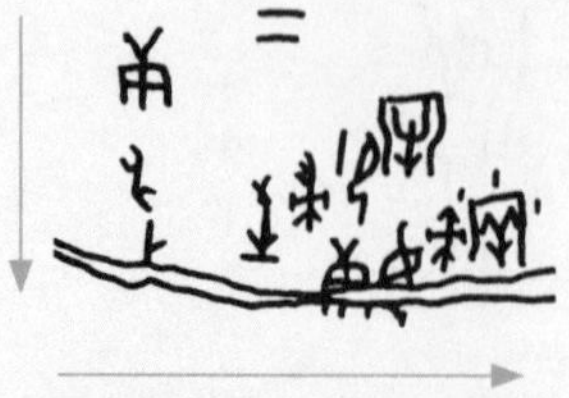

**白話譯文**

庚申日占卜（，提問）：「到了這天，向母庚祈求對婦舉行攘除病災的儀式，牲品使用牢；向東祈求牲品使用小宰，是合適的嗎？」第二次占卜。

**閱讀方式**

先由上而下，再由外往內。

此卜刻辭錯亂，行款走向先由上而下，再由外往內。

⑪「宰妣庚朿？」

白話譯文 （提問：）「（祭拜）妣庚和朿，牲品使用宰，是合適的嗎？」

閱讀方式 由內往外。

依據其他卜的內容，「宰」應是祭祀的品物，會是大宰嗎？或是和大牢、小牢類似，爲牛、羊、豬等的牲品組合，實際組合的情形尚且存疑。

⑫「妣庚宰，朿羊、豕？」二（序數）

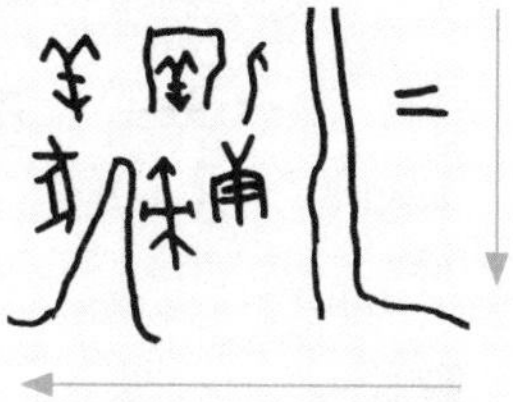

白話譯文 （提問：）「（祭拜）妣庚，牲品使用宰；（祭拜）朿，牲品使用羊、豕，是合適的嗎？」第二次占卜。

閱讀方式 由內往外。

⑬「弜?」

閱讀方式 單一字。

王族卜辭貞辭的部分常常簡省，因此往往出現語焉不詳的情況。

⑭「庚宰?」二（序數）

白話譯文 （提問）：「（祭拜妣）庚，牲品使用宰（圈養的羊），是合適的嗎?」第二次占卜。

閱讀方式 由上而下。

「庚」是妣庚的簡省。

⑮「又妣丁㲋？」二（序數）

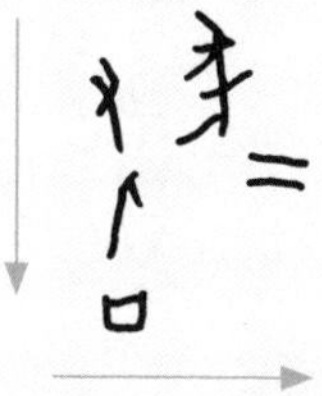

**白話譯文** （提問：）「對妣丁舉行又祭，牲品使用㲋，是合適的嗎？」第二次占卜。

**閱讀方式** 由外往內。

⑯「中妣小宰，子小宰？」二（序數）

**白話譯文** （提問：）「（祭拜）中妣和子，牲品分別使用小宰，是合適的嗎？」第二次占卜。

**閱讀方式** 由內往外。

⑰「福妣庚？」一(序數)

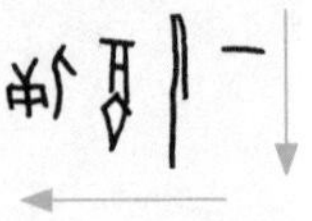

**白話譯文** (提問：)「對妣庚舉行福祭，是合適的嗎？」第一次占卜。

**閱讀方式** 由內往外。

⑱「束魚？」二(序數)

**白話譯文** (提問：)「(祭拜)束，牲品使用魚，是合適的嗎？」第二次占卜。

**閱讀方式** 由內往外。

牲品使用魚，在甲骨中很罕見。

⑲「羊束？」二(序數)

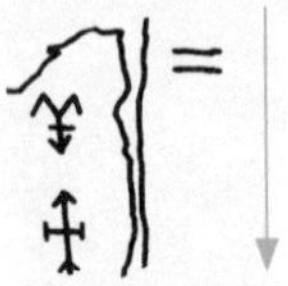

**白話譯文** (提問：)「(祭拜)束，牲品使用羊，是合適的嗎？」第二次占卜。

**閱讀方式** 由上而下。

⑳「□豕？」二（序數）

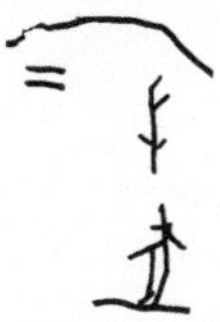

**白話譯文** （提問：）「牲品使用□豕，是合適的嗎？」第二次占卜。

**閱讀方式** 由上而下。

「□」字本義不明，按照前兩卜的結構，或是受享者，還是詢問祭祀的品物，「□豕」是不同品種的豬？

㉑「婦不又？」

**白話譯文** （提問：）「婦不會得到上天的福祐的，是嗎？」

**閱讀方式** 由上而下。

「婦不又」指婦不會得到福祐的意思。或可釋爲「婦不力」，指「婦不嘉」，「力」是「嘉」字的簡省，意謂婦不能生下男孩的意思。由於此版大都是有關祭祀的占卜，所以釋爲「婦不又」比較切合本版的內容。

㉒ ⧄卯卜⧄

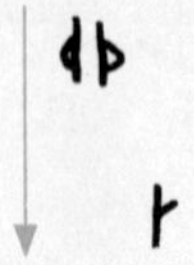

閱讀方式

由上而下。

㉓ ⧄禍⧄

閱讀方式

單一字。

㉔ ⧄妣丁彘⧄

閱讀方式

由內往外。

摹寫練習

## 481 問二事——祭祀（牲品與對象）、疾病

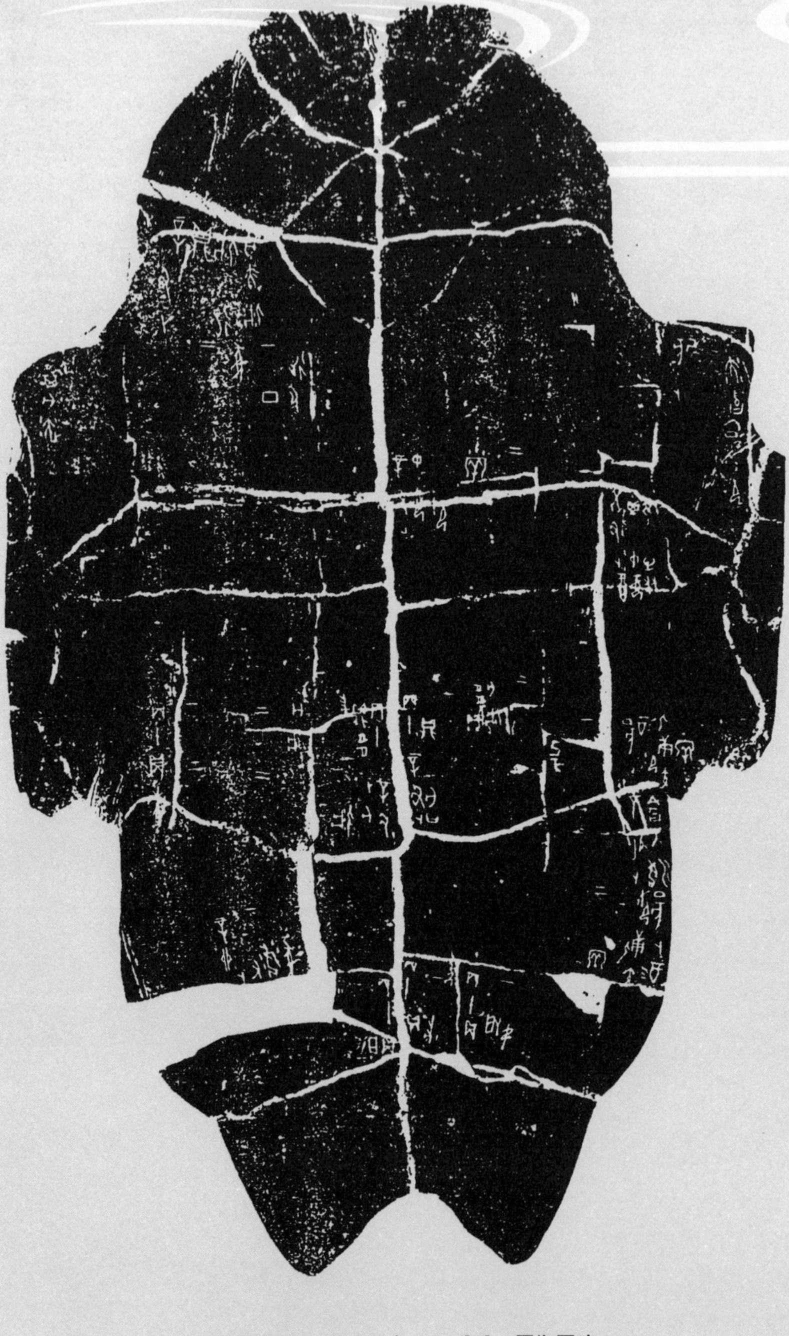

拓本原寸長 28 公分、寬 17.5 公分，圖為原寸 60%。

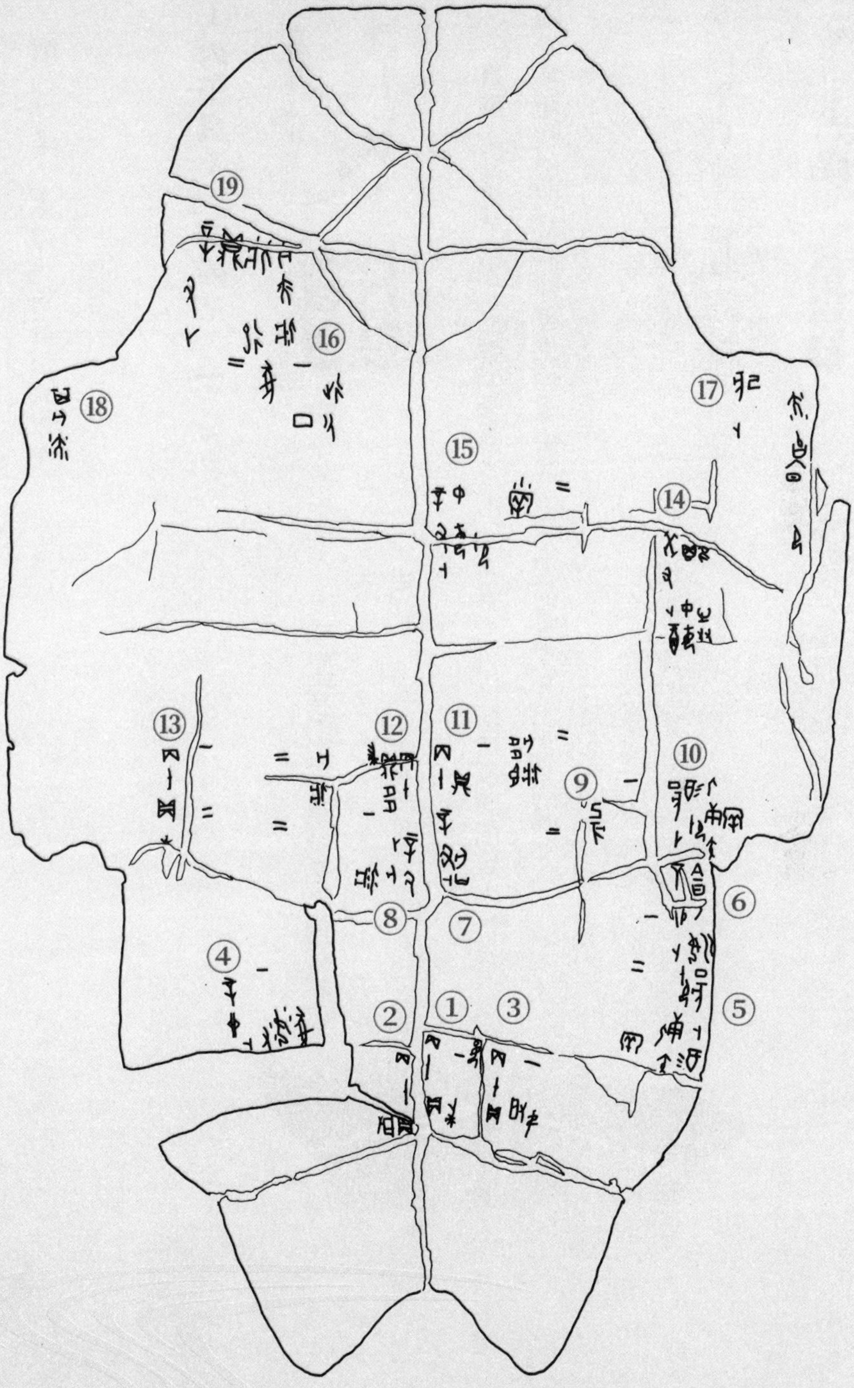
①
②
③
④
⑤
⑥
⑦
⑧
⑨
⑩
⑪
⑫
⑬
⑭
⑮
⑯
⑰
⑱
⑲

• 出處：《合》22258，龜腹甲。

• 斷代標準：書體、前辭形式。

**①丙午貞：「婦晏？」一**（序數）

**白話譯文** 丙午日提問：「婦是安順的，是嗎？」第一次占卜。

**閱讀方式** 由內往外。

**貞辭：婦晏？**王族卜辭的貞辭常出現簡省，所以往往釋讀困難。「晏」字實際意義不明，應是表達婦的某種狀態或敘述婦發生什麼事情，或指婦是平安、順利的嗎？

**②丙午貞：「啓？」**

**白話譯文** 丙午日提問：「舉行啓祭，是適合的嗎？」

**閱讀方式** 由內往外。

③丙午貞：「啓弟？」一（序數）

**白話譯文** 丙午日提問：「對弟舉行啓祭，是適合的嗎？」第一次占卜。

**閱讀方式** 由內往外。

**貞辭部分：啓弟？**「弟」象繩索纏繞有次第的樣子，應是受祭者之名或對受祭者的稱呼。「啓」是祭祀名稱。很少見到對弟弟的祭祀。

④辛卯卜，「又小母兓？」一（序數）

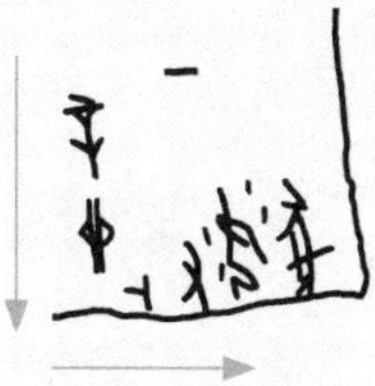

**白話譯文** 辛卯日占卜（，提問）：「對小母舉行又祭，牲品使用兓，是適合的嗎？」第一次占卜。

**閱讀方式** 由外往內。

⑤丁亥卜，「酒御妣庚寅宰？」二（序數）

**白話譯文** 丁亥日占卜（，提問）：「庚寅這天，對妣庚舉行酒祭以攘除病災，牲品使用宰，是適合的嗎？」第二次占卜。

**閱讀方式** 由外往內。

丁亥（第二十四）四天後爲庚寅（第二十七），此卜將妣庚、庚寅兩詞簡省成「妣庚寅」，少刻寫一個「庚」字，意思是說在庚寅日祭拜妣庚。

⑥辛卯卜，「今日又⿰女川？」一（序數）

**白話譯文** 今天對⿰女川舉行又祭，是適合的嗎？

**閱讀方式** 由內往外。

此卜的「辛」和「又」出現漏寫筆劃的情形。

⑦辛丑卜，「亡口？」

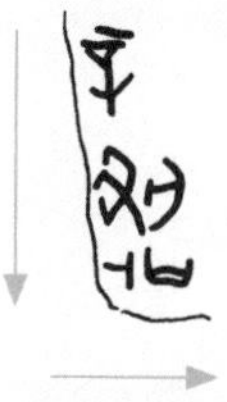

白話譯文　辛丑日占卜（，提問）：「不需要飲食（或服藥）的，是嗎？」

閱讀方式　由內往外。

這一卜與下一卜在相對的位置，占卜日期又一致，照道理應該正反**對貞**，貞辭內容卻詢問「亡口」。下一卜詢問不會有病災嗎？推測「亡口」或許是因爲有病疾，所以詢問是否不需要飲食（或服用藥物）？

⑧辛丑卜，「亡疾？」二（序數）

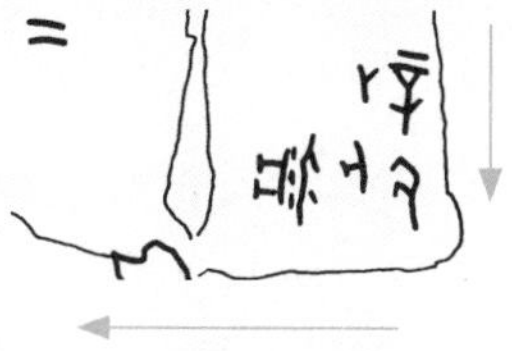

白話譯文　辛丑日占卜（，提問）：「不會有病災的，是嗎？」第二次占卜。

閱讀方式　由內往外。

⑨己亥。二（序數）

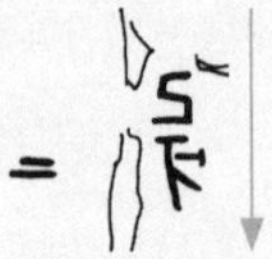

**白話譯文** 己亥日。第二次占卜。

**閱讀方式** 由上而下。

⑩丁亥卜，「酒御妣庚寅宰？」一（序數）

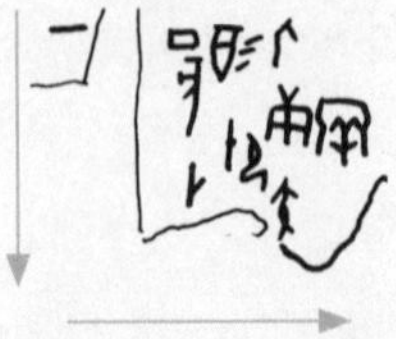

**白話譯文** 丁亥日占卜（，提問）：「庚寅這天，對妣庚舉行酒祭以攘除病災，牲品使用宰，是適合的嗎？」第一次占卜。

**閱讀方式** 由內往外。

⑪丙午貞：「多臣亡疾？」一二（序數）

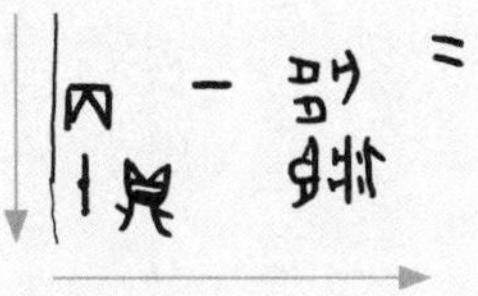

**白話譯文** 丙午日提問：「諸多內臣不會有病災的，是嗎？」第一次占卜。第二次占卜。

**閱讀方式** 由內往外。

⑫丙午貞：「多婦亡疾？」一二（序數）

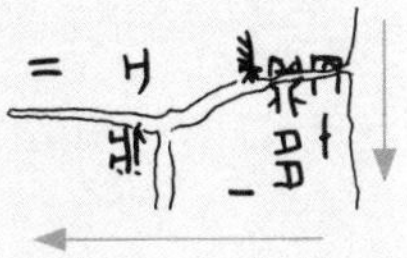

**白話譯文** 丙午日提問：「諸多婦不會有病災的，是嗎？」第一次占卜。第二次占卜。

**閱讀方式** 由內往外。

上一卜「多臣」提到內臣，這一卜「多婦」提到外服身分的諸多婦，是對同性質問題的貞問。婦不是商王的配偶，而是對商王女眷外嫁諸侯的稱呼。有可能發生類似的瘟疫，所以關心眾多的內外臣屬會不會得病。

⑬丙午貞〼。一二（序數）

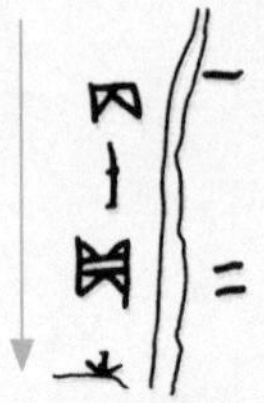

白話譯文　丙午日提問〼。第一次占卜。第二次占卜。

閱讀方式　由上而下。

⑭癸丑卜，「福鬯中母，隹㞢友？」

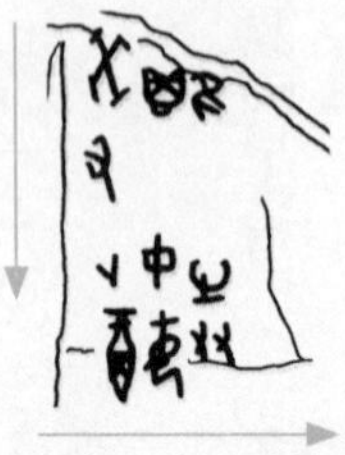

白話譯文　癸丑日占卜（，提問）：「向中母舉行福祭，祭品使用鬯，將使用一對，是適合的嗎？」

閱讀方式　由內往外。

**貞辭部分：福鬯中母，隹㞢友？**「友」在此指用「一對鬯」祭拜中母，是鬯（有香料的酒）的量詞單位，「友鬯」或是兩壺添加不同香料的鬯酒。

⑮辛丑卜，「中母御小宰？」二（序數）

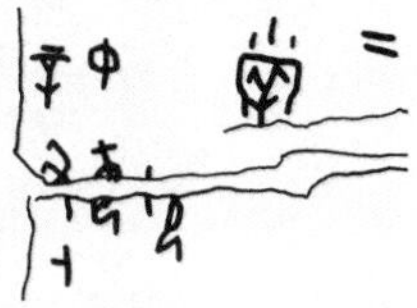

白話譯文　辛丑日占卜（，提問）：「向中母祈求以攘除病災，牲品使用小宰，是適合的嗎？」第二次占卜。

閱讀方式　由內往外。

**貞辭部分：中母御小宰？**第四卜出現合文「小母」，此卜和上一卜是「中母」，小母和中母表示先王配偶有地位上的差異，所以反映出不同的稱呼。早期眾母地位相同，母以子貴，母親有子即位才能有特殊的封號。第三期開始，有嫡庶之分，眾母地位有別，子以母貴，嫡子才能繼承王位。

⑯「延升，丁（祊）㲋？」一（序數）

白話譯文　（提問：）「延續採用升的祭儀，在祖先的宗廟，牲品使用㲋，是適合的嗎？」第一次占卜。

閱讀方式　由內往外。

「升」是祭祀儀式。「祊」就是祭祀先王或近幾代先祖的宗廟。

⑰己亥卜，「汰古？」今日卩。

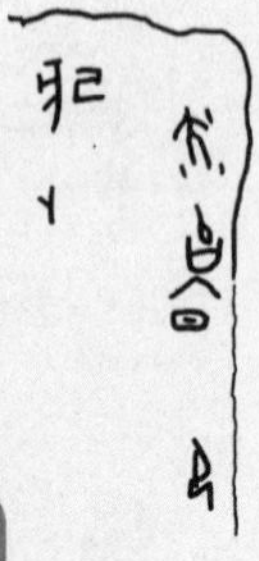

**白話譯文** 己亥日占卜（，提問）：「汰的病會復原的，是嗎？」今天已可跪坐。

**閱讀方式** 由內往外。

此卜與下一卜正反**對貞**。「汰」是人名。「古」或假借爲「固」，表示恢復健康。

**驗辭部分**：今日卩。或許表示身體已可跪坐起來，即在休養當中。

⑱「其亡汰？」

**白話譯文** （提問：）「汰將會死亡的，是嗎？」

**閱讀方式** 由上而下。

⑲辛丑卜，貞：「疾它，亡亦疾？」二（序數）

**白話譯文**

辛丑日占卜，提問：「王在路上被蛇咬傷（？），這次受傷不會也成爲重病的，是嗎？」第二次占卜。

**閱讀方式**

由外往內。

**貞辭部分：疾它，亡亦疾？**「」象於路上遇到蛇，表示受傷的意思，暫時隸定爲「它」字。

# 482 問二事——撿骨日期與入廟名稱、將領臣服於王

拓本原寸長 21 公分、寬 17 公分，圖為原寸 60%。

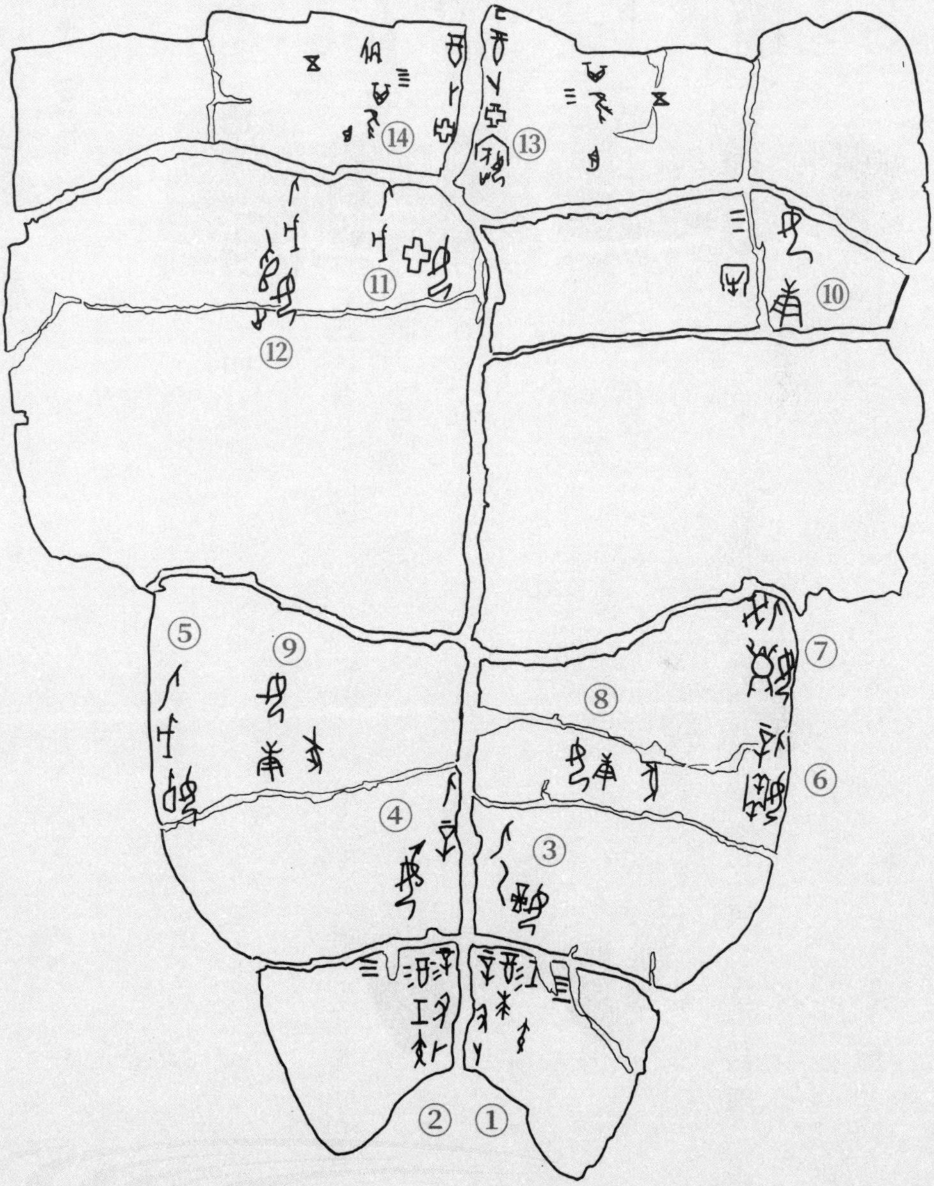

⑭
⑬
⑪
⑩
⑫
⑤
⑨
⑦
⑧
⑥
④
③
②
①

- 出處：《合》22301，龜腹甲。
- 斷代標準：書體。

①辛丑卜，「酒求，壬寅？」四（序數）

**白話譯文** 辛丑日占卜（，提問）：「將舉行酒祭以祈求福祐，在壬寅日是適合的嗎？」第四次占卜。

**閱讀方式** 由內往外。

②辛丑卜，「酒，壬寅？」三（序數）

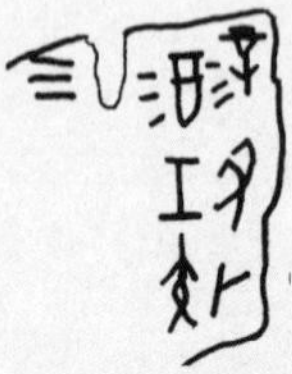

**白話譯文** 辛丑日占卜（，提問）：「將舉行酒祭，在壬寅日是適合的嗎？」第三次占卜。

**閱讀方式** 由內往外。

③「妣乙？」

白話譯文 （提問：）「先妣干名爲乙，是適合的嗎？」

閱讀方式 由上而下。

④「妣辛？」

白話譯文 （提問：）「先妣干名爲辛，是適合的嗎？」

閱讀方式 由上而下。

⑤「妣戊？」

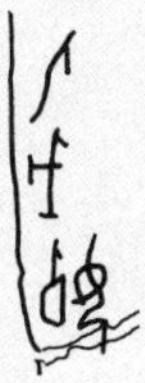

白話譯文 （提問：）「先妣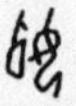干名爲戊，是適合的嗎？」

閱讀方式 由上而下。

⑥「妣辛[illegible]？」

白話譯文　（提問：）「先妣[illegible]干名爲辛，是適合的嗎？」

閱讀方式　由上而下。

⑦「妣癸[illegible]？」

白話譯文　（提問：）「先妣[illegible]干名爲癸，是適合的嗎？」

閱讀方式　由上而下。

此版從第三卜到第七卜，還有第十一和十二卜，記錄那麼多先妣，應是個別詢問適合撿骨的日子，並確定干名，以正式進入祖廟；「[illegible]、[illegible]、[illegible]、[illegible]、[illegible]、[illegible]、[illegible]」或者是先妣的姓。選定先妣干名並提及其姓的刻辭，在甲骨中非常罕見。

⑧「母庚[illegible]？」

白話譯文 （提問：）「（祭拜）母庚，牲品使用豭（公豬），是適合的嗎？」

閱讀方式 由內往外。

⑨「母庚豭？」

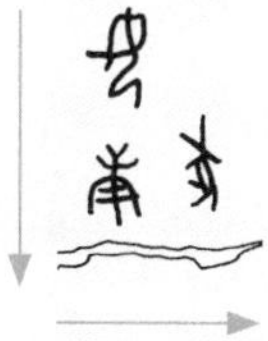

白話譯文 （提問：）「（祭拜）母庚，牲品使用豭（公豬），是適合的嗎？」

閱讀方式 由外往內。

⑩「母庚三牢？」

白話譯文 （提問：）「（祭拜）母庚，牲品使用三牢，是適合的嗎？」

閱讀方式 由外往內。

⑪「妣戊？」

白話譯文

（提問：）「先妣干名爲戊，是適合的嗎？」

閱讀方式

由外往內。

⑫「妣戊？」

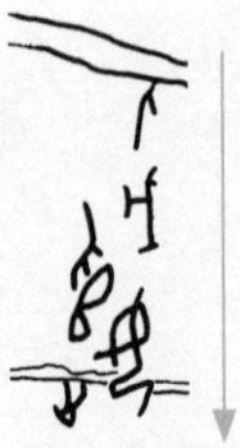

白話譯文

（提問：）「先妣干名爲戊，是適合的嗎？」

閱讀方式

由上而下。

⑬己酉卜，「亞嬪其隹臣？」三五（序數）

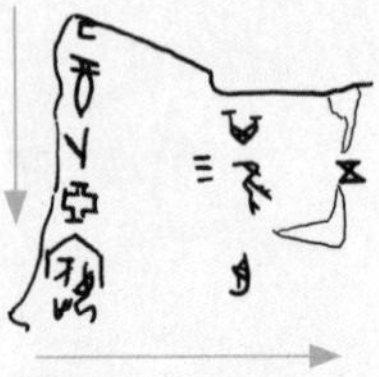

白話譯文

己酉日占卜，提問：「亞嬪將會臣服於王，是嗎？」第三次占卜。第五次占卜。

閱讀方式

由內往外。

**貞辭部分：亞嬪其隹臣？**「亞」是征戰時被賦予的軍事將領的稱謂，「嬪」和下一卜的「侮」是人名。「臣」是指爲王的臣子，臣服於王而不背叛。

此版出現**序數**四、五，這是第四期文武丁時代的現象，近乎第五期的特點；前期武乙時代的序數是不過三的。

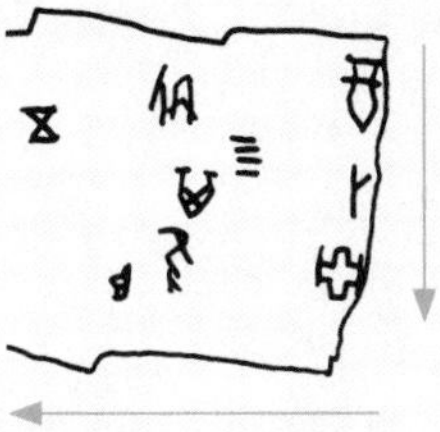

⑭□酉卜，「亞侮其隹臣？」四五（序數）

白話譯文

□酉日占卜，提問：「亞侮將會臣服於王，是嗎？」第四次占卜。第五次占卜。

閱讀方式

由內往外。

## 483 問祭大甲儀式與牲品

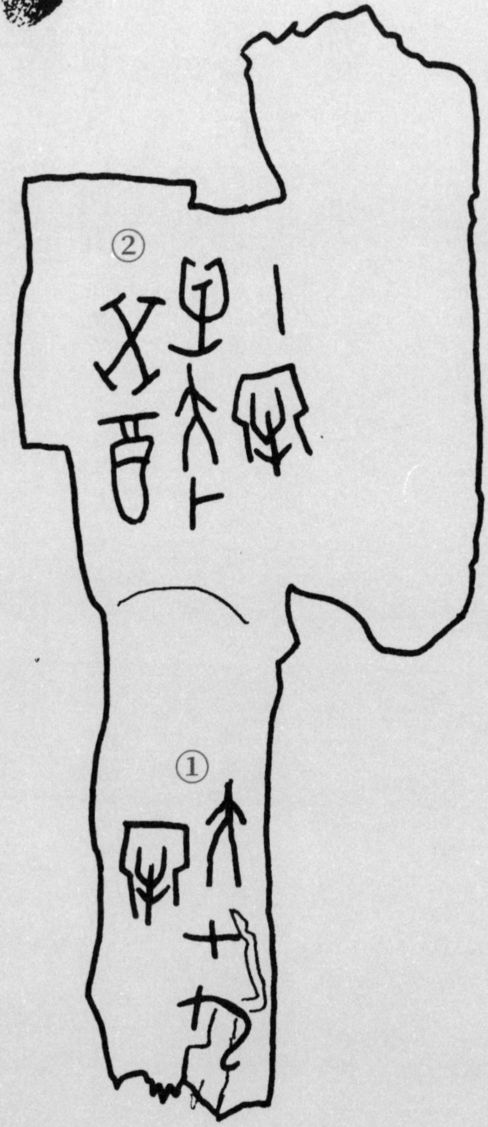

• 出處：《懷》1486，龜腹甲。

• 斷代標準：書體、字形。

• 說明：此版是位於右龜甲靠甲橋邊緣。

① 「大甲九牢？」

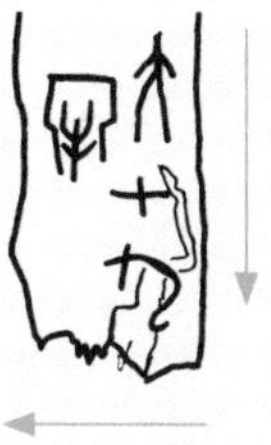

白話譯文　（提問：）「（祭拜）大甲，牲品使用九牢，是適合的嗎？」

閱讀方式　由外往內。

② 癸酉，「㞢大卜十牢？」

白話譯文　癸酉日（，提問）：「對大甲舉行㞢祭，牲品使用十牢，是適合的嗎？」

閱讀方式　由內往外。

此卜將「大甲」錯刻成「大卜」。

人文

# 揭祕甲骨文

## ——從斷運勢到問戰爭，文字學家解讀王的疑惑

第一冊　武丁時代
第二冊　祖庚、祖甲時代／康丁時代
第三冊　武乙、文武丁時代
第四冊　帝乙、帝辛時代／花園莊東地甲骨／周原甲骨

作　　者 — 許進雄
編寫整理 — 李珮瑜
骨版摹寫 — 陳冠勳、李珮瑜
發 行 人 — 王春申
選書顧問 — 陳建守
總 編 輯 — 張曉蕊
責任編輯 — 何宜儀
封面設計 — 萬勝安
內頁設計 — 林曉涵
版　　權 — 翁靜如
業　　務 — 王建棠
資訊行銷 — 劉艾琳、謝宜華
出版發行 — 臺灣商務印書館股份有限公司
23141 新北市新店區民權路 108-3 號 5 樓（同門市地址）
電話：(02)8667-3712　傳真：(02)8667-3709
讀者服務專線：0800056193
郵撥：0000165-1
E-mail：ecptw@cptw.com.tw　網路書店網址：www.cptw.com.tw
Facebook：facebook.com.tw/ecptw

局版北市業字第 993 號
初　　版：2023 年 12 月
印 刷 廠：鴻霖印刷傳媒股份有限公司
定　　價：新台幣 4500 元

法律顧問 — 何一芃律師事務所
有著作權・翻印必究　如有破損或裝訂錯誤，請寄回本公司更換

國家圖書館出版品預行編目 (CIP) 資料

揭祕甲骨文：從斷運勢到問戰爭,文字學家解讀王的疑惑 / 許進雄著 ; 李珮瑜編寫整理. -- 初版. -- 新北市 : 臺灣商務印書館股份有限公司, 2023.12
4冊 ; 17×23公分. -- (人文)
ISBN 978-957-05-3539-6(全套 : 平裝)

1.CST: 甲骨學 2.CST: 甲骨文 3.CST: 占卜

792　112017471